U0652193

杜威晚期著作

1925—1953

复旦大学杜威与美国哲学研究中心　组译

杜威全集

确定性的寻求

第四卷

1929

[美] 约翰·杜威　著

傅统先　译　童世骏　译校

华东师范大学出版社

The Later Works of John Dewey, 1925 – 1953
Volume Four: 1929: *The Quest for Certainty*
By John Dewey
Edited by Jo Ann Boydston

Published by agreement with Southern Illinois University Press, 1915 University Press Drive, SIUC Mail Code 6806, Carbondale, IL 62901, USA

上海市版权局著作权合同登记　图字:09 – 2004 – 377 号

《杜威全集·晚期著作》(1925—1953)

第四卷(1929)

主　　编　乔·安·博伊兹顿(Jo Ann Boydston)

文本编辑　哈丽雅特·弗斯特·西蒙(Harriet Furst Simon)

《杜威全集》中文版编辑委员会

主　编　刘放桐

副主编　俞吾金　童世骏　汪堂家（常务）

编辑委员会（按姓氏笔画排序）

万俊人　冯　俊　江　怡　孙有中

刘放桐　朱志方　朱杰人　张国清

吴晓明　陈亚军　汪堂家　沈丁立

赵敦华　俞吾金　韩　震　童世骏

目　录

中文版序

《杜威全集》中文版终于由华东师范大学出版社出版了。作为这一项目的发起人，我当然为此高兴，但更关心它能否得到我国学界和广大读者的认可，并在相关的学术研究中起到预期作用。后者直接关涉到对杜威思想及其重要性的合理认识，这有赖专家们的研究。我愿借此机会，对杜威其人、其思想的基本倾向和影响，以及研究杜威哲学的意义等问题谈些看法，以期抛砖引玉。考虑到中国学界以往对杜威思想的消极方面谈论得很多，大家已非常熟悉，我在此就主要谈其积极方面，但这并非认为可以忽视其消极方面。

一、杜威其人

约翰·杜威(John Dewey, 1859—1952)是美国哲学发展中最有代表性的人物。他不仅进一步阐释并发展了由皮尔士创立、由詹姆斯系统化的实用主义哲学的基本理论，而且将其运用于社会、政治、文化、教育、伦理、心理、逻辑、科学技术、艺术、宗教等众多人文和社会科学领域的研究，并在这些领域提出了重要创见。他在这些领域的不少论著，被西方各该领域的专家视为经典之作。这些论著不仅对促进这些领域的理论研究起到过重要的作用，在这些领域的实践中也产生过深刻的影响。杜威由此被认为是美国思想史上最具影响的学者，甚至被认为是美国的精神象征；在整个西方世界，他也被公认是20世纪少数几个最伟大的思想家之一。

杜威出生于佛蒙特州伯灵顿市一个杂货店商人家庭。他于1875年进佛蒙特大学，开始受到进化论的影响。1879年，他毕业后先后在一所中学和一所乡村学校教书。在这期间，他阅读了大量的哲学著作，深受当时美国圣路易黑格尔学派刊物《思辨哲学杂志》的影响。1882 年，他在该刊发表了《唯物主义的形而上学假定》和《斯宾诺莎的泛神论》两文，很受鼓舞，从此决定以哲学为业。同年，他成了约翰·霍普金斯大学的哲学研究生，在此听了皮尔士的逻辑讲座，不过当时对他影响最大的是黑格尔派哲学家莫里斯(George Sylvester Morris)和实验心理学家霍尔(G. Stanley Hall)。两年后，他以《康德的心理学》论文取得哲学博士学位。

1884 年，杜威到密歇根大学教哲学，在该校任职 10 年(其间，1888 年在明尼苏达大学)。初期，他的哲学观点大体上接近黑格尔主义。他对心理学研究很感兴趣，并使之融化于其哲学研究中。这种研究，促使他由黑格尔主义转向实用主义。在这方面，当时已出版并享有盛誉的詹姆斯的《心理学原理》对他产生了强烈的影响。杜威对心理学的研究，又促使他进一步去研究教育学。他主张用心理学观点去进行教学，并认为应当把教育实验当作哲学在实际生活中的运用的重要内容。

1894 年，杜威应聘到芝加哥大学，后曾任该校哲学系主任。他在此任教也是 10 年。1896 年，他在此创办了有名的实验学校。这个学校抛弃传统的教学法，不片面注重书本，而更为强调接触实际生活；不片面注重理论知识的传授，而更为强调实际技能的训练。杜威后来所一再倡导的"教育就是生活，而不是生活的准备"、"从做中学"等口号，就是对这种教学法的概括。杜威在芝加哥时期，已是美国思想界一位引人注目的人物。他团聚了一批志同道合者(包括在密歇根大学就与他共事的塔夫茨、米德)，形成了美国实用主义运动中著名的芝加哥学派。杜威称他们共同撰写的《逻辑理论研究》(1903 年)一书是工具主义学派的"第一个宣言"。此书标志着杜威已从整体上由黑格尔主义转向了实用主义。

从 1905 年起，杜威转到纽约哥伦比亚大学任教，直到 1930 年以荣誉教授退休。他以后的活动也仍以该校为中心。这一时期不仅是他的学术活动的鼎盛期(他的大部分有代表性的论著都是在这一时期问世的)，也是他参与各种社会和政治活动最频繁且声望最卓著的时期。他把两者有机地结合在一起。他对各种社会现实问题的评论和讲演，往往成为他的学术活动的重要组成部分。从 1919 年起，杜威开始了一系列国外讲学旅行，到过日本、墨西哥、俄罗斯、土耳其等国。"五四"前夕，他到了中国，在北京、南京、上海、广州等十多个城市作过系列讲演，于 1921 年 7 月返美。

杜威一生出版了40种著作，发表了700多篇论文，内容涉及哲学、社会、政治、教育、伦理、心理、逻辑、文化、艺术、宗教等多个方面。其主要论著有：《学校与社会》(1899年)、《伦理学》(1908年与塔夫茨合著，1932年修订)、《达尔文主义对哲学的影响》(1910年)、《我们如何思维》(1910年)、《实验逻辑论文集》(1910年)、《哲学的改造》(1920年)、《人性与行为》(1922年)、《经验与自然》(1925年)、《公众及其问题》(1927年)、《确定性的寻求》(1929年)、《新旧个人主义》(1930年)、《作为经验的艺术》(1934年)、《共同的信仰》(1934年)、《逻辑：探究的理论》(1938年)、《经验与教育》(1938年)、《自由与文化》(1939年)、《评价理论》(1939年)、《人的问题》(1946年)、《认知与所知》(1949年与本特雷合著)等等。

二、杜威哲学的基本倾向

杜威在各个领域的思想都与他的哲学密切相关，这不只是他的哲学的具体运用，有时甚至就是他的哲学的直接体现。我们在此不拟具体介绍他的思想的各个方面和他的哲学的各个部分，仅概略地揭示他的哲学的基本倾向。杜威哲学的各个部分，以及他的思想的各个方面，大体上都可从他的哲学的基本倾向中得到解释。这种基本倾向从其积极意义上说，主要表现为如下三点。

第一，杜威把对现实生活和实践的关注当作哲学的根本意义所在。

在现代西方各派哲学中，杜威哲学最为反对以抽象、独断、脱离实际等为特征的传统形而上学，最为肯定哲学应当面向人的现实生活和实践。如何通过人本身的行为、行动、实践(即他所谓的以生活和历史为双重内容的经验)来妥善处理人与其所面对的现实世界(自然和社会环境)，以及人与人之间的关系，是杜威哲学最为关注的根本问题。杜威哲学从不同的角度来说有着不同的名称，例如，当他强调实验和探究的方法在其哲学中的重要意义时，称其哲学为实验主义(experimentalism)；当他谈到思想、观念的真理性在于它们能充当引起人们的行动的工具时，称其哲学为工具主义(Instrumentalism)；当他谈到经验的存在论意义，而经验就是作为有机体的人与其自然环境的相互作用时，称其哲学为经验自然主义(empirical naturalism)。贯彻于所有这些称呼的概念是行动、行为、实践。杜威哲学的各个方面，都在于从实践出发并引向实践。这并不意味着实践就是一切。实践的目的是改善经验，即改善人与其自然和社会环境的关系，一句话，改善人的生活和生存条件。

杜威对实践的解释当然有片面性。例如，他没有看到人类的物质生产活动在人的实践中的基础作用，更没有科学地说明实践的社会性；但他把实践看作是全部哲学研究的核心，认为存在论、认识论、方法论等问题的研究都不能脱离实践，都具有实践的意义，且在一定意义上是合理的。

值得一提的是：与胡塞尔、海德格尔等人通过曲折的道路返回生活世界不同，与只关注逻辑和语言意义分析的分析哲学家也不同，杜威的哲学直接面向现实生活和实践。杜威一生在哲学上所关注的，不是去建构庞大的体系，而是满腔热情地从哲学上探究人在现实生活和实践各个领域所面临的各种问题及其解决办法。在杜威的全部论著中，关于政治、社会、文化、教育、心理、道德、价值、科学技术、审美和宗教等多个领域的具体问题的论述占了绝大部分。他的哲学的精粹和生命力，大多是在这些论述中表现出来的。

第二，杜威的哲学改造适应和引领了西方哲学由近代到现代转向的潮流。19 世纪中期以来，西方哲学发展出现了根本性的变更，以建构无所不包的体系为特征的近代哲学受到了广泛的批判，以超越传统的实体性形而上学和二元论为特征的现代哲学开始出现，并越来越占主导地位。多数哲学流派各以特有的方式，力图使哲学研究在不同程度上从抽象化的自在的自然界或绝对化的观念世界返回到人的现实生活世界，企图以此摆脱近代哲学所陷入的种种困境，为哲学的发展开辟新道路。西方哲学由近代到现代的这种转折，不能简单归结为由唯物主义转向唯心主义、由进步转向反动，而是包含了哲学思维方式上一次具有划时代意义的转型。它标志着西方哲学发展到了一个新的、更高的阶段。杜威在哲学上的改造，不仅适应了而且在一定意义上引领了这一转型的潮流。

杜威曾像康德那样，把他在哲学上的改造称为“哥白尼革命”（Copernican revolution）。但他认为康德对人的理智的能动性过分强调，以致使它脱离了作为其存在背景的自然。而在他看来，人只有在其与自然的相互作用中才有能动作用，甚至才能存在。哲学上的真正的哥白尼革命，正在于肯定这种交互作用。如果说康德的中心是心灵，那么杜威的新的中心是自然进程中所发生的人与自然的交互作用。正如地球或太阳并不是绝对的中心一样，自我或世界、心灵或自然都不是这样的中心。一切中心都存在于交互作用之中，都只具有相对的意义。可见，杜威所谓哲学中的哥白尼革命，就是以他所主张的心物、主客、经验自然等的交互作用，或者说人的现实生活和实践来既取代客体中心论，也取代主体中心论。他也是在这种意义上，既反对忽视主体的能动性的旧的唯物主义，又反对忽视自然作为存在的根据和作用的旧的唯心主义。

不是把先验的主体或自在的客体，而是把主客的相互作用当作哲学的出发点；不是局限于建构实体性的、无所不包的体系，而是通过行动、实践来超越这样的体系；不是转向纯粹的意识世界或脱离了人的纯粹的自然界，而是转向与人和自然界、精神和物质、理性和非理性等等都有着无限牵涉的生活世界，这大体上就是杜威哲学改造的主要意义；而这在一定程度上，也正是多数西方哲学由近代到现代转向的主要意义。杜威由此体现和引领了这种转向。

第三，杜威的哲学改造与马克思在哲学上的革命变更存在某些相通之处。

西方哲学从近代到现代的转向与马克思在哲学上的革命变更的政治背景大不相同，二者必然存在原则性区别；但二者发生于大致相同的历史时代，具有共同的历史和文化背景，因而又必然存在相通之处。如果我们能够肯定杜威的哲学改造适应并引领了西方哲学从近代到现代转向的潮流，那就必须肯定杜威的哲学改造与马克思在哲学上的革命变更必然同样既有原则区别，又有相通之处。后者突出地表现在，二者都把实践当作哲学的根本意义而加以强调。马克思正是通过这种强调而得以超越旧唯物主义和唯心主义辩证法的界限，把唯物主义和辩证法有机地统一起来，建立了唯物辩证法。杜威在这些方面与马克思相距甚远。但是，他毕竟用实践来解释经验而使他的经验自然主义超越了纯粹自然主义和思辨唯心主义的界限，并由此提出了一系列超越近代哲学范围的思想。

杜威的经验自然主义并不否定自然界在人类经验以外自在地存在，不否定在人类出现以前地球和宇宙早已存在，而只是认为人的对象世界只能是人所遭遇到（经验到）的世界，这在一定程度上类似于马克思所指的与纯粹自然主义的自在世界不同的人化世界，即现实生活世界。杜威否定唯物主义，但他只是在把唯物主义归结为纯粹自然主义的唯物主义的意义上去否定唯物主义。杜威强调经验的能动性，但他不把经验看作可以离开自然（环境）而独立存在的精神实体或精神力量，而强调经验总是处于与自然、环境的统一之中，并与自然、环境发生相互作用。这与传统的唯心主义经验论也是不同的，倒是与马克思关于主客观的统一和相互作用的观点虽有原则区别，却又有相通之处。

杜威是在黑格尔影响下开始哲学活动的。他在转向实用主义以后，虽然抛弃了黑格尔的绝对唯心主义，甚至也拒绝了黑格尔的辩证法，但是在他的理论中又保留着某些辩证法的要素。例如，他把经验、自然和社会等都看作是统一整体，其间都存在着多种多样的联系；他在达尔文进化论的影响下，明确肯定世界(人类社会和自然界)处于不断进化和发展的过程之中。他所强调的连续性(如经验与自然的连续、人与世界的连续、身心的连续、个人与社会的连续等等)概念，在一定程度上就是统一整体的概念、进化和发展的概念。这种概念虽与马克思的辩证法不能相提并论，但毕竟也有相通之处。

三、杜威哲学的积极影响

杜威实用主义哲学对现实生活和实践的强调，对西方哲学从近代到现代转向的潮流的适应和引领，特别是它在一些重要方面与马克思哲学的相通，说明它在一定程度上体现了时代精神发展的要求。正因为如此，它必然是一种在一定范围内能发生积极影响的哲学。

实用主义在美国的积极影响，可以用美国人民在不长的历史时期里几乎从空地上把美国建设成为世界的超级大国来说明。实用主义当然不是美国唯一的哲学，但它却是美国最有代表性的哲学。实用主义产生以前的许多美国思想家(特别是富兰克林、杰斐逊等启蒙思想家)，大多已具有实用主义的某些特征，这在一定意义上为实用主义的正式形成作了思想准备。实用主义产生以后，传入美国的欧洲各国哲学虽然能在美国哲学中占有一席之地，其中分析哲学在较长时期甚至能在哲学讲坛上占有支配地位；但是，它们几乎都毫无例外地迟早被实用主义同化，成为整个实用主义运动的组成部分。当代美国实用主义者莫利斯说：逻辑经验主义、英国语言分析哲学、现象学、存在主义同实用主义“在性质上是协同一致的”，它们“每一种所强调的，实际上是实用主义运动作为一个整体范围之内的中心问题之一”。[①] 就实际影响来说，实用主义在美国哲学中始终占有优势地位。桑塔亚那等一些美国思想家也承认，美国人不管其口头上拥护的是什么样的哲学，但是从他们的内心和生活来说都是实用主义者。只有实用主义，才是美国建国以来长期形成的一种民族精神的象征。而实用主义的最大特色，就是把哲学从玄虚的抽象王国转向人所面对的现实生活世界。实用主义的主旨

---

① Morris, Charles W. *The Pragmatic Movement in American Philosophy*. New York: George Braziller, 1970, p. 148.

就在指引人们如何去面对现实生活世界，解决他们所面临的各种疑虑和困扰。实用主义当然具有各种局限性，人们也可以而且应当从各种角度去批判它，马克思主义者更应当划清与实用主义的界限；但从思想理论根源上说，正是实用主义促使美国能够在许多方面取得成功，这大概是一个不争的事实。

在美国以外，实用主义同样能发生重要的影响。与杜威等人的哲学同时代的欧洲哲学尽管不称为实用主义，但正如莫利斯说的那样，它们同实用主义"在性质上是协同一致的"。如果说它们各自在某些特定方面、在一定程度上体现了现代西方社会的时代特征，实用主义则较为综合地体现了这些特征。换言之，就体现时代特征来说，被欧洲各个哲学流派特殊地体现的，为实用主义所一般地体现了。正因为如此，实用主义能较其他现代西方哲学流派发生更为广泛的影响。

杜威的实用主义在中国也发生过重要的影响。早在"五四"时期，杜威就成了在中国最具影响的西方思想家。从外在原因上说，这是由于胡适、蒋梦麟、陶行知等他在中国的著名弟子对他作了广泛的宣扬；杜威本人在"五四"时期也来华讲学，遍访了中国东西南北十多个城市。这使他的思想为中国广大知识界所熟知。然而，更重要的原因是：他在理论中所包含的科学和民主精神，正好与"五四"时期中国先进知识分子倡导科学和民主的潮流相一致。另外，他的讲演不局限于纯哲学的思辨而尤其关注现实问题，这也与中国先进分子的社会改革的现实要求相一致。正是这种一致，使杜威的理论受到了投入"五四"新文化运动和社会改革的各阶层人士的普遍欢迎，从而使他在中国各地的讲演往往引起某种程度的轰动效应。杜威本人也由此受到很大鼓舞，原本只是一次短期的顺道访华也因此被延长到两年多。胡适在杜威起程回国时写的《杜威先生与中国》一文中曾谈到："我们可以说，自从中国与西方文化接触以来，没有一个外国学者在中国思想界的影响有杜威先生这样大的。我们还可以说，在最近的将来几十年中，也未必有别个西洋学者在中国的影响可以比杜威先生还大的。"①作为杜威的信徒，胡适所作的评价可能偏高。但就其对中国社会的现实层面的影响来说，除了马克思主义者以外，也许的确没有其他现代西方思想家可以与杜威相比。

尽管杜威的实用主义与马克思主义有原则区别，但"五四"时期中国马克思主义者对杜威及其实用主义并未简单否定。陈独秀那时就肯定了实用主义的某

① 引自《胡适哲学思想资料选》(上)，上海：华东师范大学出版社，1981年，第181页。

些观点，甚至还成为杜威在广州讲学活动的主持人。1919 年，李大钊和胡适关于“问题与主义”的著名论战，固然表现了马克思主义与实用主义的原则分歧，但李大钊既批评了胡适的片面性，又指出自己的观点有的和胡适“完全相同”，有的“稍有差异”。他们当时的争论并未越出新文化运动统一战线这个总的范围，在倡导科学和民主精神上毋宁说大体一致。毛泽东在其青年时代也推崇胡适和杜威。

“五四”以后，随着国内形势的重大变化，上述统一战线趋向分裂。20 世纪 30 年代后期，由于受到苏联对杜威态度骤变的影响，中国马克思主义者对杜威也近乎于全盘否定了。20 世纪 50 年代中期，为了确立马克思主义在思想文化领域的主导地位，从上而下发动了一场对实用主义全盘否定的大规模批判运动。它在一定程度上达到了预期的政治目的，但在理论上却存在着很大的片面性。当时多数批判论著脱离了杜威等人的理论实际，形成了一种对西方思潮“左”的批判模式，并在中国学术界起着支配作用。从此以后，人们在对杜威等现代西方思想家、对实用主义等现代西方思潮的评判中，往往是政治标准取代了学术标准，简单否定取代了具体分析。杜威等西方学者及其理论的真实面貌就因此而被扭曲了。

对杜威等西方思想家及其理论的简单否定，势必造成多方面的消极后果。其中最突出的有两点：一是使马克思主义及其指导下的思想理论领域在一定程度上与当代世界及其思想文化的发展脱节，使前者处于封闭状态，从而妨碍其得到更大的丰富和发展；二是由于扭曲了马克思主义哲学和现代西方哲学的关系，忽视了二者在某些方面存在的共通之处，在批判杜威哲学等现代西方哲学的名义下扭曲了马克思主义哲学一些最重要的学说，例如关于真理的实践检验、关于主客观统一、关于个人与社会的关系等学说都存在这种情况。这种理论上的混乱导致实践方向上的混乱，甚至在一定程度上导致实践上的挫折。

需要说明的是：肯定杜威实用主义的积极作用并不意味着否定其消极作用，也不意味着简单否定中国学界以往对实用主义的批判。以往被作为市侩哲学、庸人哲学、极端个人主义哲学的实用主义不仅是存在的，而且在一些人群中一直发生着重要的影响。资产阶级庸人、投机商、政客以及各种形式的机会主义者所奉行的哲学，正是这样的实用主义。对这样的实用主义进行坚定的批判，是完全正当的。但是，如果对杜威的哲学作具体研究，就会发觉他的理论与这样的实用主义毕竟有着重大的区别。杜威自己就一再批判了这类庸俗习气和极端个人主义。如果简单地把杜威哲学归结为这样的实用主义，那在很大程度上就是把杜威所批判的哲学当作是他自己的哲学。

四、杜威哲学研究在当代中国的积极意义

改革开放以来，中国政治和思想文化上的"左"的路线得到纠正，哲学研究出现了求真务实的新气象，包括杜威实用主义在内的现代西方哲学研究得到了恢复和发展。以 1988 年全国实用主义学术讨论会为转折点，对杜威等人的实用主义的全盘否定倾向得到了克服，如何重新评价其在中国思想文化建设中的作用的问题也越来越受到学界的关注，对杜威等人的实用主义的研究由此进入了一个新阶段。"五四"时期，由于杜威的学说正好与当时中国的新文化运动相契合，起过重要的积极作用；今天的中国学界，由于对马克思主义哲学和现代西方哲学都已有了更为全面和深刻的理解，对杜威的思想的研究也会更加深入和具体，更能区别其中的精华和糟粕，这对促进中国的思想文化建设会产生更为积极的作用。

对杜威哲学的重新研究在当代中国的积极意义，至少包括如下三个方面：

第一，有利于对马克思主义哲学有更为全面和深刻的理解。

这是因为，杜威哲学和马克思的哲学虽有原则性区别，但二者在一些重要方面有相通之处。这主要表现在二者都批判和超越了以抽象、思辨、脱离实际等为特征的传统形而上学；都强调对现实生活和实践的关注在哲学中的决定性作用；都肯定任何观念和理论的真理性的标准是它们是否经得起实践的检验；都认为科学真理的获得是一个不断提出假设、又不断进行实验的发展过程；都认为社会历史同样是一个不断发展的过程，社会应当不断地进行改造，使之越来越能符合满足人的需要和人的全面发展的目标；都认为每一个人的自由是一切人取得自由的条件，同时个人又应当对社会负责，私利应当服从公益；都提出了使所有人共同幸福的社会理想，等等。在这些方面将马克思主义与杜威的实用主义作比较研究，既能更好地揭示它们作为不同阶级的哲学的差异，又能更好地发现二者作为同时代的哲学的共性，从而使人们既能更好地划清马克思主义和实用主义的界限，又能通过批判地借鉴后者可能包含的积极成果来丰富和发展马克思主义。

第二，有利于对中国传统文化的批判继承。

杜威哲学和中国传统文化有着两种不同的联系。以儒家为代表的中国传统文化是一种前资本主义文化，没有西方资本主义文化的理性主义特质，不会具有因把理性绝对化而导致的绝对理性主义和思辨形而上学等弊端；但未充分经理性思维的熏陶又是中国传统文化的缺陷，不利于自然科学的发展，更不利于人的个性的发展和自由民主等意识的形成。正因为如此，以儒家为代表的中国传统文化往往被历代封建统治阶级神圣化和神秘化，成为他们的意识形态，后者阻碍了中国科学技术的发展、人民的觉醒和社会历史的进步。"五四"新文化运动的主要矛头就是针对儒家文化作为封建意识形态的方面，以此来为以民主和科学精神为特征的新文化开辟道路。杜威哲学正是以倡导民主和科学为重要特征的。杜威来到中国时，正好碰上"五四"新文化运动，他成了这一运动的支持者。他的学说对于批判作为封建意识形态的儒学，自然也起了促进作用。

但是，儒家文化并不等于封建文化；孔子提出的以"仁"为核心的儒学本身并不是统治阶级的意识形态。直到汉武帝实行"罢黜百家，独尊儒术"的政策以后，儒学才取得了独特的官方地位，由此被历代封建帝王当作维护其统治的精神工具。即使如此，也不能否定儒学在学理上的意义。它既可以被封建统治阶级所利用，又能为广大民众所接受，成为他们的生活信念和道德准则。历代学者对儒学的发挥，也都具有这种二重性。正因为如此，儒学除了被封建统治阶级利用外，还能不断发扬光大，成为中华民族宝贵的思想文化遗产。儒学所强调的"以人为本"、"经世致用"、"公而忘私"、"以和为贵"、"己所不欲，勿施于人"等观念，具有超越时代和阶级的普世意义。新文化运动的代表人物并不反对这些观念，而这些观念与杜威哲学的某些观念在一定程度上是相通的。杜威哲学在"五四"时期之所以能为中国广大知识分子接受，在一定程度上正是因为中国文化传统中已有与杜威哲学相通的成分。正因为如此，研究杜威的实用主义思想，对于更清晰地理解儒家思想，特别是分清其中具有普世价值的成分与被神圣化和神秘化的成分，发扬前者，拒斥后者，能起到促进作用。

第三，有利于促进对各门社会人文学科的研究。

杜威的哲学活动的一个突出特点，是他非常自觉地超越纯粹哲学思辨的范围而扩及各门社会人文学科。我们上面曾谈到，在杜威的全部论著中，关于政治、社会、文化、教育、道德、心理、逻辑、科学技术、审美和宗教等各个领域的具体问题的论述占了绝大部分。他不只是把他的哲学观点运用于这些学科的研究，而且是通过对这些学科的研究更明确和更透彻地把他的哲学观点阐释出来。反过来说，他对这些学科的研究都不是孤立地进行的，而是通过其基本哲学观点的具体运用而与其他相关学科联系起来，从而把对这些学科的研究形成为一个有机整体，并由此使他对这些学科的研究可能具有某些独创意义。

例如，杜威极其关注教育问题并在这方面作了大量论述，除了贯彻他对现实生活和实践的重视这个基本哲学倾向、由此强调在实践中学习在整个教学过程中的决定作用以外，他还把教育与心理、道德、社会、政治等因素紧密地结合在一起，从而使教育的内容更加丰富、全面。他的教育思想也由此得到了更为广泛的认同，被公认为是当代西方最具影响的教育学家。值得一提的是：无论在中国还是在苏联，杜威在教育上的影响几乎经久不衰。即使是在政治和意识形态影响极为深刻的年代，杜威提出的许多教育思想依然能不同程度地被人肯定。陶行知的教育思想在中国就一直得到肯定，而陶行知的教育思想被公认为主要来源于杜威。

我们这样说，并不是全盘肯定杜威。无论是在哲学和教育或其他方面，杜威都有很大的局限性，需要我们通过具体研究加以识别。但与其他现代西方哲学家相比，杜威是最善于把哲学的一般理论与其他人文社会学科密切结合起来、使之相互渗透和相互促进的哲学家，这大概是不可否认的事实。在这方面，很是值得我们借鉴。

五、关于《杜威全集》中文版的翻译和出版

要在中国开展对杜威思想的研究，一个重要的条件是有完备的和翻译准确的杜威论著。中国学者早在“五四”时期就开始从事这方面的工作。当时杜威在华的讲演，为许多报刊广泛译载并汇集成册出版。“五四”以后，杜威的新著的翻译出版仍在继续。即使是杜威在中国受到严厉批判的年代，他的一些主要论著也作为供批判的材料公开或内部出版。杜威部分重要著作的英文原版，在中国一些大的图书馆里也可以找到。从对杜威哲学的一般性研究来说，材料问题不是主要障碍。但是，如果想要对杜威作全面研究或某些专题研究，特别是对他所涉及的人文和社会广泛领域的研究，这些材料就显得不足了。加上杜威论著的原有中译本出现于不同的历史年代，标准不一，有的译本存在不准确或疏漏之

处，难以为据。更为重要的是，在杜威的论著中，论文（包括书评、杂录、教学大纲等）占大部分，它们极少译成中文，原文也很难找到。为了进一步开展对杜威的研究，就需要进一步解决材料问题。

2003年，在复旦大学举行的一次大型实用主义国际学术讨论会上，我建议在复旦大学建立杜威研究中心并由该中心来主持翻译《杜威全集》，得到与会专家的赞许，复旦大学的有关领导也明确表示支持。2004年初，复旦大学正式批准以哲学学院外国哲学学科为基础，建立杜威与美国哲学研究中心，挂靠哲学学院。研究中心立即策划《杜威全集》的翻译。华东师范大学出版社朱杰人社长对出版《杜威全集》中文版表示了极大的兴趣，希望由该社出版。经过多次协商，我们与华东师范大学出版社达成了翻译出版协议，由此开始了我们后来的合作。

《杜威全集》（*Collected works of John Dewey*）由美国杜威研究中心（设在南伊利诺伊大学）组织全美研究杜威最著名的专家，经30年（1961—1991）的努力，集体编辑而成，乔·安·博伊兹顿（Jo Ann Boydston）任主编。全集分早、中、晚三期，共37卷。早期5卷，为1882—1898年的论著；中期15卷，为1899—1924年的论著；晚期17卷，为1925—1953年的论著。各卷前面都有一篇导言，分别由在这方面最有声望的美国学者撰写。另外，还出了一卷索引。这样共为38卷。尽管杜威的思想清晰明确，但文字表达相当晦涩古奥，又涉及人文、社会等众多学科；要将其准确流畅地翻译出来，是一项极其庞大和困难的任务，必须争取国内同行专家来共同完成。我们旋即与中国社会科学院哲学研究所、北京大学、清华大学、中国人民大学、北京师范大学、南京大学、浙江大学、武汉大学、北京外国语大学，以及华东师范大学和上海社会科学院哲学研究所等兄弟单位的专家联系，得到了他们参与翻译的承诺，这给了我们很大的鼓舞。

《杜威全集》英文版分精装和平装两种版本，两者的正文（包括页码）完全相同。平装本略去了精装本中的"文本的校勘原则和程序"等部分编辑技术性内容。为了力求全面，我们按照精装本翻译。由于《杜威全集》篇幅浩繁，有一千多万字，参加翻译的专家有几十人。尽管我们向大家提出在译名等各方面尽可能统一，但各人见解不一，很难做到完全统一。为了便于读者查阅，我们在索引卷中把同一词不同的译名都列出，读者通过查阅边码即原文页码不难找到原词。为了确保译文质量，特别是不出明显的差错，我们一般要求每一卷都由两人以上参与，互校译文。译者译完以后，由复旦大学杜威与美国哲学研究中心初审。如无明显的差错，交由出版社聘请译校人员逐字逐句校对，并请较有经验的专家抽查，提出意见，退回译者复核。经出版社按照编辑流程加工处理后，再由研究中心终审定稿。尽管采取了一系列较为严密的措施，但很难完全避免缺点和错误，我们衷心地希望专家和读者提出意见。

复旦大学杜威与美国哲学研究中心的工作是在哲学学院和国外马克思主义与国外思潮创新基地的支持下进行的，学院和基地的不少成员参与了《杜威全集》的翻译。为了使研究中心更好地开展工作，校领导还确定研究中心与美国研究创新基地挂钩，由该基地给予必要的支持。《杜威全集》中文版编委会由参与翻译的复旦大学和各个兄弟单位的专家共同组成，他们都一直关心着研究中心的工作。俞吾金教授和童世骏教授作为编委会副主编，对《杜威全集》的翻译工作作出了重要的贡献。汪堂家教授作为常务副主编，更是为《杜威全集》的翻译工作尽心尽力，承担了大量具体的组织和审校工作。华东师范大学出版社与我们有着良好的合作，编辑们怀着高度的责任心兢兢业业地在组织与审校等方面做了大量的工作，在此一并表示衷心的感谢。

刘放桐

2010 年 6 月 11 日

导 言

斯蒂芬·图尔明(Stephen Toulmin)

“昨天晚上,”1929 年 4 月 18 日(星期四)的爱丁堡的《苏格兰人》(*Scotsman*)报道说,“杜威教授在爱丁堡大学的音乐教学大厅作了他系列讲座的首场演讲。场面非同寻常,大厅里座无虚席,后面的平台上也挤满了站着的人。许多人未能挤进大厅,只好站在门口阶梯上,尽管在那里未必能听清多少。”① vii

杜威的吉福德讲演(Gifford Lectures),作为《确定性的寻求》(*The Quest for Certainty*)一书之基础的系列讲演,就这样开始了。

《苏格兰人》所描述的情形在多种意义上是值得关注的。我们中的很少人会认为杜威是一位神学家;但是在 1929 年 4 月的那天,杜威却以“吉福德自然神学讲演人”的身份在爱丁堡大学讲演。那袭陌生的教袍披在他的肩上,倒也丝毫未显突兀。美国实用主义者担当这个角色并非首例。正如爱丁堡大学校长在开幕致辞中指出的那样,大约三十年前,威廉·詹姆斯(William James)在爱丁堡大学作了吉福德讲演,那就是我们今天所知道的《宗教经验之种种》(*The Varieties of Religious*)一书,而步詹姆斯的后尘绝非易事。最后,杜威的国际声望——爱丁堡音乐教学大厅里里外外水泄不通,全是因为这种声望——主要是他作为教育改革家而赢得的;先是凭借他在芝加哥大学实验学校的工作,后来则通过他与哥

① 《苏格兰人》(爱丁堡),1929 年 4 月 18 日。报道 4 月 17 日星期三的讲演题目是“调整信念/科学的影响/爱丁堡吉福德讲座”。

伦比亚大学教师学院的联系。但是，正如杜威在这个特定场合所竭力表白的那
viii 样，他首先是一个哲学家，而不是一个“教育家”。

一年一度的“吉福德讲座”在苏格兰知识生活中早就成为一种标志性活动。这些讲座轮流为苏格兰几所主要大学中的每一所带来一位杰出的学者——通常是(但不总是)一位哲学家或神学家，这位学者会在该大学待上一个月或更多时间(收进《确定性的寻求》一书中的十讲内容，是杜威在 1929 年 4 月 17 日至 5 月 17 日期间每周两次所作的讲演)。

根据吉福德遗赠的最初条件，吉福德讲座的主题被规定为自然神学(*natural theology*)[①]。“自然神学”这个观念尤其在英国用法中，始终是弹性很大的；因此，吉福德董事会的长期做法是满足对这个词作广义解释，包括对人类知识和人类经验广泛含义的任何讨论，不管出发点是哲学的、心理学的，还是神学的。《确定性的寻求》中论证的宽度和范围因此与吉福德讲座的传统是完全吻合的；而且，虽然这些论证无助于把杜威变成一位职业神学家，但有助于把他的实用主义“放置”到职业神学家的谱系当中，作为对构成西方哲学传统之核心的有关人类知识和人类实践的历史争论的一大贡献。

《确定性的寻求》也是杜威自己思想发展中的一部主要著作。他的学生和同事赫伯特·施耐德(Herbert Schneider)谈起这本书的时候，曾经[与伍德布里奇(F. J. E. Woodbridge)的说法相呼应]说它是“杜威的根本立场的最好陈述”；这种立场，如施耐德在对话中所描述的：

> 把自然主义哲学当作不成问题的，并不像老派的观念论者那样，还对“外部世界”的问题有什么兴趣。[②]

半个世纪以后，我们有更好的条件看出，杜威在作吉福德讲演的过程中成功地做出的是何等出色的一种陈述。

ix 在这些讲演中，体现在杜威许多著作中的那种激情和睿智一览无遗。但是，它们也体现了在 1929 年初次发表时还不那么看得出来的远见、敏锐和原创。首

---

① 英文原版中的斜体，在中文版中改为楷体加重，全书同。——译者
② 在卡本代尔南伊利诺伊杜威研究中心与赫伯特·W·施耐德作的访谈。

先，在这些讲演中，杜威对理论（*theoria*）与实践（*praxis*）之间的传统区别的诠释，比在任何其他著作中都更为清晰和明朗。其次，这些讲演表明，杜威的哲学方法和哲学论辩与威廉·詹姆斯和查尔斯·桑德斯·皮尔士（Charles Sanders Peirce）相比，是多么不同；而把他们都聚拢在同一个"实用主义者"学派的名下，是多么容易产生误解。但尤其重要的是，这些讲演向我们展示了杜威对哲学与自然科学之间的思想关系细微体察的最佳表述。特别是：虽然维尔纳·海森堡（Werner Heisenberg）的"不确定原理"（uncertainty principle）在1927年问世时就引起热烈的哲学争论，但在由此形成的文献中，没有人比杜威在这些讲演中对海森堡的工作的认识论意义讲得或写得更加深刻。[①]

在这几页引言中，我们来看看两组主要的话题。

(1) 首先，我们可以看看杜威对至少从瑞纳·笛卡尔（Rene Descartes）和约翰·洛克（John Locke）以来的知识论中一些核心问题的提法的批评。如果我们把杜威的论证与比他年轻一些的同时代人，如路德维希·维特根斯坦（Ludwig Wittengenstein）和马丁·海德格尔（Martin Heidegger）的论证放在一起，可以看出他对传统认识论的批判是多么入木三分。但是，杜威的批判的本意并不仅仅是破坏。概括地说，它也提供了关于"知行关系"（借用他自己为该书选择的副标题）的一种积极观点；而自然科学自身内部的后续发展，只是强化了这种观点（如我们将要看到的那样）。

(2) 其次，我们可以设法把杜威的哲学放在柏拉图时代以来就一直进行着的有关"知识"的持久争论之中。杜威有关实验逻辑（*experimental logic*）工作的那种看上去土生土长的工具主义，以及他在这方面的著述中有时不恰当使用的"科学主义的"语言，现在仍然误导着一些读者。其结果是，他的论据力量无谓地受挫，而他在哲学经典传统中占据了一个核心地位这一点，就更难得到公认。因 x
此，我们在这里必须细心地考虑几个问题。首先是杜威与像塞克斯都·恩披里柯（Sextus Empiricus）这样的皮浪主义的古典怀疑论（*classical skepticism*）的关系。其次是他有关实践（*praxis*）的观点所作的积极意义上的贡献。如我们将看到的，他对于我们的论证方法中出现的经验成分（*experiential elements*）的强调，

① 参见《确定性的寻求》，纽约：明顿-鲍尔奇出版公司，1929年；《杜威晚期著作》，第4卷，尤其是第8章，第160—163页（该页码指的是当前这个版本英文原版书页码，也即本书边码，下同。——译者）。

把有关实践推理的争论，这个在亚里士多德的《论辩篇》（*Topics*）中开启、在古代后期和文艺复兴时期的修辞学家们手中展开的争论，向前推进了一步。

杜威主张逻辑应该是“实验的”，他这样主张，当然是要把自己与传统的柏拉图主义切分开来。他这么做并不是如弗雷格（Gottlob Frege）的后继者们所明确认定的那样，是一不小心陷入了*心理主义*（*psychologism*），而是明知如此、故意为之的。如果杜威是对的话，那么指责他为心理主义，是一把双刃剑。他看到了柏拉图主义对确定性和必然性的要求有其自身的情绪根源：它是一种“逃避危险”的心理。这些根源部分是文化层面上的，是那些可最终追溯到各大古代帝国的星象神学（astrotheology）的迷信的产物；部分是个人层面上的，表达了对实际生活的世界所不提供的心理安全的一种强烈愿望。①

杜威在开篇第一章就开始对认识论传统的激进拆解。他论证说，这个传统中的哲学家们从一开始就假定“认识者”处在一个“旁观者”的位置，他作出有关世界的判断，或发现有关世界的事实，而并不对世界有所行动。与此相应地，他们用视觉的模型来理解“认识”——或者更加确切地说：

> （认识论）是仿照假设中的视觉动作的模式而构成的。对象把光线反射到眼上，于是该对象便被看见了。这使得眼睛和使用光学仪器的人发生了变化，但并不使得被看见的事物发生任何变化。②

xi 乍一看，人们会以为这种批评只能针对各种经验主义知识论，但（杜威论证说）它用来批评观念论者也是完全适用的：

> 他们都主张：在探究的操作中并没有任何实践活动的因素，进入被知对象的结构之中。十分奇怪，不仅唯心论这样说，实在论也这样说；不仅主张综合活动的理论这样说，主张被动接受的理论也这样说。按照他们的看法，“心灵”不是在一种可以观察得到的方式之下，不是借助于具有时间性的实

① 《确定性的寻求》，第1章，尤其是第15—18页。
② 同上书，第1章，第19页。

践外表动作，而是通过某种神秘的内在活动构成所知的对象的。[1]

作为对这种观点的回应，杜威强调"知"只能作为这样一些活动的结果而被理解，我们借助于这些活动而"得以认识"(come to know)我们所认识的对象；而"得以认识"的所有不同方式都包含施操作于世界的相应方法。甚至正如海森堡那时确认的：

> 在这里，我们把所认知的东西当作一个结果，在产生这个结果的过程中观察的动作起着必然的作用。我们把认知活动当作参与在最后所产生的被认知的过程之中的。……是世界上不断发生的一种交互作用。[2]

在杜威作吉福德讲演后的五十年中，有些哲学家常常低估他的认识论批判的力度和深度。这有两个理由。一方面，杜威的松散随意的文字风格会引起误解，而在一个逻辑严谨和形式规整成为职业模式的时期，像杜威那样漫谈式地提出的那些论证，很容易被他的同事们置之不理。他不是通过发现对方发表的论文中的形式谬误来拒绝其论敌的立场，也不是指责他们因为犯了"范畴错误"而大错特错。在更为基本的层面上，他质问的是塑造了其论敌最初提问方式的那些思想模式；但在某种意义上说，正因为他们并未被发现是"犯了"形式错误，就更容易忽视杜威提出的那些更为根本的、实质性的批评。

另一方面，给杜威的立场(以及他的行文)带上美国印记的那些特征本身，显 *xii*
然给他的读者以借口去低估他的论证的力量。杜威不是用架势很大、含义很玄的抽象话语来进行讨论，而那样的讨论本来会为他立刻赢得真正深刻的形而上学家的名声的；相反，杜威总是努力地刺破传统哲学家的那些热气球，让他们的问题落地为安。他由此得到的回报是被批评为浅薄，或者媚众；而他居然愿意赞扬像布里奇曼(P. W. Bridgman)这样"外行"的哲学作者，则无助于改善这种情况。在这种批评中，杜威遭遇的是哲学著述读者圈中一个古老的偏见，即把晦涩当作深刻的标记，并且——根据那句拉丁语老话，*Omne ignotum pro magnifico*，

---

① 《确定性的寻求》，第1章，尤其是第18—19页。

② 同上书，第8章，第163页。

越是无法理解的东西就越是被看作了不起的东西。

那么，要是杜威在欧洲工作的话，他的处境会好一些吗？把他与同时代一些“最深刻的”欧洲哲学家（如马丁·海德格尔和维特根斯坦）相比，杜威的论证的锋芒当然是不相上下的（如现在可以看出的那样）。海德格尔和维特根斯坦以不同的方式，也在努力地瓦解笛卡尔传统和洛克传统的认识论遗产。正如海德格尔以警句方式所表达的那样，我们已不再可能把世界*当作一个景观*了；所谓“景观”，是旁观者可以直观而无法干预的东西。相反，海德格尔为之着迷的是：我们如何通过不那么超然、非人称地牵连其中而“构成”我们的经验对象？我们对于世界的知识因此是从我们与世界的牵连中涌现出来的，*我们所知道*的世界永远是一个“在手边的”世界、一个我们与之打交道的世界［在这方面，尤根·哈贝马斯（Juergen Habermas）的论证保存了海德格尔观点的某些成分：对象是通过成为人类旨趣之对象而得以“构成”的，“对象之知”只有在这些旨趣介入其中的场合才能得到——这个洞见把这两位哲学家连接起来了］。①

xiii 杜威在《确定性的寻求》中表达出来的成熟立场，与路德维希·维特根斯坦从 1927 年开始形成的观点十分贴近。尤其是两人都反对感觉与料理论，这个理论由恩斯特·马赫（Ernst Mach）在《经验的分析》（*Die Analyse der Empfindungen*，1885）一书中提出，卡尔·皮尔森（Karl Pearson）在英语世界中推广，后来以这种或那种形式被像伯特兰·罗素（Bertrand Russell）和摩尔（G. E. Moore）这样有影响的新经验主义者所接受。如杜威所说，对知觉问题的整个进路，代表了对 18 世纪英国经验论者的“感觉论”方法的复活，因此深深地陷入了他如此决然地拒绝的那种*旁观者*观点。对此结论，维特根斯坦会说“善哉！”；同时补充说，感觉论进路把所谓直接知识之对象本质上放“在我们头脑里”，因此破坏了我们对它们有所言说的全部希望。因此，自相矛盾的是：被认为推演出或建构起所有其他知识的我们的经验，其直接对象却是“纯粹私人的”，因此是超出有意义描述的范围的。

这样的观点对应还不止于此：有人曾提出，维特根斯坦本人提出的观点，实

① 杜威的观点与维特根斯坦和海德格尔的观点之间的对应，理查德·罗蒂（Richard Rorty）也曾指出过，参见《哲学和自然之镜》（*Philosophy and the Mirror of Nature*），普林斯顿：普林斯顿大学出版社，1979 年。

际上是康德哲学的一种实用主义版本,其中大写的理性(Reason)的范围和限度被解释为是大写的语言(Language)的范围和限度(主张对维特根斯坦作这种解读的,既有同情这种立场的人,说它使康德的立场非神秘化了;也有反对这种立场的人,理由是它妨碍了我们看清思想、语言和经验的真实性质)。

把维特根斯坦看作一位精致牌号的实用主义者,当然是很有启发的。尤其是他对“语言游戏”和“生活形式”这些概念的使用,有助于直接关注实践的问题。杜威相当宽泛地说到,知识是根植于“行动”之中的,但并不为我们提供稍微系统一些用来分析行动的技巧;而后期维特根斯坦的那些思想,则激发了有关人类行动之分类学的大量思想。这些思想对人类科学的长期影响,我们可以在依莲娜·罗许(Eleanor Rosch)及其同事们的跨文化心理学中看到,他们对范畴化的研究采用了维特根斯坦的“家族相似”的概念;在欧文·戈夫曼(Erving Goffman)及其继承者的微观社会学分析中,这种影响也很明显。比方说,戈夫 xiv
曼用来分析人类行为的表演性模型(dramaturgical model),为我们提供了一种方式,用来剖析和描绘进入人类社会生活和学习中的个体“生活形式”。在所有这些研究领域中,(我们可以说)杜威对人类知识的能动性的坚持现在正开花结果,而杜威和维特根斯坦的联合遗产使我们对心理学和社会理论有一种新的视角。

杜威对知行关系的强调,不仅对20世纪的哲学,而且对20世纪的自然科学,都有澄明之功。尤其是他对视“认识者”为“旁观者”那幅图景的批判,远远超越了海森堡原理,与当代科学相当大的部分发生关联。

当然,认知的旁观者模型肇始于经典性的希腊哲学家。对他们来说,*理论*的首要意义是“成为一个观看者”;而他们所追求的那种*知识*(*episteme*),则是那些并不能动地寻求对自然世界加以操纵、开发或改变的人们优雅的、贵族般的理解。这样说并不是赞成对希腊哲学的马克思主义诠释,而是说希腊哲学要求人们鄙视无产阶级的体力劳动。这么说只是要提醒我们:对古希腊人来说,哲学中成功的基础是对问题作抽象的普遍的考察的能力,而并不在于把抽象的普遍的东西与特殊的质料的实例相关联;而这蕴含着有能力从一种超然的角度去看世界,也就是说,对世界进行观察而不是进行影响。当然,这种情况若要在理想的层面上具有可能,只有对不变的上帝而言才行,因为他在宇宙中理解变化,造成变化,而自身却无所变化(著名的“不动的推动者”);但是,那状态是从事思想的人们也可以并且应该通过他们对神的超然性的逼近而追寻的。

当时没有人有机会去追问:这种姿态是否受限于一些内在的限制:是否存在着这样一点,即超越这一点的话,追求超然是不可能不破坏知识之获得的可能性
xv 的。在古希腊人积极参与的科学研究的所有领域中,无限制地增强人们达到客观的(或旁观者的)知识能力,好像还是可能的;直到大约一千九百年以后,当伽利略、笛卡尔和牛顿把同样的理想当作现代科学的一个基础的时候,局面依然是这样。在创建数理物理学,尤其是行星天文学的数学理论的时候,他们理所当然地认为,人类观察者可以发现运动规律而不改变这些规律所适用的那些运动。这些"新的数理的实验的哲学家们"(这些 17 世纪科学家们以此自居)尽管与亚里士多德有那么多的分歧,在这个关键方面却依然工作在他的传统之内。

这个超然性或"客观性"的科学理想的最佳表达,或许是法国天文学家拉普拉斯(Laplace)发明的那个著名比喻。对拉普拉斯来说,牛顿派科学家所追寻的对于自然界的完备知识,就像是一个具有无限能力的计算师可能掌握的知识,这个计算师被给定了创世之时宇宙中每颗粒子的位置和速度,然后用牛顿的几大运动定律去计算世界的全部后续历史。这样一个万能计算师能够知道有关自然界所能知道的一切,而对实际的自然过程却不产生任何影响;而人类科学家也希望通过逐渐减少他们对其研究对象的影响而逼近这种知识。

这一点能实现得多远?只是到了 20 世纪,拉普拉斯的超然性和客观性理想的限度才变得昭然若揭。这种变化有两种形式。一方面,如杜威本人在第八章《理智的自然化》中所强调的,不确定原理(the principle of indeterminacy)揭示了,哪怕在与物理对象的世界打交道的时候,我们能够切实地坚持那个理想的程度,这是有限度的。在那个世界里,现在已经很明显,事物的性质(尤其是量子的性质)限制了我们能够实际上减少我们对所研究之对象施加的影响的程度;也就是说,即使单纯在物理的层面上,对任何自然系统的观察始终也蕴含着对它的作用。另一方面——把杜威的论证朝卡尔·波普尔(Karl Popper)追寻的方向再推进一步——20 世纪科学的范围已经超越了物理对象和生理现象的领域(这些对
xvi 象和现象就其本性而言,是对我们正在研究它们这个事实无动于衷),而扩展到心理学和其他人类科学当中;在这些领域中,我们的"研究被试"通常意识到他们正在被观察着,因此很容易对我们的细究作出事与愿违的反应。笛卡尔和康德都认为人类心灵是落在科学范围之外的,而我们现在则设法把它圈进科学的围

栏之中。

其思想在17世纪中期到20世纪早期，支配了欧洲自然观的那些笛卡尔派和牛顿派的“现代科学家们”，因此把古希腊的*理论*的理想加工到了使之与*实践*完全分离的程度。“自然哲学家”不仅是一个旁观者，而且是一个本质上隐而不见的旁观者。人类观察者与自然对象之间的互动是一种单向的互动，在这种互动中，“外部”世界影响“内部”心灵而并不反过来受到影响。所以，物理世界会继续不变地运作，就像一台钟表的机械一样，不管人类科学家是否在对它进行观察。

从1929年以来，离开对“客观性”的这种*超然*的理解的步骤——其象征是海森堡的不定性原理(indeterminacy principle)——已经走得很远了。到了1980年，我们与我们所研究的自然系统的行为进行互动(并且对它加以改变)的想法，在整个自然科学和技术领域都已成为老生常谈。一方面，如果精神病医生要了解他们的一个个病人的精神痛苦乃至整个精神失调的话，必须让自己与病人在*双向*的基础上发生互动；另一方面，生态学的发展，让人们对那些把人类与其环境中其他要素以自我维持方式连接起来的自然系统有新的关注。因此，不管我们考虑的是个人的心智生活和活动，还是社会群体和群落的集体活动，新“人类科学”已经不得不离开传统的科学“客观性”的超然性，从而形成新的*互动*的研究方法和思想方法。从杜威作其吉福德讲演以来的五十年中，他对“现代”科学的批判，对与这些科学相联系的认识论的批判，与我们的实际情况已经是再相干不过的了；曾经是17世纪思想的一个关键成分的那个想法，即把人类观察者和行动者(Human Observers and Agents)与其研究的自然对象(Natural Objects)之间分离开来的想法，已经失去它在科学方法中的中心地位。

因此，虽然海森堡在1927年已经写下他的思想，但即使海森堡那年没写什 *xvii*
么，杜威也找到了其他理由来抨击*理论*和*实践*之间的对立，说这种对立是一种人为的对立。量子力学不早不晚在那时问世，这当然有助于强化杜威的基本论证；但是，他的实用主义命题的中心观点并不以量子物理学的有效性作为前提。恰恰相反，从一开始，牛顿派的那个假定，即科学家有可能——至少在原则上——无限度地减少他对自然对象和过程的影响的程度，一直是人为的和理想化的。杜威坚持认为，从笛卡尔和洛克那时以来，一直构成哲学争论之基础的那个有关认识者和被认识者之间关系的基本形象，把17世纪的机械论世界观视为理所当然。17 世纪的认识论学者并没有提供一个对知识和知觉的分析的说明，这样的说明可以不管所有科学的考虑而被接受或者被拒绝；他们提出的是关于认知、视觉和其他心智活动的一种假设理论，其可信性取决于对机械论物理学的持续接受。因此，不仅是海森堡，而且是从詹姆士·克乐克·麦克斯韦(James Clerk Maxwell)以来的物理学的全部势头，对这种旧知识模型提出质疑，这为杜威和其他近来一些哲学家开始建设新模型铺平了道路。

从这种新的观点——杜威与海德格尔和维特根斯坦共有的这个观点——出发，从事思想的人们或“认识者”的传统形象，即远离他所研究之对象和过程的那种形象，必须撇在一旁。我们现在不再把心智活动看作完全在感觉中枢(sensorium)的特别的、“内在的”领域中发生的事情，因此在根本上与物理的或“外部的”世界是相分离、相屏蔽的，而必须把它们都看作包含着认识者和被认识者之间互动的过程；并且承认，界定一个完全没有外部实践表达之直观理论的领域的任何努力，都将把哲学家和科学家引入死胡同。

在这方面，杜威公开地与那些强调科学思想之操作性质的 20 世纪物理学的哲学家(如布里奇曼和爱丁堡)站在一起。对杜威，就像对他们一样，“思想”只有当它们付诸工作时才有意义。人类通过他们所设想和付诸工作的那些操作，才
xviii 显示对其生活的理性支配。用维特根斯坦的比喻来说，一种与这样一些操作没有关联的“观念”或“思想”之全无用处，就像附加在一套钟表机械上的“惰轮”一样，它无所驱动，因此其作用莫名其妙。

杜威把这些论证当作一个模式，由此表明“当代思想被赋予的关键任务”具有双重性质。消极地说，它要求对“关于心灵和思想的那些观念”进行“彻底修改”；积极地说，我们必须考虑把这种“具有操作性的智慧方法”扩展到“其他领域去指导生活”。对哲学来说，这意味着什么呢？从今以后(如他所强调的)，理智的权威与其说建立在消极观察的能力之上，不如说建立在对积极方法的运用之上。当然，即使在这个方面，杜威的回答仍然是纲领性的，而不是内容具体的：他所做的多半是拒绝旧观点，而让我们去琢磨那新观点的实际内容。

面对《确定性的寻求》一书，我们还可以来看看两个历史性问题。首先，从事后来看，当我们把杜威的哲学工作与他的两位实用主义同事即威廉·詹姆斯和查尔斯·桑德尔·皮尔士放在一起的话，它会是什么样子？如果我们要细究这

个问题，将看到杜威在知识之分析方面如何系统地贯彻其实用主义的纲领。

詹姆斯终其一生都专注于心理学而不仅仅哲学，他的几个认识论理论是对经验主义观点和康德主义观点的妥协；在他的著述中，我们找不到像杜威在其吉福德讲演中提出的那样彻底地对传统的“旁观者”观点的拒绝。而皮尔士呢，他作为数学家对形式分析的偏好一直挥之不去：他在其语言理论中提出的许多观点［比如，“类型”(type)和“个例”(token)的区分］，后来的形式逻辑学家，从罗素到蒯因(Willard Van Orman Quine)，都加以采纳，而皮尔士则至今仍然被认为是符号学的先祖之一。杜威单枪匹马地为一个彻底的“实用主义的”科学观和哲学观阐明了轮廓。

就此而言，那场17世纪争论的持久遗产终于被放弃了。关于语言和思想、 xix
意义和理性的全部问题，就这样都从感觉中枢(sensorium)的私人世界中取回来了，而被重新置于其恰当的语境之中，置于实践的公共世界之中——也就是置于实践操作和公开程序之中。因此而有杜威对“主观主义”的蔑视，这种观点同样预示了他的一些较年轻同时代人所提出的观点。他批评感觉主义的认识论观为“主观的”，这种批评因此也先于其后的维特根斯坦对基于“本质上私人的”经验和意图而建立一个心灵理论的任何企图的抨击。

再往前看一些，我们可以问：杜威在更长的历史视野中会有怎样的地位？《确定性的寻求》和别处提出的那些实用主义观点，一旦以整个哲学史为背景来考察，会站得住脚吗？这里，我们将考察杜威与哲学论证的两个长期传统的亲缘性：(1)像皮浪(Pyrrho)和恩披里克斯(Sextus Empiricus)这些人的古典怀疑论，以及(2)发端于亚里士多德的《论辩篇》、发展于古代后期以来的修辞学家关于实践推理的种种研究。

在现代哲学的争论中，(我们必须指出)“怀疑论”这个词已经贬值，或者至少变得含义不清。大卫·休谟(David Hume)在时下被看作怀疑论的典型例子：他的怀疑论被看作就是他有关知识之显得不可能的全部否定论断。但是，在这里，争论中出现了一种事关重大的意义含混。因为所有那些否定论断的力量都是假言性质的。设想我们把经验主义的公理——“感觉印象”和“解证推理”——作为出发点：选择这样的出发点，就使我们注定陷入无可救药的无知之中。但是，假如我们相反假定，人类经验也受到其本身并非得自人们经验的人类本性(以及人类诠释)诸原则的影响，知识的可能性就不那么神秘了。我们称为“知识”的东西，因此将成为那些原则引导我们作为人类而由我们经验所做成的东西。

根据时代的标准来衡量，这个论点当然是相当激进的。对于休谟的直接前人来说，“*凡在理智之中的，无不先在感觉之中*”(*nihil est in intellectu quod non* xx *prius fuerit in sensu*)——心灵的所有工具都来自感觉，这样的观点一直是一条公理。但恰当理解的话，休谟的论证并不是一条怀疑论的论证。就其倾向于把经验主义当作自己的出发点而接受这一点来说，他关于知识之不可能性的主张并不是一个怀疑论者的主张，而是一个*独断论者*的主张。如果休谟那里还存有一些怀疑论残余的话，我们必须到别处去寻找。根据皮浪和塞克都士对怀疑论立场的理解(这也是他们自己的立场)，没有一个真正的怀疑论者会否定知识的可能性，就像他不会去肯定知识的可能性一样，因为两种立场都是过分独断论的。智慧在于看到，总的来说，我们既不能证明知识的可能性，也不能证明知识的*不可能性*；相反，我们必须满足自己已达到多少具有可信性的意见，用它们将就着过日子，并且在其过程中发现对这些意见的实质性支持。因此，表达真正的怀疑论观点的，是在休谟尝试经验性人类科学的时候，是在他的比如说有关经济学、伦理学和人类学的著述中。①

因此，古典“怀疑论”的矛头所指是柏拉图主义的*知识*(*episteme*)和准几何学的*证明*的理想：对这些理想的追寻，把哲学引导到——用休谟的名言来说——一个“诡辩和幻觉”的世界。接下去要做的，不是徒劳无益地追寻知识(episteme)而放弃意见(doxa)，而是关注有根有据的意见和无根无据的意见之间的区别。这样，怀疑论把我们引向对修辞学或*实践推理*的研究：一旦作出了怀疑论的选择，就开启了道路去对*意见*(*doxa*)作实质性的考察而非几何学的考察，看看不同类型的主张如何被非几何学类型的证据和论证所支持。

上述两个步骤，杜威都采纳了。在《确定性的寻求》的认识论中，他拒绝从笛卡尔时代起就一直误导着哲学的那个有关“感觉经验”和“知识”的标准模型；在《实验逻辑论集》(*Essays in Experimental Logic*)中，他进一步踏入了“实践推理”的领域。在实践当中，各种推理的方法不是只用形式的、先天的标准来批评

---

① 近年来，迈尔斯·布伊特(Miles Burnyeat)和理查德·波普金(Richard Popkin)这样学者的工作在很大程度上，改进了我们关于古典怀疑论的观点；在这个主题方面，我通过与阿夫纳·科恩(Avner Cohen)的讨论，收获甚多。

的:它们是根据其结果来批评的。在这里,杜威再一次采取了他的许多同行不准备把握、更不要说欣赏的一个立场。戈特洛布·弗雷格(Gottlob Frege)和伯特 *xxi* 兰·罗素工作的一个结果是在这些同行们的心目中,逻辑学获得了新的严格性;而20世纪新“符号逻辑”的形式成就将受到可能的威胁,他们都不高兴看到。

弗雷格和罗素对逻辑学的范围所施加的严格限制,并不被人普遍地注意到。对亚里士多德及其后继者而言,逻辑是对推理的研究。逻辑本身包括两个主要部分:《分析篇》(*analytics*)讨论论证的形式结构,《论辩篇》(*topics*)讨论论证的不同功能。在很大程度上,形式结构之剖析研究可以用与实践主题不相干的方法来进行;因此,用一种纯粹形式的甚至准数学的方式处理分析学(*analytics*)——现代“数理逻辑”中所作的自然就是那样——那是没有任何问题的。但是,对于实践推理的研究者——从亚里士多德本人开始——来说,实用性问题的研究只有着眼于“问题的本质”才有可能。

在《尼各马可伦理学》(*Nicomachean Ethics*)一开篇,比方说,亚里士多德就拒绝这样的假定,即道德推理可以达到柏拉图赋予星体理论并且梦想推广到伦理学中去的那种“几何”结构:如果你理解道德问题的特殊性质的话,一定会看到,这种结构是不适合伦理问题、法律问题和类似问题的。并且,在其他著作中,尤其在《论辩篇》、《政治学》(*Politics*)和《修辞学》(*Rhetoric*)中,亚里士多德继续探讨与其他领域中的实践论辩相关的理性功用(rational functions)、论证方法和判断标准。在所有这些著作中,他从功用的角度处理理性分析和理性批评的种种问题,把这些问题看作产生于不同人类活动和经验领域中的基本的推理目的问题。

这样,亚里士多德为继他之后研究修辞学的人们——在古代从赫玛戈拉斯(Hermagoras)到西塞罗(Cicero),经过阿奎那和中世纪的诉讼师(causists)和普通法律师(common lawers),一直到18世纪和19世纪的亚当·斯密(Adam Smith)和威廉·惠威尔(William Whewell)——奠定了基础。虽然在20世纪许多哲学家那里,这个传统的哲学重要性被数理逻辑的魅力遮蔽了,但直至今天,我们仍然可以从中学到重要的东西。因为,如亚里士多德所论证的,对论证的实用方面进行一般的、抽象的、理论的、形式的或先天的讨论,是绝无可能的;相反, *xxii* 对这些方面只能进行特定的、具体的、实践的和实质的讨论,根据我们的经验进行讨论。在那种意义上,逻辑的“论辩的”部分不能不是经验的——或者用杜威的话来说，不能不是“实验的”。

因此，《确定性的寻求》陈述的是杜威总体立场的一个部分——尽管是最原创的、最有成效的部分。在这本书中，他为我们提供了他对于思想的实用主义说明，他把思想界定为：

> 在有意地指导下，从有问题的情境向安全可靠的情境实际过渡的过程。……是在促使有问题的情境过渡到安全清晰情境时所采取的一系列反应行为中的一种方式。①

而且，他向我们表明，这种思想观是如何让我们有可能超越经验论者和观念论者的“主观主义”模型在三百来年中让知识论罹患的种种悖论的。

此外，我们仍有必要把对杜威的吉福德讲演的论证放在其更大的语境中看待。对思想的研究，作为哲学讨论的一个话题，需要补充以一个关于推理的理论；而这就是杜威在其《实验逻辑论集》中所提供的。合起来说，这两本书从两个互补的角度考察了哲学的核心地域。杜威身上的怀疑论部分拒绝任何先天的知识模型、任何把知识看作一种“观看”的观点，而主张一种尊重科学分析之最新最具有反思性成果的直觉观和发现观；而他身上的实用主义部分，则认为知识论的首要主题（“什么担保了我们的知识”）是从事思想的人们的实际的推理实践（“我们事实上是如何思想的”）。因此，在这两个杜威之间，杜威哲学的两半合并起来提供了一个完整的体系，在此基础上可以安稳地建立起对认知、推理和知识的实用分析。

① 《确定性的寻求》，第9章，第181页。

确定性的寻求：

关于知行关系的研究

1.

逃避危险

人生活在危险的世界之中,便不得不寻求安全。人寻求安全有两种途径。 3
一种途径是在开始时试图同他四周决定着他的命运的各种力量进行和解,这种和解的方式有祈祷、献祭、礼仪和巫祀等。不久,这些拙劣的方法大部分就被废替了。于是人们认为,奉献一颗忏悔的心灵较之奉献牛羊,更能取悦于神祇;虔诚与忠实的内心态度较之外表仪礼,更为适合于神意。人若不能征服命运,他就只能心甘情愿地与命运联合起来;人即使在极端悲苦中,若能顺从于这些支配命运的力量,他就能避免失败,并可在毁灭中获得胜利。

另一种途径就是发明许多艺术(arts),通过它们来利用自然的力量;人就从威胁着他的那些条件和力量本身中构成了一座堡垒。他建筑房屋,缝织衣裳,利用火烧,不使为害,并养成共同生活的复杂艺术。这就是通过行动改变世界的方法,而另一种则是在感情和观念上改变自我的方法。人们感觉到,这种行动的方法使人倨傲不驯,甚至蔑视神力,认为这是危险的。这就说明了为什么人类很少利用他控制自然的方法来控制他自己。古人怀疑过艺术是上帝的恩赐还是对上帝特权的侵犯。而这两种见解都证明了艺术中含有某种非常的东西,这种东西或者是超人的或者是非自然的。一直很少有人预示过,人类可以借助于艺术来控制自然的力量与法则,以建立一个秩序、正义和美丽的王国,而且也很少有人注意到这样的人。

人们一直很乐意享受他们所具有的这些艺术,而且在近几世纪以来不断地 4
专心一致来增加这些艺术。人们虽然在这方面努力,但同时他们却深深地不相信艺术是对付人生严重危险的一种方法。如果我们考虑到实践这个观念被人轻视的情况，那么我们就不会怀疑这句话是真实的了。哲学家们推崇过改变个人观念的方法，而宗教导师们则推崇改变内心感情的方法。这些改变的方法都由于它们本身的价值而为人们所赞扬过，偶然地也由于它们在行动上所产生的变化而受到过赞扬。而后者之所以受到尊崇，是因为它证明了思想和情操上的变化，而非因为它是转变人生景况的方法。利用艺术产生实际客观变化的地位是低下的，而与艺术相联系的活动也是卑贱的。人们由于轻视物质这个观念而连带地轻视艺术。人们认为“精神”这个观念具有光荣的性质，因而也认为人们改变内心的态度是光荣的。

这种轻视动作、行为和制作的态度，曾为哲学家们所培养。但是，哲学家们并不是诋毁行动的始创者，他们只是把这种态度加以表述和辩护，从而把它持续了下来。他们夸耀他们自己的职能，无疑地远远把理论置于实践之上。但是，在哲学家们的这种态度以外，还有许多的方面凑合起来，产生了同一结果。劳动从来就是繁重的、辛苦的，自古以来都受到诅咒的。劳动是人在需要的压迫之下被迫去做的，而理智活动则是与闲暇联系在一起的。由于实践活动是不愉快的，人们便尽量把劳动放在奴隶和农奴身上。社会鄙视这个阶级，因而也鄙视这个阶级所做的工作。而且，认识与思维许久以来都是和非物质的与精神的原理联系着的，而艺术、在行动和造作中的一切实践活动则是和物质联系着的。因为劳动是凭借身体，使用器械工具而进行的而且是导向物质的事物的。在对于物质事物的思想和非物质的思想的比较之下，人们鄙视对物质事物的这种思想，转而成为对一切与实践相联系的事物的鄙视。

5 我们还可能这样继续不断地争论下去。如果我们通过一系列民族和文化的现象来追溯关于劳动和艺术的概念的自然历史，这会是有益的。但是，以我们当前研究的目的而论，我们只需要提出这样一个问题：为什么会有这种惹人讨厌的区分呢？只要略加思考便能指出，用来解释此一问题的许多意见，本身还需要有所解释。凡由社会阶级和情绪反感所产生的观念都难以成为理由来说明一种信仰，虽然这些观念对于产生这一信仰不无关系。轻视物质和身体，夸耀非物质的东西，这是尚需加以解释的事情。特别是我们在自然科学中全心全意采用了实验方法以后，这种把思维与认知和与物理事物完全分隔的某种原理或力量联系起来的思想是经不起检验的。这一点我们在本书以后将尽力加以说明。

以上所提出的问题有着深远的后果。截然划分理论与实践，是什么原因，有何意义？为什么实践和物质与身体一道会受到人们的鄙视？对于行为所表现的各种方式如工业、政治、美术有什么影响；对于理解为具有实际后果的外表活动而不仅是内在个人态度的道德有什么影响？把理智和行为分开，对于认识论已经发生了什么影响？特别是对于哲学的概念和发展已经发生了什么影响？有什么力量正在发挥作用来消灭这种划分吗？如果我们取消了这种分隔而把认知和行动彼此内在地联系起来，这将会有怎样的结果？对于传统的有关心灵、思维和认识的理论将会有怎样的修正，并对哲学职能的观念将要求有怎样的变化？而对于涉及人类活动的各个方面的各种学科又将因此而发生怎样的变化呢？

这些问题构成了本书的主题，并指出了所要讨论的问题的性质。在开头的这一章里，我们将特别探讨把知识提升到作为与行动之上的一些历史背景。在这一方面的探讨将会揭示出来：人们把纯理智和理智活动提升到实际事务之上，
这是与他们寻求绝对不变的确定性根本联系着的。实践活动有一个内在而不能 6
排除的显著特征，那就是与它俱在的不确定性。因而我们不得不说：行动，但须冒着危险行动。关于所作行动的判断和信仰都不能超过不确定的概率。然而，通过思维，人们却似乎可以逃避不确定性的危险。

实践活动所涉及的乃是一些个别的和独特的情境而这些情境永不确切重复，因而对它们也不可能完全加以确定。而且，一切活动常常是变化不定的。然而，依照传统的主张，理智却可以抓住普遍的实有，而这种普遍的实有却是固定不变的。只要有实践活动的地方，结果就势必有我们人类参与其间。我们对于我们关于自己的思想有所疑惧、轻蔑和缺乏信心，因而对于我们参与其间的各种活动的思想也是如此。人之不能自信，使得他欲求解脱和超脱自我；而他以为在纯粹的知识中，他能达到这个超越自我的境界。

有外表的行动，就有危险，这是无庸详述的。谚语和格言说得好，“万事不由人安排”。事之成败决定于命运，而不决定于我们自己的意旨和行动。希望未能得到满足的悲哀、目的和理想惨遭失败的悲剧，以及意外变故的灾害，都是人世间所常见之事。我们考察各种情况，尽量作出最明智的抉择；我们采取行动，除此而外，其余便只有信赖于命运、幸运或天意。道德家们教导我们去看行为的结果，然后告诉我们结果总是不确定的。不管我们怎样透彻地进行判断、计划和选择，也不管我们怎样谨慎地采取行动，这些都不是决定任何结果的唯一因素。外来无声无嗅的自然力量、不能预见的种种条件，都参与其间，起着决定的作用。

结局越重要，这种自然力量和不可预见的条件对于随后发生的事情就越有着重大的作用。

所以，人们就想望有这样一个境界，在这个境界里有一种不表现出来而且没有外在后果的活动。人们之所以喜爱认知甚于喜爱动作，“安全第一”起了巨大的作用。有些人喜欢纯粹的思维过程，有闲暇，有寻求他们爱好的倾向。当这些人在认知中获得幸福时，这种幸福是完全的，不致陷于外表动作所不能逃避的危
7 险。人们认为，思想是一种纯内心的活动，只是心灵所内具的；而且照传统古典的说法，“心灵”是完满自足的。外表动作可以外在地跟随着心灵的活动而进行着，但对心灵的完满而言，这种跟随的方式并不是心灵所固有的。既然理性活动本身就是完满的，它就不需要有外在的表现。失败和挫折是属于一个外在的、顽强的和低下的生存境界中的偶然事故。思想的外部后果产生于思想以外的世界，但这一点无损于思想与知识在它们的本性方面仍然是至上的和完满的。

因此，人类所借以可能达到实际安全的艺术便被轻视了。艺术所提供的安全是相对的、永不完全的、冒着陷入逆境的危险的。艺术的增加也许会被悲叹为新危险的根源。每一种艺术都需要有它自己的保护措施。在每一种艺术的操作中都产生了意外的新后果，有着使我们猝不及防的危险。确定性的寻求是寻求可靠的和平，是寻求一个没有危险，没有由动作所产生的恐惧阴影的对象。因为人们所不喜欢的不是不确定性的本身而是由于不确定性使我们有陷入恶果的危险。如果不确定性只影响着经验中的后果的细节，而这些后果又确能保证使人感到愉快，这种不确定性便不会刺痛人们。它会使人乐愿冒险，增添新奇。然而完全确定性的寻求只能在纯认知活动中才得实现。这就是我们最悠久的哲学传统的意见。

我们在以后将会看到，这种传统思想散布在一切论文和科目之中，支配着当前各种关于心灵与知识的问题和结论的形式。然而如果我们突然从这种传统的主见中摆脱出来，我们会不会根据现有的经验采取这种传统的轻视实践、崇尚脱离行动的知识的观点，这是值得怀疑的。因为尽管新的生产和运输的艺术使人陷入新的危险，人们已经学会了怎样来对付危险的根源。他们甚至于主动去寻找这些危险的根源，厌倦那种过于安全的生活常规。例如，目前妇女地位正在发
8 生变化的这种情况，就说明了人们对于以保护本身为目的的这种价值的态度也已经改变了。我们已经获得了一定的确信感，至少无意间是如此，感觉到我们正

在可观的程度上有把握地控制着命运的主要条件。在我们生活的四周有着成千上万种的艺术保护着我们，而且我们已经设计了许多保险的办法，来减轻和分散有增无减的恶果。除了战争还会引起许多的恐惧以外，我想如果当代的西方人完全废弃一切关于知识与行动的旧信仰，他就会相当确信地认为他已经具有在合理的程度内保障生命安全的能力，这个设想也许是稳妥的。

这种想法是臆度的。接受这种猜测，并不是本论证所必需的事情。它的价值在于指出了过去安全感的需要之所以成为主要情绪的早期条件。上古的人并没有我们今天所享有的精密的保护的和运用的艺术；而且，当艺术的应用加强了他的力量时，他对他自己的力量也还没有自信心。他生活在非常危险的条件之下，同时又没有我们今天视为理所当然的防御工具。我们今天最简单的工具和器物古时大多数都还没有；当时人们没有精确的预见；人类在赤裸裸的状况之下面临着自然界的力量，而这种赤裸裸的状况又不只是物理的；除了在非常温和的条件以外，他总是为危险所困扰，无可幸免。结果，人把吉凶的经验当作神秘的；他不能把吉凶追溯到它们的自然原因；它们似乎是各种不能控制的力量所分派的恩赐和谴罚。生、老、病、死、战争、饥馑、瘟疫等旦夕祸患，以及猎狩无定、气候变易、季节变迁等等，都使人想象到不确定的情况。在任何显著的悲剧或胜利中所涉及的景象或对象，不管是怎样偶然得到的，都获得了一种独特的意义。人们把它当作一种吉兆或一种凶兆。因此，人们珍爱某些事物，把它们当作保持安全的手段，好像今天的良匠珍爱他的工具一样；人们也畏避另一些事物，因为它们具有危害的能力。

当人们还没有后来才发明的工具和技艺时，他就像一个落水的人抓住一把稻草那样，在困难中抓住他在想象中认为救命根源的任何东西。现在的人，关怀 9
和注意着怎样获得运用器具和发明极奏成效的工具的技巧；而过去的人，却关怀和注意于预兆，做一些不相干的预言，举行许多典礼仪式，使用具有魔力的对象来控制自然事物。原始宗教便是在这样的气氛之下产生和滋长起来的。可以说，这种气氛在过去就是宗教的意向。

人们求助于那些会增进福利、防御暴力的手段，这是常有的事情。这种态度在生活遇到重重危难之时是最为显著的，但在这些具有非常危险的危机事态和日常行动之间的界线却是十分模糊的。在有关通常的事物和日常的事务的活动中，常常为了采取安全措施起见，进行一些仪礼活动。举凡制造兵器、陶铸器皿、编织草席、撒播种子、刈取收获等等，还需要有一些不同于专门技术的动作。这些动作具有一种特别的庄严性，而且人们认为，这是保证实际操作成功所必需的。

虽然我们难免要采取“超自然的”这个字眼，但是必须避免我们对这个词原有的意义。只要“自然的”没有明确的范围，那么所谓超越自然的东西就没有任何意义了。正如人类学者所提出的，“自然的”与“超自然的”的区别就是在通常与非常之间的区别；在平常进行着的事物与决定着事物正常进行的偶然事变之间的区别。而这两个境界没有彼此严格划分的分界线。在这两个境界相互交叉之处，有一个无人之境。非常的事物随时可以侵入通常事物的境内，不是破坏了通常的东西，就是把它缀饰以惊人的光环。当我们在危急的条件之下运用通常的事物时，其中便充满着许多不可解释的吉凶的潜在力。

在这样的情况下形成和发展了“神圣”和“幸运”这两个主要的概念，或可称之为两个文化范畴。它们的反面是“世俗”和“厄运”。和我们对待“超自然的”这
10 个观念一样，我们不要根据目前的用法来解释它们。凡具有非常的能力可以为利或可以为害者便是神圣的；神圣意味着必然要以一种仪式上疑惧对待它。凡神圣的东西，如地方、人物或礼仪用品等都具有一种凶恶的面孔，挂着“谨慎对待”的牌子。它发出了“不得触摸”的命令。在它的四周有许多的禁忌、一整套的禁令和训诫。它可以把它的潜力转移到其他事物上去。如能获得神圣的恩宠，你便走上了成功之路，而任何显著的成功都证明其取得了某种庇护力量的恩宠。这一事实是历代政治家们都明白如何去加以利用的。由于它充满着权力、好恶无常，人们不仅要以疑惧之心对待神圣，而且要屈意顺服。于是便产生了斋戒、屈服、禁食和祈祷等等仪式，这都是博取神圣恩宠的条件。

神圣是福佑或幸运的负荷者。但是，早就有了“神圣”和“幸运”这两个观念的差别，因为人们对待它们的意向不同。幸运的对象是为人们所利用的。人们运用它，而不是敬畏它。它所要求的是咒文、符咒、占卜，而不是祈祷和屈服。而且幸运的东西每每是一种具体而可触摸的东西，而神圣的东西则通常是没有明确方位的；神圣的住所和形式越模糊不清，它的能力就越大。幸运的对象则是处于人的压力之下，乃是处于人的强迫之下，受人呵责和惩罚。如果它不为人带来幸运，人就会丢弃它。在人们利用这种幸运对象时发展了一种主人感的因素，而不同于对待神圣的那种驯服和屈从的固有态度。因此，人们在统治与屈从、诅咒

与祈祷、利用与感通之间便有了一种有节奏的起伏状态。

当然，以上的陈述是片面的。人们总是实事求是地对待许多事物的，而且每天都在享受着。即使在我们所说过的那些仪礼中，一经建立了常规之后，人们就像想望(desire)重复动作一样，还通常表现出一种对于新奇的喜爱。原始的人类早就发明了一些工具和技巧。人们还具有一些关于通常事物特性的平常的知 11
识。但是，除了这一类的知识以外，还有一些属于想象和情绪类型的信仰，而且前者在一定程度上是湮没于后者之中的。后者是具有一定的威势的。正因为有些信仰是实事求是的，所以它们并没有那些非常的和奇怪的信仰所具有的那种势力和权威。今天在宗教信仰仍然活跃着的地方，我们还可以看到相同的现象。

对于可证实的事实所具有的那种平凡的信仰，即以感觉为凭证和以实用效果为根据的信仰，便没有礼仪崇拜的对象所具有的那种魅力和威势。所以，构成这类信仰内容的事物便被视为低级的了。在我们熟悉了一件事物之后，就会把它和其他事物一视同仁，乃至对它有轻视之感。我们是以对待我们日常所处理的事物的态度来对待我们自己的。的确，我们所敬畏尊重的对象就势必具有优越的地位。人们所注意的东西和他们所尊重的东西之所以截然分开，其根源就在于此。人们一方面控制日常事物而另一方面依赖于某种优越的力量，在这两种态度之间的区别终于在理智上被概括化了。这就产生了两个不同领域的概念。在这个低下的领域里，人能够预见并利用工具和艺术，期望在一定的程度上控制它。在这个优越的领域里，却是一些不可控制的事变，从而证实了尚有一些超越于日常世俗事物之上的力量在活动着。

关于认识与实践、精神与物质的哲学传统，并不是首创的和原始的。它的背景就是上面所概述的这种文化状态。社会上有一种气氛，把通常的和非常的东西划分开来，而这种哲学传统就是在这种社会气氛中发展起来的。哲学正是反映这种区别并把它加以理性的表述和解释。随着日常艺术而来的，便有了许多的资料，有了一堆事实的知识；因为这是由于人们亲手做作而产生的，所以是人们所知道的。它们是实用的结果，也是实用的期望。这一类的知识，和非常的与神圣的东西比较起来，和实用的事物一样，也是不受尊重的。哲学继承了宗教所涉及的境界。哲学的认知方式不同于在经验艺术中所达成的认知方式，正因为它所涉及的是一个高级实有(Being)的领域。从事礼仪的活动较之那些在苦工 12
中所从事的活动要高贵些，更接近于神圣一些。同样，涉及一个高级实有领域的哲学认知方式较之于我们的生活有关的造作行动要纯洁些。

由宗教到哲学在形式上的变化很大,以至于人们容易忽视这两者在内容上的共同之处。哲学的形式已不再是用想象和情绪的体裁讲故事的形式,而变成了遵守逻辑规律的理性论辩的形式。大家都熟悉,后世称为形而上学部分的亚里士多德的体系,他自己称之为"第一哲学"。我们可以引用他描述"第一哲学"的一些语句来说明哲学事业是一桩冷静理性的、客观的和分析的事业。因此,他说它包含着各部门的一切知识,因为哲学的题材乃是界说一切不同形式的实有的特征而不论其在细节方面彼此如何不同。

但是,如果我们把这几句话和亚里士多德自己心里的整个体系联系起来看,就十分清楚,第一哲学的包容性和普遍性并不是属于一种严格的分析型的。这种包容性和普遍性还标志着一种在价值等级上和被尊重的权利上的差别。因为他公然说他的第一哲学(或形而上学)就是神学;他说,它比其他科学有较高的地位。因为这些科学研究事物的生成和生产,而哲学的题材只容许有论证式的(即必然的)真理;哲学的对象是神圣的,是适合上帝所从事的对象。他又说,哲学的对象是要去研究神圣显现于我们人类的许多现象的原因,而且如果神圣是无所不在的,那么它就出现于哲学所研究的这类事物之中。哲学所研究的实有是原始的、永恒的和自足的,因为它的本性就是善,而善是哲学题材中的根本原理之一。这一句话也使我们明白哲学对象的价值高贵。不过要知道,这里所谓善,是指完满自足的内在永恒的善,而不是指在人生中具有意义和地位的那种善。

亚里士多德告诉我们说,从远古以来就以一种故事的方式遗留下来这样一
13 个见解,认为天上的星球都是许多的神,而神圣包容着全部自然界。他后来又继续说,为了群众的利益,为了权宜之计,即为了保持社会制度,这个真理的核心是与神话交织在一起的。于是,哲学便有一件消极的工作,即清除这些想象的添加物。从通俗信仰的观点来看,这是哲学的主要工作,而且是一件破坏性的工作。群众只会感觉到,他们的宗教受到了攻击。但是长久看来,哲学的贡献是积极的。把神圣当作包容世界的这个信仰便和它的神话联系分隔开了,成为哲学的基础,也成为物理科学的基础——如"天体是神灵"这句话所暗示的。用理性论辩的形式而不用情绪化的想象来叙述宇宙的故事,这就意味着发现了作为理性科学的逻辑学。由于最高的实在是符合逻辑的要求的,逻辑的构成对象也具有了必然的和永恒的特性。对于这种形式的纯粹观点,是人类最高的和最神圣的

乐境，是与不变真理的会通。

欧几里得(Euclid)几何学无疑是导致逻辑的线索，成为把正确意见变成合理论辩的工具。几何学似乎揭示出有建立这样一种科学的可能性，这种科学除了单纯用图形或图解举例以外不求助于感觉和观察。它似乎揭露出一个理想的(或非感觉的)形式的世界，而这些理想的(或非感觉的)形式只有用唯有理性才可能寻溯的永恒必然关系联系起来。这个发明曾为哲学所概括，哲学把它概括成为一种研究固定实在领域的理论；当这个固定实有的领域为思想所把握时，它便构成了一个完善的必然常住真理的体系。

如果我们用人类学家看待他的材料的眼光来看待柏拉图和亚里士多德哲学的基础，即把它当作一种文化题材，就十分清楚了：这些哲学乃是以一种理性的形式，把希腊人的宗教与艺术信仰加以系统化罢了。所谓系统化，就包括有澄清的意思在内。逻辑学提供了真实对象所必须最后符合的形式，而物理学则只有当自然界甚至在变化无常之中仍然表现出最后常住的理性对象时，才可能成立。因此，在淘汰了神话与粗野迷信的同时，产生了科学的理想和理性生活的理想。 14
凡能证明其本身是合乎理性的目的，便代替了习惯而指导行为。这两个理想对西方文化构成了一种不可磨灭的贡献。

我们对于这些不可磨灭的贡献虽然表示感谢，但是却又不能忘了它们所以产生的条件。因为这些贡献也带来了一个关于高级的固定实在领域的观念，而一切科学才得由此成立，和一个关于低级的变化事物世界的观念，而这些变化的事物则只是经验和实践所涉及的东西。它们推崇不变而摒弃变化，而显然一切实践活动都是属于变化的领域的。这种观念遗留给后代有一种见解，这种见解自从希腊时代以来就一直支配着哲学，即认为知识的职能在于发现先在的实体，而不像我们的实际判断一样，在于了解当问题产生时应付问题所必需的条件。

这种关于知识的概念一经确立之后，在古典哲学中便也为哲学研究规定了特殊的任务。哲学也是一种知识形式，旨在揭示“实在”本身、“有”本身及其属性。与自然科学所研究的对象比较起来，哲学所研究的是一种更高级的、更深远的存在形式，这是它不同于其他认知方式的地方。当它研究到人类的行为时，便在行动上面强加上据说来自理性界的目的。因此，它使得我们的思想不去探求为我们的实际经验所提示的目的，以及实现这些目的的具体手段。曾有一种主张，希望通过不要求采取积极行动应付环境的措施来逃避事物的变幻无常。哲学把这种主张理性化了。它不再借助于仪礼和祭祀来求得解脱，而是通过理性求得解脱。这种解脱是一种理智上的、理论上的事情，构成它的那种知识是离开实践活动而获得的。

知识领域和行动领域又各自划分成为两个区域。不能推断说，希腊哲学把活动和认知分离开了。它把这两者联系起来了。但是，它把活动(activing)和行动(action)(即制作、做)区别开来了。理性的与必然的知识是亚里士多德所推崇
15 的，认为这种知识乃是自创自行的活动的一种最后的、自足的、自包的形式。它是理想的和永恒的，独立于变迁之外，因而也独立于人们生活的世界，独立于我们感知经验和实际经验的世界之外。“纯粹的活动”(pure activity)和实践的行动(practical action)是截然不同的。后者，无论在工艺或美术中，在道德或政治中，都是涉及一个低级的实有区域；而在这个区域里，由变化支配着一切，因而我们只是在礼貌上把它称为实有，因为变化这一事实在实有方面缺乏坚实的基础。它是浸润于非有之中的。

在知识方面，则有完全意义的知识与信仰的区别。知识是解证的(demonstrative)、必然的——即确切的。反之，信仰则只是一种意见；就意见之不确定性和仅属盖然性而言，意见是与变化世界联系着的，而知识是与真实实在领域相适应的。因为这一事实影响到关于哲学的职能与性质的概念，我们对于特殊的主题不得不再作进一步的讨论。人类有两种信仰的方式、两种维度(dimensions)，这是无可怀疑的。既有关于现实存在和事物进程的信仰，也有关于所追求的目的、所采取的政策、所要获得的善和所欲避免的恶等方面的信仰。在一切实际问题中，最紧迫的一个问题就是如何找到在这两种信仰的题材之间相互的联系。我们将怎样利用我们最确实可靠的认识信仰来节制我们的实际信仰呢？我们又将怎样利用实际的信仰来组织和统一我们的理智的信仰？

真正的哲学问题是确实可能和这一类的问题联系着的。人类具有为科学研究所提供的信仰，即关于事物的实际结构与过程的信仰；也具有关于调节行为的价值的信仰。怎样把这两种方式的信仰有效地互相作用，这也许是人生为我们所提出的一切问题中最一般和最重要的一个问题了。显然，除了科学以外，还应该有某种以理性为根据的学问来专门研究这个问题。因此，这就为我们理解哲学的功能提供了一条途径。但是，主要的哲学传统却禁止我们用这种方式来界
16 说哲学。因为照传统的哲学思想讲来，知识的领域和实践行动的领域彼此是没

有任何内在联系的。这就是我们讨论中各种因素集中的焦点。因而扼要重述一下也许是有益的。实践的领域是一个变化的领域，而变化则总是偶然的，其中不可避免地具有一种机遇的因素。如果一件东西已经发生了变化，它的变动就令人悦服地证明了它缺乏真实的或完全的实有。就这个字眼的全部意义而言，"有"就是永远实有。说它有，又说它变得没有了，这是自相矛盾的。如果它没有缺陷或不完善之处，它又怎能变化呢？凡变化着的东西都只是偶然发生的事情，而绝非真有。它是浸润在非有之中的，从实有的完满的意义讲来，它是没有的。生成着的世界是一个溃崩破坏着的世界。凡一事物变为有时，另一些事物就变成无了。

因此，轻视实践便具有了一种哲学上的、本体论上的理由。实践行动，不同于自我旋转的理性的自我活动，是属于有生有灭的境界的，在价值上是低贱于"实有"的。从形式上来讲，绝对确定性的寻求已经达到了它的目标。因为最后的实有或实在是固定的、持续的、不容许有变异的，所以它是可以用理性的直觉去把握的，可以用理性的（即普遍的和必然的）证明显示出来的。我并不怀疑，在哲学发生之前人们就曾有过一种感觉，认为固定不变的东西和绝对确定的东西就是一回事情，而变化是产生我们的一切不确定性和灾难的根源。不过，这个不成熟的感觉在哲学中形成了一个明确的公式。人们是根据像几何和逻辑的结论那样证明为必然的东西来肯定这种感觉的。因此，哲学对普遍的、不变的和永恒的东西的既有倾向便被固定下来了。它始终成为全部古典哲学传统的共有财富。

这个体系的各个部分都是互相联系着的。实有或实在是完备的；因为它是完备的，所以它是完善的、神圣的、"不动的推动者"。然后便有变化着的事物，来来往往，生生死死，因为它们缺乏稳定性，而只有参与在最后实有中的事物才具有稳定性的特征。不过，有变化，就要具有形式和特性，而且当这些变化趋向于一个目的而处于圆满结束的时候，这些变化便可以为人们所认知。变化的不稳定性并不是绝对的，它具有热望达到一个目标的特征。

理性的思想，一切自然运动的最后"终结"或末端，乃是最完善的和完备的。 17
凡是变化着的东西就是物质的；物理的东西是用变化来界说的。最多最好，它只算是达到一个稳定不变的目的的一种潜能。在这两个领域内有两种不同的知识。其中只有一种才是真正的知识，即科学。这种知识具有一种理性的、必然的和不变的形式。它是确定的。另一种知识是关于变化的知识，它就是信仰或意见；它是经验的和特殊的；偶然的、盖然的而不是确定的。平常至多它只能判定说：事物"大致如此"。与实有中和知识中的这种区分相适应的便有活动中这种区分。纯粹的活动是理性的，它是属于理论性质的，意即脱离实践动作的理论。然后便有制作行动中的动作，去满足变化领域中的需要缺陷。人类的物理本性方面便是和这个变化的领域联系着的。

这种希腊的表述虽然早已提出，而且其中很多专门名词现在已觉希奇，但它有些要点仍适合现代的思想，不减于其在原表述中的重要意义。因为不管科学题材和方法已经有了多大的变化，不管实践活动借助于艺术和技术已经有了多大的扩充，西方文化的主要传统则仍保持着这种观念构架，始终未变。人所需要的是完善的确定性。实践动作找不到这种完善的确定性；它们只有在一个不确定的未来中始见效果，它们包含着灾难、挫折和失败的危险。另一方面，人们认为，知识是与一个本身固定的实有的领域联系着的。由于它是永恒不变的，人类的认知在这个领域内是不作任何区别的。人们能够通过思维的领悟和验证的媒介或某种其他的思维器官来接近这个领域。这种思维器官除了只去认知它以外是和实在不发生任何关系的。

在这些主张里面，包括着一整个体系的哲学结论。首先而且最主要的结论是说：真的知识和实在是完全相符的。被认知为真的东西，在存在中便是实有的。知识的对象构成了一切其他经验对象的真实性的标准和度量。而我们所爱
18 好、所想望、所争取、所选择的对象，即我们所赋予价值的一切东西，也都是实在的吗？如果它们能够为知识所证实，它就是实在的；如果我们能够认知具有这些价值特性的对象，就有理由把它们当作实在的。但是，作为想望和意图的对象，它们在实有中是没有地位的，除非我们通过知识接近和证实了它们。我们十分熟悉这种见解，因而忽视了它所根据的一个未曾表达出来的前提，即只有完全固定不变的东西才能是实在的。确定性的寻求已经支配着我们的根本的形而上学。

第二，认识的理论具有为同一主张所确定的根本前提。因为确定的知识必定与先在的存在物或本质的实有关联着的。只有确定的事物，才内在地属于知识与科学所固有的对象。如果产生一种事物时，我们也参与在内，那么就不能真正认知这种事物，因为它跟随在我们的动作之后而不是存在于我们的动作之前。

凡涉及行动的东西乃属于一种单纯猜测与盖然的范围，不同于具有理性保证的实证，只有后者才是真正知识的理想。我们已经十分习惯于把知识和动作分隔开来，乃至认识不到这种分隔的情况如何支配着我们对于心灵、意识和反省探究的想法。因为既然心灵、意识和反省探究都是和真正的知识关联着的，那么根据这个前提，在对它们的界说中就不容许有任何外表的行动，因为后者改变了独立先在的存在的条件。

关于认识的理论派别繁多，到处都是它们之间的争闹。由此所产生的喧嚷，竟使我们看不到它们所说的东西其实是一回事情。这些争论之点是大家所熟悉的。有些理论认为，我们被动接受的、无论我们愿意与否强加于我们身上的印象，乃是测验知识的最后标准。另一些理论认为，理智的综合活动是知识的保证。唯心论者的理论主张心灵与被知的对象最后是同一件事情；实在论者的理论则把知识归结为对独立存在物的觉知，如是等等。但是，他们都有一个共同的假设。他们都主张：在探究的操作中并没有任何实践活动的因素，进入被知对象的结构之中。十分奇怪，不仅唯心论这样说，实在论也这样说；不仅主张综合活动的理论这样说，主张被动接受的理论也这样说。按照他们的看法，“心灵”不是 19
在一种可以观察得到的方式之下，不是借助于具有时间性的实践外表动作，而是通过某种神秘的内在活动构成所知的对象的。

总之，所有这一切理论的共同实质就是说，被知的东西是先在于观察与探究的心理动作而存在的，而且完全不受这些动作的影响，否则，它们就不是固定而不可变易的了。据上所述，包含在认知中的寻求、研究、反省的过程总是与某些先在的实有关联着的而不包括有实践活动，这个消极的条件便永久把属于心灵和认知器官的主要特征固定下来了。这些过程必然是在被知的东西以外的，因而它们不与被知的对象发生任何交互作用。如果采用“交互作用”一词，也不能如平常实际的用法，表示在外表上产生了什么变化。

认识论是仿照假设中的视觉动作的模式而构成的。对象把光线反射到眼上，于是该对象便被看见了。这使得眼睛和使用光学仪器的人发生了变化，但并不使得被看见的事物发生任何变化。实在的对象固定不变，高高在上，好像是任何观光的心灵都可以瞻仰的帝王一样。结果就不可避免地产生了一种旁观者式的认识论。过去曾经有过一些理论，主张心理活动是参与其间的，但它们仍然保持着旧有的前提。所以，它们得出结论说：不可能认知实在。按照它们的见解，既然有了心灵的干预，我们就只能认知实在对象一些变了样子的外貌，只能认知实在对象的“现象”。这个结论最彻底地证实了它具有下述信仰的全部威势：即把知识的对象当作一种固定完备的实在，是孤立于产生变化因素的探索动作以外的。

所有这一切关于确定性和固定体、关于实在世界的性质、关于心灵和认知器官的性质的见解，完全是彼此联系着的；而它们的结果，几乎扩散在所有一切关于哲学问题的重要见解之中。所有这一切见解的根源，都是由于（为了寻求绝对
20 的确定性）人们把理论与实践、知识与行动分隔开来。这就是我的基本的主题思想。因此，我们不能把这个问题单独地孤立起来加以研究。它是和各个领域的根本信仰和见解完全纠缠在一起的。

本书以后各章尚须从上述各点逐一论述这个主题。我们将首先研究这种传统的区分办法对于哲学性质的概念，特别是对于价值在存在中的确实地位问题的影响。然后，我们将说明在自然科学结论与我们所赖以生存和调节行为的价值之间进行协调的问题如何支配着现代的各派哲学，而这个问题，如果不是事先不加批判地接受了知识是唯一能接近实在的途径，将不会存在。然后，我们将以科学程序为例，讨论认知活动发展的各方面，把实验探究分析成为各个方面，从而表明上述那种传统的假设在具体的科学程序中是怎样完全被废弃了的。因为科学在变为具有实验性质的过程中，本身就变成了一种有目的的实践行动的方式。然后，我们将简要地陈述破除了分隔理论与实践的种种障碍之后，对改造关于心灵与思维的根本观念以及对认识论中长期存在的许多问题所产生的后果。然后，我们将考虑到用通过实践的手段追求安全的方法去代替通过理性的手段去寻求绝对的确定性的方法，这将对于我们控制行为，特别影响于行为的社会方面的价值判断的问题会产生什么影响。

2.

哲学对于常住性的寻求

前一章，我们曾经附带地注意到古典传统在知识与信仰，或如洛克（Locke） 21
所说的，在知识与判断之间所作的区别。按照这种区别，确定的东西和知识的范围是同样广大的。争论是存在的，但所争论的是：提供确定性的基础的是感觉还是理性；或者说，它的对象是存在物还是本质。与上述这种把确定性与知识等同起来的情形相反，“信仰”这个字眼本身，在确定性的问题上，就是引人争辩的。由于缺乏知识，或不能完全保证，我们才有信仰。所以，确定性的寻求总是要努力超越信仰。我们前面已经说过，既然一切实践的行动都有不确定性的因素在内，那么，只有把知识同实践行动分隔开来，才能超越信仰，上升到知识。

在本章，我们特别想讨论：如果我们把确定性的理想当作优越于信仰的东西，那么对于哲学的性质与功能将发生什么样的影响。希腊的思想家们清晰地——而且合乎逻辑地——看到：经验，就其认知存在的而言，只能提供给我们一些偶然的盖然因素。经验不能为我们提供必然的真理，即完全通过理性来加以证明的真理。经验的结论是特殊的，而不是普遍的。由于它们不是“精确的”，所以还不足以成为“科学”。因而便产生了理性的真理（根据近代的术语，即关于观念之间的关系的真理）和由经验所肯定的关于存在的“真理”之间的区别。因此，不仅实践的艺术（工业的和社会的艺术）不是知识而是显明有关信仰的事情，就是根据观察从归纳推理所产生的那些科学也不能算是知识而只是信仰。

人们也可以这样的设想：这些科学也并不坏，特别是在自然科学已经发展了 22
一种技术，可以达到高度的概率并在一定限度以内可以测量概率的程度，在特殊情形之下帮助我们下结论。但是，从历史上来看，这样扭转过来的想法是不容易的。因为人们已经把经验的或观察的科学置于与理性的科学可厌的相反的地位，而理性的科学是研究永恒的和必然的对象的，因而具有必然的真理。结果，由于观察的科学材料不能统摄于理性科学所提供的形式与原理之内，这种观察性的科学便和实际事物一样为人们所轻视。它们和理性科学的完善实体比起来，是较为低下的、世俗的和平凡的。

而且，我们在这里就有了一个理由可以把这件事情远溯至希腊哲学。直到今天的整个古典传统都继续抱有一种轻视经验的观点，并把实在当作真正知识所追求的正确目标和理想，认为即使实在是寓于经验事物之中的，但它们却是不能为实验的方法所认知的。这在哲学本身上所产生的逻辑结果是明显的。在方法方面，它势必宣称，它本身就具有一种产生于理性本身而且能够离开经验取得理性证明的方法。只要这种看法承认同一理性的方法也真正认知了自然本身，结果——至少那些明显的结果——是并不严重的。在哲学与真正科学之间没有什么裂痕。事实上甚至于并没有这样的区分，而只有形而上学、逻辑学、自然科学、道德科学等等哲学部门的分别，在其间证明确定性的程度是依次递减的。按照这个理论来看，既然低级科学的题材和真正知识的题材内在地是属于一种不同的特性的，那么，我们就没有根据对于所谓信仰的这种程度低下的知识表示任何理性上的不满。较为低下的知识或信仰乃是与较为低下的题材相适应的。

17 世纪的科学革命引起了一次巨大的变化。科学本身，借助于数学，把证明性的知识体系带到了自然对象的领域中来。自然界的“法则”也具有了在旧体
23 系中仅仅属于理性形式与理想形式所具有的固定特性。用一些机械论的术语所表达出来的关于自然界的这种数理科学，便自称为唯一正确的自然哲学。所以，古旧的哲学丧失了它与自然知识的联系，而自然世界的这些“法则”也不再支持哲学。哲学为了要保持它的高级形式的知识的地位，便不得不对自然科学的结论采取一种痛恶的和所谓敌意的态度。这时候，旧传统的架构又浸沉于基督教的神学之中，并由于宗教的教育又变成了那些不懂得专门哲学的人们所继承下来的文化。于是，哲学与新科学在认知实在方面的对抗便变成了为旧哲学传统所保证的精神价值和自然知识的结论之间的对抗。科学越进步，它就似乎越侵占了哲学宣称所应占有的特殊领土范围。因此，古典的哲学便变成了一种专门为相信最后实在的这种信仰进行辩护的一种学问，而在这个最后的实在领域中便有着调节生活、控制行为的各种价值。

运用这种历史研究的方式来探讨上面所论及的问题，无疑地会有不少的缺点。人们或许会毫不犹豫地认为，上面我们所强调的希腊思想和近代思想，特别与当代哲学是无关的；或许会认为，在不搞哲学的群众看来，这些哲学的陈述没有什么重大的意义。对哲学有兴趣的人们会反对说：这些批评如果不是无的放矢，至少那些被批评的主张则早已失去了它们的现实意义。对任何形式的哲学都不爱好的人们，又会追问这些批评对于非以哲学为专业的人们到底有什么意义。

关于对哲学有兴趣的人们所提出的反对，我们将在下一章详加论述。在下一章，我们将说明，近代哲学虽然有各种学派，但都是想研究如何使现代科学的结论适应西方世界的主要的宗教和道德传统的问题，并且说明这些问题与保留希腊思想中所陈述的那种关于知识与实在关系的见解是有关的。目前我们只要指出：关于知识与行动、理论与实践分隔的见解在具体细节上不管有过多大的变 24
化，仍然被继续保存了下来；而与行动联系着的信仰，与那些与知识的对象内在联系在一起的信仰比较起来，是不确定的，在价值上是低贱的，因而只有在前一种信仰从后一种信仰中派生出来的时候，它才是安全确立的。我们不是说，希腊思想的某些特殊内容是与当前的问题关联的；与当前问题相关的是它坚持知识的确定性是衡量安全的尺度，而是否符合独立于人类实践活动以外，固定不变的对象又是衡量知识的确定性的尺度的这些见解。

那些不爱好哲学的人们的反对却是属于另一种类型的。他们感觉到不仅仅希腊哲学，而是一切形式的哲学，对人类讲来都没有任何意义。他们承认或者断言说，把哲学说成比自然科学所提供的知识较高一级的知识，这是放肆的；但是，他们也主张，这个问题除了对那些专业哲学家们以外，是没有什么重大意义的。

不爱好哲学的人们所提出的这种反对意见是不会有什么力量的，因为他们所主张的大部分和哲学家们的主张一样，是同一种关于确定性及其固有对象的哲学；不过，他们的主张还只是一种不成熟的形式罢了。他们并不认为哲学思想是达到这种对象以及它们所提供的确定性的一种特殊的方法，但他们明显或含蓄地也决不主张在理智指导下行动艺术乃是获得价值安全的手段。当他们涉及某些目的和好处时，只是接受这个观念。但是，当他们把这些目的和价值当作为了低等的后果而从物质上（如从健康、财富上）去控制条件的时候，就仍然保持古典哲学所陈述的那种在高一级的实在和低一级的实在之间的区别。尽管他们说话时没有运用理性、必然的真理、普遍性、物自身以及现象等等的词汇，但是却倾向于相信在知识指导的行动以外另有道路，可以最后实现高级的理想和目的。他们认为，实践行动是实用所必需的；但是却把实用和精神的、理想的价值分隔开了。这个根本的区别并非创始于哲学。这些观念久已一般地活动在人心之
25 中，哲学不过是把这些观念在理智上加以公式化和合理化罢了。而这些观念中的因素不仅活跃在过去的文化之中，而且也活跃在当前的文化之中。的确，由于宗教教义的散播，这种把最后价值当作一种特殊的启示而它们在生活中体现的特殊方法又截然不同于仅仅涉及低级目的的动作艺术的见解，一直在通俗的人心之中，为人们所重视着。

这一点就有了一般的人类重要意义，而不仅是专业哲学家们所关心的事情了。怎样才能获得价值？怎样才能获得为人们所钦佩的、所赞同和所追求的、光荣的事物呢？大概是由于轻视实践的结果，所以很少有人把价值在人类经验中的安全地位的问题和关于知识与实践关系的问题联系着提出来。但是，不管我们对行动的地位采取什么观点，行动的范围不能仅仅限于专图私利的动作，也不能局限于专从利害得失打算的动作，尤其不能一般地局限于贪图便宜的事物或有时所谓“功利”的事情。保持和散播理智上的价值、道德上的良善、美术上的美妙，以及在人类关系中维持秩序和礼节等等，都是依赖于人们的行为的。

无论因为传统宗教强调个人灵魂得救的缘故或者其他的理由，人们总有一种倾向，把道德的最后范围仅限于一个人的行为反过来对他本人所产生的结果。甚至于功利主义，虽然它在表面上是独立于传统神学之外的，是强调以公共福利作为判断行为的准绳的，但它仍然在它的快乐论的心理学中坚持个人的快乐是行动的动机。有人认为，一切理智行为的真实对象在于把一切人类关系中有价值的事物建立成为一个稳定而又继续发展的制度。但是，当前流行着一种见解，认为道德是一种特别的动作，它主要涉及个人在其才能中的美德或享受。这种见解把上一种看法压制下去了。我们仍然保持着把活动划分成为两类具有不同价值的活动的这种见解，不过改变形式罢了。结果，这使得“实用的”和“有用的”东西的意义本身具有一种被人轻视的意义。“实用的”一语的意义并没有扩大到
26 包括足以推广和保障人生价值的一切行动方式，包括美术的散播和趣味的培养，教育的过程和一切足以使人类关系更加有意义和有价值的活动。反之，人们却把“实用的”一语的意义仅限用于安逸、慰藉、财富、身体安全和警察秩序，可能还

有保持健康等等；而这些事物一经与其他的诸善分隔孤立之后，就只能算是一些有局限性的和狭隘的价值了。结果，这些事物便成为技术科学和艺术所研究的课题；“高尚的”兴趣是不关心它们的，不管在自然存在的盛衰中“低级的”善发生了什么变化，高尚的价值仍然是最后实在的常住不变的特性。

如果我们在习惯上采取实践最公平的意义而且放弃把价值划分成为内在高尚和内在低下的两类价值的这种二元论，对于“实践”所采取的这种轻视的态度就会有所改变。我们应该把实践当作用以在具体可经验到的存在中保持住我们判断为光荣、美妙和可赞赏的一切事物的唯一手段。这样一来，“道德”的全部意义都改变了。人们在自然与社会关系内所造成的差别之中忽视它们永恒的客观后果的倾向，以及人们不问客观后果，强调个人动机和内在性向的这种态度，在什么程度上是人们在习惯上鄙视动作价值、重视对事物不产生任何客观差别的心理过程、思维和情操等形式的后果呢？

人们可以辩论说（我认为，这种辩论是有一定道理的），人们之所以未曾把行动置于追求这种安全的中心地位（人们是可能这样做的），这是由于早期文化阶段人类的无能状态所遗留下来的结果；当时，人们只有很少的方法来调节和利用后果所由产生的条件。当人类还不能利用实践艺术来指导事物发展的进程时，他就去寻求一种在情绪上的代替物，这是很自然的事情；在这个动荡不安的世界中，由于缺乏实际的确定性，人们就只有去培植那些予人类以确定感的东西。这种确定感的培植，只要不流于幻想，就有可能给人以勇气和信心，使他能比较成功地挑起人生的担子。事实虽然如此，但总不能辩论说，我们可以根据这个事实 27
来建立一种合理的哲学。

我们现在回过头来谈哲学的概念。我们曾经坚持，任何方式的行动都不能达到绝对的确定；行动只能保险，不能保证。做（doing）总是要遇到危险的，遭受挫折的。当人们开始从事于哲学思考的时候，他们就觉得若使价值受行动的制约，其结果不能确定，这就太冒险了。只要有经验存在，只要有可感知的和现象世界的存在，就会继续有这种动荡不定的状态；但是，这种不确定性似乎促使人们更加需要通过最确实的知识，来显示出理想的善在最后实在的领域内占有不可废除和难以推翻的地位。至少，我们可以想象人们是这样进行推理的。而今天有许多的人，在面临价值在实际经验中所呈现出来的这种不稳定和可疑的状态时，乃认为在一个实质境界中（即使不是在人世以外的天堂之中）有一种完善形式的善；而在这个实质境界内，它们的权威（即使不是它们的存在）是完全不可动摇的，从而使他们求得了一种特别的安慰。

这个过程在什么程度上是近代心理学为我们所熟悉的那种补偿性质的过程，我们暂时不问。我们只研究它对于哲学有什么影响。那些我所谓古典哲学的主要目标在于表明：作为最高超和最必要的知识对象的那些实在，也都具有符合我们最好的愿望、崇拜和赞许心理的价值。我想，关于这一点是没有人会否认的。有人也许说，这是一切传统的唯心主义哲学的核心思想。有一些哲学派别认为，它们的正当职务就是从理智或认识上去证实这些最高价值在本体论上的实在性。这些哲学派别具有一种感人的力量，具有一种高贵性。当人们热烈地想望和选择善事而遇到挫折时，很难不去想象一个境界；在此境界中，善完全具有它自己的本来面目，并把它和寓有一切最后权力的"实在"等同起来了。于是，现实生活之所以遭遇失败和挫折，这完全是由于这个世界是有限的、现象的、可感觉的而不是实在的；或者是由于我们有限的悟解力太弱，以至不能看到存在和价值只有表面上的不同，而只有完满的见地才能看到局部的恶乃是完全的善中
28 的一个因素。因此，哲学的职能是利用据说是以自明之前提为根据的论辩的方法来设想出一个境界，在此境界中，在认识上最确定的对象也就是人心最好期望的对象。因此，如何把善与真和实有的统一性与丰富性融合起来，就变成了古典哲学的目标。

要不是我们十分熟悉这种情境，这种情境会使我们感到奇怪。实践活动已被黜逐到了一个低级实在的世界。只有当人类缺少什么的时候，他才有欲望，所以欲望的存在就标志着实有尚不完善。所以，若欲寻求完善的实在和完全的确定，就必须求助于冷静无情的理性。虽然如此，但哲学的主要兴趣却在于证明：作为纯知识对象的实在所具有的本质特性，显然就是那些要与情感、欲望与选择发生关联才有意义的特征。在人们为了推崇知识而贬低实践之后，知识的主要任务一变而成为证明价值的绝对可靠和持续永存的实在性，而后者却是实践活动所涉及的事务！一方面把欲望和情绪贬黜到在各方面都低于知识的地位，而另一方面却说关于所谓最高级和最完善的知识所存在的问题就是由于罪恶（即由于错误而受挫折的欲望）的存在，这样一种情境能不使人感觉到可笑吗？

然而，这个矛盾不仅仅是一种纯理智上的矛盾。如果是纯理论的，它就不会有实际上的恶果。我们人类所关心的，显然就是在具体存在中可能达到的最大

的安全价值。有人认为：在我们所生存的这个世界中，动荡不稳的价值在一个高级的境界中（这个境界只可以用理性所证明而不能够为经验所达到）却是安稳永存的；一切的善在此地遭到失败，而在那里却可以获得胜利。这种想法对于那些受到挫折的人们看来，是有一定的安慰作用的。但是，它丝毫也没有改变这个存在的情境。本来是把理论和实践加以分隔，后来又用在认识上寻求绝对可靠性的办法代替了通过实践活动使得善的存在在经验中更加安全可靠，其结果便转 29
移了人们的注意，分散了人们的精力，以至未能从事于那些可以产生确切结果的工作。

要想使价值得到具体的安定，主要的就要讲求改善行动的*方法*。单纯的活动、盲目的奋斗是不能促进事物的进展的。只有通过行动，才可能控制结果所依赖的条件；而这种行动是有理智指导的、是掌握条件、观察顺序关联的，是根据这种知识来计划执行的。认为脱离行动的思想就能确切保证具有最高善的地位，这种想法对于发展一种理智的控制方法是无补于事的。反之，它阻碍和窒碍了人们朝着这个方向的努力。这是我们对古典哲学传统的主要指责。它的重要性使我们追问，事实上，行动和知识到底有怎样的关系；而且除了理智的行动以外，用其他的方法来寻求确定性，是否会有害地变换了思想的正当职能。它也使我们追问：人类控制认识和实践行动艺术的方法目前是否已经达到了这样一种程度，足以使我们有可能和有必要来彻底改革我们对知识与实践的见解。

从科学研究的实际程序判断起来，认知过程已经事实上完全废弃了这种划分知行界线的传统，实验的程序已经把行动置于认知的核心地位。这是以后各章我们将注意讨论的一个主题。如果哲学同样真心诚意地屈从于这种见解，哲学将会发生一些什么变化呢？如果哲学已不再研讨一般地关于实在与知识的问题，它的职能将是什么？实际上，哲学的功能就是在我们认识上的信仰（即根据最可靠的探究方法所产生的信仰）和我们关于价值、目的和意向的信仰（这些信仰在具有伟大而自由的人生重要性的事务中控制着人类行动）之间促使发生有益的互相作用。

传统的想法认为，行动内在地低下于知识并偏爱固定的东西而不爱变迁的东西。上述的观点是反对传统的这种想法的。它深信，通过实际控制所获得的安全远较理论上的确定性更为珍贵。但是，这并不意味着说，行动好于知识和高 30

于知识，而实践内在地优越于思维。知识与实践之间经常有效地相互作用，与推崇活动本身是完全不同的。当行动受知识的指导时，它是一种方法和手段而不是一个目的。目标和目的就是利用主动控制对象的手段在经验中所体现出来的更为可靠、更为自由、更为大家所广泛共享的价值，而对于对象的主动控制则只有借助于知识才是可能的。①

从这个观点来看，哲学问题就是涉及在关于所追求的目的的判断和达到这些目的的手段的知识之间如何互相作用的问题。在科学中增进知识的问题，就是去做什么的问题，就是进行什么实验、发明和利用什么仪器、从事何种运算、利用和精通数学哪些部门的内容等等的问题，同样，实践的唯一问题就是我们需要认知什么，我们将如何获得和运用这种知识。

人们容易而且通常习惯于把个人的分工误混为功能和意义的孤立分隔。就各个个人而言，人类中有的致力于认知的实践，有的则从事于一种职业的实践，如商业的、社会的或美感的技艺。每人虽各专一事，但同时承认其他方面，视为理所当然。然而，理论家和实干家则常作无谓的争论，各人强调本身的重要性。于是，个人职业上的差别乃被实质化而成为知识与实践之间的实质差别了。

如果人们看一看知识的发展史，他们就会明白，人们在最初之所以试图去有所认知，那是因为他们为了生活而不得不如此。其他动物的机体天赋有一种本领，能给它们的行动以有机的指导。但由于人类缺乏这种本领，便不得不寻问他将怎么办，而且他只有对构成他自己行为的手段、障碍和结果的环境进行研究，才能发现他应当怎么办。欲求获得理智上或认识上的了解，这只是被当作一种
31 手段，在行动的纠纷中可以用来获得较大的安全，除此以外另无意义。而且，即使在有些人有了闲暇之后仍然选择认知作为其专门职业的时候，单纯理论上的不确定性仍然是没有什么意义的。

这句话会引起人们的抗议。一经考查，我们便明白了：人们反对这句话，是因为难以找到一个单纯理智上不确定性的事例，即一种不与任何事物发生关系的事例。我们有一个熟悉的关于东方国王的故事，也许类似这种纯理智上不确

① 在反对为了推崇冥思的知识而轻视实践这种存在已久的思想的过程中，有一种倾向把事情简单地颠倒了一下。但是，实用主义的工具主义的实质是要把知识与实践两者都视为在经验存在中获得善果（即各种优越的结果）的手段。

定性的情况。这个国王不想参加一次赛马，他的理由是：他已经完全知道一匹马可以比另一匹马跑得快些。然而他不能确定，在几匹马中，到底哪一匹马比另一些马跑得快些；人们可以说，这种不确定性是纯理智方面的。但这个故事是悬而未决的，它既没有引起人们的好奇心，也没有使人努力去补救这种不确定性。换言之，他毫不介意，这无关紧要。关于任何完全理论上的不确定性或确定性，人们是不关心的。这是一个十分明确的道理。因为从定义上说来，如果一个东西完全属于理论方面，它就在任何地方都是无关紧要的。

人们反对这一命题，这就有助于说明：其实，理智的东西和实际的东西是紧密结合在一起的。所以，当我们想象我们正在思考一个完全理论上的疑问时，便在无意之中，把和这个疑问有关的后果私运进来了。我们思考着在探究过程中所产生的不确定性；这种不确定性在它未曾得到解决以前，总是阻碍着探究前进的——这显然是一件实际的事务，因为它包括着有结论和产生这些结论的手段。如果我们没有欲望和意向，那么，事物的此一状态和彼一状态是同样好的，此理至明。有些人珍视这样一种指证，即绝对实有已经永久可靠地包藏有一切价值。这些人之所以珍视这个指证，因为他们注意到这样一件事实：虽然这一指证对于具体存在着的这些价值并不发生什么影响（除非减弱了产生与保持这些价值的努力），但它会改变他们个人的态度，使他们感觉到有所慰藉或卸脱了责任，使他们意识到有一个“道德的假日”。在这时候，有些哲学家们发觉了道德与宗教的区别。

以上许多讨论，无非断言寻求认识上的确定性的最后理由是需要在行动结 32
果中求得安全。人们容易自认为是为了寻求理智上的确定性而致力于寻求理智上的确定性。但实际上，他们之所以需要理智上的确定性，是因为它对于他们所欲望和珍视的东西起着保障的作用。由于在行动上需要保护和成功，所以便需要证实理智信仰的实效性。

知识分子阶级是一个有闲阶级，在很大的程度上免于一般群众所遭受的严重苦难。自从这个阶级兴起以后，这些知识分子便开始夸耀他们自己所特有的职能。既然行动上的痛苦和烦恼不能保证具有完全的确定性，于是人们改为崇尚知识上的确定性。在一些次要的事务方面，如比较专门的、专业的、“功利的”事务方面，人们继续经常改进他们的操作方法，以更有把握地获得结果。但是，在具有重大价值的事务方面，其所需要的知识，我们很难一下子取得，而且改进方法又是一个缓慢的过程，它仅仅依赖许多人的同心协作才能实现。人们所要形成和发展的艺术，乃是具有社会性的艺术；单独一个人，对于控制那些有助于更好地获得重要价值的条件，是无能为力的，虽然他可以利用个人的机智和专门的知识来达到其独特的目标（如果他是幸运的话）。因此，由于没有耐心，而且如亚里士多德所指出的，在从事于脱离行动的那种思维活动中，一个人是自足的，于是便发展出一种认识上确定性的理想和脱离实践的真理，而且正因为这种真理是脱离实践的，所以才为人所珍视。实际上，这样建立起来的理论足以助长人们在具有最高价值的事务中依赖于权威和武断，而日常的事务，特别是经济方面的事务，却依赖于日益增长的专门知识。过去有人曾经相信，魔术的仪式将会促进种子的生长，保证获得丰收。这种信仰阻塞了人们研究自然因果及其作用的倾向。同样，接受武断的条规，把它们作为教育、道德和社会事务中行为的基础，也削弱了人们寻求在构成合理计划中所包括的条件的动力。

33 通常，人们多少总要谈到近几百年来由于自然科学的进步所引起的危机。他们说，这种危机是由于自然科学对于我们生存的世界的结论和从自然科学那里得不到什么支持的高级价值领域、理想和精神性质的领域之间互不相融的缘故。据说是这种新科学剥夺了世界上使人看来美丽适宜的那些性质；废弃了一切追求目的、喜爱为善的本性而把自然界描述成按照数理和机械法则活动的许多无知无觉的物理粒子所构成的一幅景象。

大家都知道，现代科学的这种结果为哲学提出了许多主要的问题。我们如何可以一方面接受科学而另一方面又维护着价值领域？这个问题构成了通俗对科学与宗教冲突的意见在哲学上的论述。哲学家们现在已不是操心去解决天文学与宗教方面对于天堂与升天的信仰之间的矛盾，或地质学上的记录和《创世记》(*Genesis*)中创造世界的记载之间的差别，而是操心去沟通存在于关于自然世界的根本原理和调节人生的价值实在之间的那条鸿沟。

所以，哲学家们便想设法把这个显明的冲突协调起来，沟通起来。大家都知道，近代哲学有这样一种倾向，根据他们对于知识性质的理解去建立一个关于宇宙性质的理论；这个程序一反古代显然比较合适的一种方法，即根据他们关于知识所由发生的宇宙的本性来获得关于知识的结论。现代哲学家们之所以一反古代这个方法，其原因就是由于我们在上面所论及的这种“危机”。

既然困难是由于科学所产生的，那么补救的方法就应当在对知识本性的检查中去寻找，在可能产生科学的条件中去寻找。如果我们能够指出可能产生知识的条件是属于一种理想性和理性性质的东西，我们在物理学中失去唯心主义宇宙论便是容易忍受的。因为既然物质和机械论的基础是一个非物质的心灵，那么，物理的世界就能够屈从于物质和机械论。这就是从康德(Kant)的时代以来，现代唯心主义哲学的特殊进程；我们还可以说，自从笛卡尔以来就是如此，因 34
为他首先感觉到了在调和科学结论和传统宗教道德信仰之间的矛盾过程中所产生的这个深刻的问题。

如果有人问：为什么人们要如此热心地去调解自然科学的发现和价值的实效性之间的矛盾呢？为什么增进知识会被人视为一种对我们所珍视、钦佩和赞扬的东西的威胁呢？为什么我们不能进而利用我们在科学方面的收获来改进我们对价值的判断和调节我们的行动，使得价值在存在中更为可靠和广泛地为人们所共享呢？如果有人提出这样一些问题，人们大概会认为，这是一种麻木不仁的表现，或者至少是头脑极端简单的表现。

为了把上述分歧弄得更明白一些，我宁愿冒着头脑简单这种责备的危险。如果人们把他们关于价值的观念和实践活动联系起来而不是与对事先存在的实在的认知联系着，那么，他们就没有由于科学发现所产生的那种麻烦了。他们会欢迎这种科学发现。因为如果我们明确了关于实际存在的条件的结构，这确实会帮助我们更加恰当地对我们所珍视和所追求的东西下判断，这会教导我们采取什么手段去实现这些目的。但是，按照欧洲宗教和哲学传统的看法，一切最高的价值，即善、真、美的有效地位，都是由于它们是最后和最高实有(上帝)的特性。只要自然科学的发现不冒渎这个思想，它就可以通行无阻。当科学不再揭示在知识的对象中具有这样的特性时，便开始产生麻烦了。于是，为了证实这些特性，便不能不另外设计一些迂回曲折的方法了。

因此，这个看来笨拙的问题，如果我们把价值问题和理智行动的问题结合起来的话，便产生一种完全不同的结果。如果我们认为关于价值的信仰与判断的实效性是依赖于为它而采取的行动的后果的，如果我们否认了在价值和脱离活动以获得证明的知识之间所假定的那种联系，那么对科学与价值的内在关系仍然发生疑问，则纯粹是人为的了。代替这种疑问而引起的，是一些实际的问题：我们将如何利用我们的知识来指导我们形成关于价值的信仰，以及如何指导

35 我们的实际行为去检验这些信仰，并尽量形成更好的信仰？这正是我们从经验方面追求的一个问题：为了使价值在存在中变成更可靠的对象，我们应该做些什么？而且，由于我们对采取行动时所必须服从的条件和关系有了日益增加的知识，便更具有有利的条件来研究这个问题。

但是，两千多年以来，思想的最有影响的和权威正统的传统却是朝着相反的方向发展的。他们所专心致力的问题就是如何纯粹从认识上（也许通过天启，也许通过直觉，也许通过理性）去证明真、美和善的先在的、常住的实在性。与这种主张相反，自然科学的结论提供了一些产生一个严重问题的材料。控诉是向“知识法庭”提出的，而判决却是相反的。现有两个敌对的体系，我们必须把它们双方面所提出的要求核对准确。当代文化中的危机，当代文化中的冲突和混乱，产生于权威的分裂。科学研究告诉我们的是一回事，而对我们的行为发生权威影响的，关于理想与目的的传统信仰所告诉我们的，是完全不同的另一回事。在这两者之间进行调和的问题之所以产生和持续，其理由只有一个。只要人们坚持知识为实体的揭露，而实体是先于认知和独立于认知之外而存在的；只要人们坚持认知并不是为了要控制所经验的对象的性质，那么，自然科学之未能揭示其所研究之对象中的重大价值，便使人们感到惊奇。而那些严肃对待价值之权威与实效性的人们，也有他们自己的问题。只要人们坚持主张只有当价值是脱离人类行动的、实有所具有的特性时，价值才是有权威的和有实效的；只要有人假定他们控制行动的权利是由于这些价值独立于行动之外的，人们就需要有一套办法去证明：不管科学有什么发现，价值总是实在本身真正的和已知的性质。因为人们是不会轻易弃绝一切调节行为的指导的。如果你禁止他们在经验的历程中去发明标准，他们就会在别的地方去找；如果不在神的启示中去找，那么便在超经验的理性的解脱中去找。

36 那么，当前哲学的根本争论之点是什么呢？有人认为，知识越揭示出先在存在或“实有”，知识便越有实效。这个主张有道理吗？有人认为，有调节作用的目的和意向，只有当人们指出它们脱离人的行动，属于存在或本质这类事物的特性时，才是有实效的。这种主张有道理吗？也有人建议从另一方面出发。至少，欲望、感情、爱好、需要和兴趣等存在于人类经验之中；它们是属于经验所特有的特点。关于自然界的知识也是存在的。在指导我们的情绪生活和意志生活方面，这种知识意味着什么？而我们的情绪生活和意志生活又怎样抓住知识，使它为生活服务？

在许多思想家们看来，后一类问题并不如传统的哲学问题那样庄严。它们只是一些眼前的问题，而不是最后的问题。它们并不涉及全部实有和知识“本身”，而只是涉及特定时间和特定地点的存在状态，以及在具体环境下的感情、计划和意向的状态。它们不关心一劳永逸地构成一个完整的关于实在、知识和价值的一般理论，而只关心发现：当关于存在的这种信仰的存在有结果和有效用地来帮助解决人生紧迫的实际问题时，这些信仰到底具有怎么样的权威。

在有限制的和专门的领域内，人们无疑是沿着这样的路线进行工作的。在技术和工程与医学艺术方面，人们并不想到其他方面的操作活动。对自然界及其条件日益增长的认识，并没有引起健康和交通的价值一般是否有效的问题，虽然人们对于过去有关健康、交通以及事实上如何获得这些善果的最好途径等方面的概念是否有效，可能会发生怀疑。

在这些事务方面，科学已经给予我们一些方法，我们能够用以较好地判断我们的需要，并帮助我们构成了满足这些需要的工具和操作程序。在道德的和显然人文的艺术方面，同样这一类的事情尚未发生，这一点是很明白的。这也许就是使哲学家们感到十分麻烦的问题。

在工艺方面，人类的价值已经得到解放和扩展，然而何以涉及比较广泛、比较强烈和更加显然属于人文的价值方面的艺术却还没有得到这样的解放和扩展？我们能否严肃地辩论说：这是由于自然科学向我们揭示了它所揭示给我们 37
的这个世界？我们不难看出：这样的一些揭露是不利于某些有关于价值的信仰的，而这些有关价值的信仰是为人们所广泛接受的；是具有一定的声势的；人们对它们含有深刻感情的；而且权威的制度和人们的情绪与惰性都不能使他们轻易放弃的。但是，即使我们承认这一点（实际上，我们也势必接受这一点），仍然有可能形成新的信仰，形成关于在人们至高无上地忠实于行动的情况之下所崇尚和珍视的事物的信仰。在这条道路上所遭遇到的困难，是一种实际的困难，是一种有社会性的困难；而这种困难是与社会制度、教育的方法和目的联系着的，不是与科学或价值联系着的。在这样的情况之下，哲学首要的问题似乎就不要再对那种认为最后的争论点在于价值是否有先在实有的主张负责，而它进一步的职能在于澄清对传统的价值判断所作的种种修正和改造。在这样做过之后，哲学便可以开始从事一种比较积极的工作，建立一种关于价值的见解，成为人类行为获得新的统一的基础。

我们再转回到这一事实上来，即真正的争论之点不是那些与传统和制度联系着的价值有无“实有”(存在的或本质的实有)，而是在调节实际行为时在目的和手段方面将构成怎样具体的判断。由于有人强调了价值有无“实有”的问题，由于武断价值是独立于行动之外的实有而这种武断又为哲学所支持的，又由于科学改变了的特征，便自然产生了混乱、迟疑和意志的麻痹。人们现在已经学会怎样在工艺范围内思考问题。如果人们也学会如何同样地去思考更广泛的人文价值，当前的整个情境就会大不相同。原来人们注意怎样去获得关于价值在理论上的确定性，现在转而注意改善判断价值与追求价值的艺术。

38 暂时让我们作一番假想。假定人们受到系统的教育，相信价值仅仅由于人类的活动受到尽可能好的知识的指导而不再是偶然狭隘地和动荡不定地存在着的。又假定人们已经受到系统的教育，相信重要的事情不是使他们自己在与先在的价值的创造者和保证者发生关系时个人做得“正当”，而是要根据公众的、客观的和共同的后果来构成自己对价值的判断和继续进行活动。试作这样一些假想，然后设想目前的情境将是一个什么样子。

这些假定是臆想的。但它们可以用来指出本章所述论点的重要性。科学的方法和结论无疑地侵犯了关于最为人们所宝贵的事物的许多倾心的信仰。这样所产生的冲突，构成了一个真正的文化危机。但是，这是文化中的一个危机、一个具有历史性和时间性的社会危机。这并不是一个在实体的各种特性之间彼此如何适应的问题。而近代哲学却大部分把它当作这样一个问题：即追问被假定为科学对象的实在怎样具有自然科学所赋予实在的数理的和机械的特性，而在最后实有的领域中则又具有理想的和精神的性质。这个文化问题既是一个如何构成确切的批评的问题，又是一个如何重新调整的问题。如果哲学放弃了它过去所假定的认知终极实在的任务，而竭尽其切近人性的职能，这种哲学对于这一工作将有很大的帮助。至于这种哲学能否无限地试图说明：科学的结论在表面所说的那些话在正确的解释之下与它们的本意并不符合，或者说，这种哲学能否无限地利用对知识的可能性和局限性的检验来证明这些科学结论终究只是以一些符合传统的价值信仰的东西作基础的，人们对这一点是可以怀疑的。

既然传统哲学概念的根源在于分隔了知识与行动、理论与实践，我们所应注意的便是有关于这种分隔的问题。我们主要的企图是要指出：知识的实际程序，

按照实验研究所形成的模式解释下的知识的实际程序，已经把知识从显明行动 39
分隔开来的做法废弃了。在我们实现这一企图之前，在下一章，我们将指出近代哲学在怎样的范围内努力地使两个信仰体系，即关于知识对象的信仰体系和关于理想价值对象的信仰体系，两相适应。

3.

权威的冲突

40 本章的主题是说明在近代哲学内部包含有一个内在的区分，而所谓近代哲学是指受到新兴自然科学的影响之后的哲学而言。近代哲学一方面接受了对自然界进行科学研究时所得到的结论；另一方面接受了在系统的实验研究产生以前就有的关于心灵和知识的本性的主张，并试图把这两方面结合起来。而在这两者之间存在着一种内在的矛盾。所以，哲学由于经常受到人为的虚伪性和争论上冲突的挫折而不能更好地发挥它的作用。因此，哲学便为许多人为的问题所困扰。在这许多问题中，我们只预备讨论一个；而这个问题，我们在上一章曾经一般地提到过。这就是人们认为在科学知识的发现和价值观念的效力之间需要调和或在一定程度上调整的问题。

把知识的本性当作对实在的唯一有效的领悟或见识的这种哲学见解来源于希腊思想，而这种希腊思想却没有上述的问题。这是有许多明显的理由的。它的物理学和它的形而上学是完全和谐一致的，而它的形而上学是有关于目的论的和有关于性质方面的。自然对象本身通过它们的变化倾向于理想的目的，而这种理想的目的乃是最高知识的最后对象。只是因为这一事实，才可能有关于自然变化的科学。只有当自然界的变化受不变的、完全的或完善的形式或本质的支配时，我们才能认识这个自然世界。为了实现这些先天的和完善的形式，自然现象便表现出许多特征，使这些形式能被认知，即被界说和分类。而且，这些理想的形式，当它们完全和完善地实现了“实有”时，便构成了理性。认知这些理想的形式就是与完善的“实有”互相交流，因而享受着最高的幸福。因为作为一
41 个有理性而仍然是自然的动物，人类也要努力去实现他的目的，而实现他的目的

就是去领悟真实常住的“实有”。在这样领悟的时候，人类便超越于自然界的变化以上而占有一个没有匮乏、没有损失的完善境界。纯理性就其纯洁性而言，是超越于物理自然之上的。而人类则在他的本质的实有方面，在他的理性方面，是超越于自然的。因此，满足人类在认识上寻求确定性的需要的实在，也有助于人类无条件地占有完善的境界。

在17世纪，新的探究方法使我们对自然界有了完全崭新的见解。这时候，需要在知识的结果与最至善的领悟和享受之间进行调整的工作。

近代科学在其历史的最初时期认为，希腊科学的目的论是一个有害无益的障碍物，它对于科学探究的目标和方法的见解是完全错误的；而且，它的思想路线也是错误的。近代科学便拒绝了关于理想形式的主张，认为这些形式是“神秘的”。随着新科学方法的发展，我们逐渐明白了：如果我们把科学当作一种典型的知识，就不足以用知识的材料为理由来证明认识上的确定对象是具有完善性的，而这种完善性却被希腊科学当作认识上的确定对象所具有的本质特性。按照传统的想法，价值是否具有实效必须决定于知识。当时也没有和这种传统的想法决裂的倾向。近代哲学一方面接受了新科学的结论而同时又保留着古代思想的三个要素：第一，只有在固定不变的东西中才能找到确定性、安全性；第二，知识是达到内在稳定确切的东西的唯一道路；第三，实践活动是一种低级的事务，它之所以是必要的，是因为人类具有兽性和从环境中竞求生存的需要。所以，这便成了压在近代哲学身上的关键问题。

而且，近代哲学在一个重要的方面一开始便强调指出：在为实在所固有、因而是不依赖于行动的价值和作为实践活动对象的、具有工具性的诸善之间，有一
条不可逾越的鸿沟。因为希腊思想是从不严格划分合理性的完善的领域和自然 42
世界之间的区别的。自然世界确实是低下的，带有非有或具有欠缺的色彩的。但是，它却不是与较高级的和完善的实在截然分开的。希腊思想以一种天然的虔诚承认感觉、身体和自然，从而在自然中发现有一种逐步到达神圣境界的形式阶梯。灵魂是实现了的身体现实，而理性是灵魂中理想形式所宣示的超验的现实。感觉里面就包含有形式，而只要把这些形式上的物质累赘摆脱之后，就能成为真正进达高级知识的阶石。

近代哲学虽然拒绝了希腊人对自然对象的结论，但是却继承了希腊人关于知识本性的见解。不过，它是通过希伯来和基督教宗教的媒介而继承这种见解

的。在这个传统中，自然界是腐朽堕落的。在希腊人看来，理性的因素是至上的；而人类之所以能够获得善果，这是由于理性的现实发展。而夹入其间的宗教发展，则把伦理的东西当作比理性的东西更为根本的了。最重要的问题是如何把意志而不是把理智同最高至善的实有发生关系。因此，人们对于完善的实有中各种特性之间的关系便有了一种相反的看法，而完善的实有借助于这些特性，既成为真知识的对象，又成为完善的德性的对象。按照基督教的神学所采纳的希伯来的因素看来，正义是根本的而严格理智的特性则是次要的。只有在理智本身受过道德上的赎罪和涤洗之后，心灵才能与完善的实有沟通。在纽曼(Cardinal Newman)红衣主教的一句话中，表明了纯希腊传统和基督教传统的差别。“教会主张宁愿让日月从天上掉下来，让地球堕落，让地球上千千万万的人们在极度苦痛中饥饿而死，也不愿有一个灵魂犯一个轻微的罪恶。”

当我说近代哲学是通过基督教思想的中间媒介而继承希腊的传统时，我的意思并不是说基督教对自然与上帝之关系和人的堕落的全部观点都被接受过来
43 了。反之，近代思想的特点显然在于恢复了希腊人对于自然和自然观察的兴趣和爱好。深受近代科学影响的思想家们，往往已不再把天启当作一种最上的权威而依附于自然的理性。但是，犹太人、天主教和基督新教都把善当作最后实在的明确特点而认为它占有无上的地位；他们仍然把这种信仰当作他们共同的前提。这如果不是为天启所证明的，也是为理智的“自然之光”所证明的。宗教传统的这一方面深刻地侵入了欧洲的文化，因而除了彻底的怀疑论者以外，没有一位哲学家是不受它的影响的。从这个意义上讲来，近代哲学在它的生活开始时，便强调了在最后永恒的价值和自然对象与善之间存在有一道鸿沟的。

那些没有跳出古典传统的圈子的思想家们主张，作为最后实有之固有特性的道德上的完善规定着人类行动的法则。它构成了一切有意义的和持久的价值的规范。理性是奠定真理的基础所必需的，因为没有理性就不能把观察(或一般的经验)构成一种科学。但是，理性是领悟道德行动的最后不变目的与法则所尤为必需的。如果我们由于深信自然科学的题材完全是物理的和机械的而破坏了从自然上升到心灵、到理想形式的阶梯，其结果就产生了物质与精神、自然与最后目的和善之间相互对立的二元论。

性质、优美和目的都被新科学排除出了自然界，而只有卜居和投靠于一种精神境界，这种精神境界超乎自然而为自然之根源与基础。理性在决定善和享受

善的过程中所发挥的功能，不再是自然界的极点。理性具有了一种独特不同的功能。人们既把自然与精神两相对立起来，而又必须把它们联系起来，这便产生了一种紧张状态，而这种紧张状态便产生了近代哲学所特有的一切问题。近代哲学既不能坦率承认自己是自然主义的，也不能无视物理科学的结论而成为完全精神主义的。既然人类一方面是自然的一部分而另一方面是精神领域中的成员之一，一切问题便集中在人类的这种双重性上了。

斯宾诺莎(Spinoza)哲学便以它坦率地陈述这个问题并以一种独特彻底的 44
方法(在满足它的种种条件下)解决这个问题而为人所注目。他一方面把新科学理解为一种彻底的自然主义，而另一方面通过一种逻辑上的技巧同样全面地接受了从宗教传统演化而来的这样一种见解，即认为最后实在是衡量完善的标准和人类活动的规范。他把这两方面十分完美地结合了起来，为说明近代思想的问题提供了一种模式。比起任何其他近代的思想家来，他更加完全地表现出他对希伯来传统的本质要素的忠心诚意(相信最后的和自足的实有乃是一切人类思想和行动的标准)，并且保持着希腊的认识论，崇尚理性优越于经验，而同时又热烈地坚持新科学的自然观。因此，他想从新科学的核心中，为人类灵魂所唯一赖以获得安全和安宁的实有的完善性求得一个决定性的证明。科学的理解，实际上用合理的方法给予了非理性的宗教先前自以为要给予的那种对生活的保障和调节。

在他的一本未完成的名为《智性改进论》(*The Improvement of the Understanding*)的著作中，他坦率地叙述了他的迫切动机。他说，他体验到普通经验进程中的一切事物都是空虚而无益的。他拼命地探求可否有一种善，它可以自己和我们沟通一气；可否有一种善，它是十分完备可靠，以至于人类可以排除一切其他的东西，一心对它向往；可否有一种善，一经为人们所发现和取得之后，可以永久给予人类以经常至上的幸福。因为他已经发现，人生混乱空虚的原因是由于情感和欲望都执着于一些必然消亡的事情上。但是，“如果人们热爱永恒无限的东西，他的心灵就会完全充满快乐，丝毫没有痛苦。……人类真正的善，就是他应该尽量和别人在一起，认识到人心和整个自然乃是一个统一整体的道理”。他结论说：“我愿把一切科学引向这个目的和范围，以便获得这样的一种完善。”

人心和整个自然结为一体，便可以得到确定的、永久的和纯洁的善。这是斯
宾诺莎在他的《伦理学》(*The Ethics*)一书所详细发挥的主题。希腊人认为，人类 45

最高的善乃是对不变的"实有"的认识，而这种认识是理性的、可以指证的；希伯来人和基督教徒深信灵魂是获得经常而纯洁的幸福的生活途径；而斯宾诺莎又认识到新科学的前提和方法。把以上三方面结合起来，便形成了一种哲学。自然是完全可以理解的；它和心灵是合而为一的；把自然领悟成为一个整体，这就获得了认识上的确定性，而这种认识上的确定性便为控制嗜好、欲望和情感的目的提供了完全的善的确定性——这种善的确定性是希腊思想中所没有的，然而却是希腊思想所认为必然无上的假想。他采纳了这样一种见解，认为一切事物都是按照普遍和必然的法则而完全互相依赖着的；他认为，这个见解是自然科学的基础。由于他采纳了这个见解，就把正确地指导人类行为、认识至高无上的实在和享受圆满不变的价值或善这三者结合而成为一个无所不包的整体了。

在近代哲学中，尚无一人像斯宾诺莎这样大胆、爽直地把科学的方法和以绝对的认识上的确定性为基础的至高不变的善完全统一起来。很少有思想家像斯宾诺莎这样为了保留旧传统的实质而宁愿牺牲它的细节。各方面对他的鼓噪攻击就足以证明，在他同时代的和以后的人们看来，他对于自然主义的科学和必然法则作了过多的让步。但是，这种攻击不应使我们忽视关于他的著作的两个主要的思想。第一，自然是知识的对象；人们可以把它当作常住善的根源和人生的规范，而具有犹太基督教传统认为属于上帝的一切特性和功能。所以，他就有权说"自然即上帝"。因为据他想来，自然即具有旧日宗教的上帝观中所见到的那些情绪联想和道德力量与权威。自然为行为提供了一个不变的目的和法则，而且当它在理性上被认知时，它便成为完善的安宁和绝对的安全的根源。自然是自然地(即从理性上)被认知的，而认知自然本身就是一种完善的善；而当这种善
46 深入人心时，则人心原有的较小的和使人烦恼的情感与情欲的对象便屈居于从属的地位，即受到完全的控制。

第二个思想是：近代哲学一方面尚未脱离古典的传统而同时又完全吸收了近代科学的结论，因而便产生了近代哲学的问题。斯宾诺莎的哲学便非常完备地成为一个实例来说明一切近代哲学的这种问题的性质。斯宾诺莎之所以为人敬佩地认为是这个问题的阐述者，因为他热烈地，并且不像大多数近代思想家们那样，毫无保留地采纳了在希腊的主知主义和自然主义传统中的本质要素；采纳了希伯来宗教与基督教认为控制人类情感、企图的最后实有所具有的特性是先天的和根本的这种见解；以及采纳了斯宾诺莎所理解的新自然科学的方法和

结论。

他认为，把科学和伦理与宗教上对人类行为源泉的控制合而为一，是一个更大更久的善，因而他舍弃了旧道德和宗教传统中的某些部分。其他的思想家们之所以不愿意按照他所提出的解决问题的模式来解决他们共同的问题，并不完全是为了他们想要挽救他所舍弃的那一部分旧道德和宗教传统。困难来自科学本身方面。斯宾诺莎毫不含糊地相信：观念的逻辑秩序与联系和存在的秩序与联系是完全一致的。而不同于科学的数理性质的实验倾向，是与斯宾诺莎上述的信仰相反的。因为随着新科学的发展，在实验上要求要有感觉与料与观察证实，这就使得逻辑与数理概念从首要的地位降到了次要的地位。即使斯宾诺莎的先驱笛卡尔是一个理性主义方法的拥护者，但也认为如果要把观念应用于自然，就应该有所证明。其他的哲学家们觉得斯宾诺莎虽然公开地反对目的论，但是他把自然当作知识的对象，认为它是完善的，这乃是他的情绪的结果而不是逻辑的结果。

对于这些错综复杂的思想，我们用不着详细追述。从我们的目的看来，这些思想都是重要的，因为它们在解决一个简单的根本问题时产生了许多不同的看法。这个简单的根本问题，就是如何使如下的两个信念彼此协调起来：一个信念认为，像科学这种形式的知识揭露出先在的实在的特性；而另一个信念则认为， 47
只有从最后实有所具有的特性才能产生出节制人类情感、欲望和意向的目的和法则。本章的其余部分就想略述前人所提出的协调这两个信仰的各种不同的方法。但这并不是要把研究哲学的人们所熟悉的东西赘述一遍。我只是想要举例说明，近代思想的问题是怎样由于一方面坚持关于真知识对象的传统前提而另一方面又认为道德权威另有其根源而引起的；并想举例说明，“解决”这个问题的各种不同的和互不相容的途径。

在新的自然科学兴起以前，曾盛行过一种借助于区分畛域来协调自然理性与道德权威的作用的方法，即所谓“自然二重性”的主张。控制行为的目的和价值的领域即启示神意的领域，领悟这个领域的器官是信仰。自然是知识的对象，从这个意义上讲来，理性便是最高的权威。这两个领域是彼此分隔的，因而便不能产生任何冲突。康德的著作可以说是这种借助于划分领域来进行协调的方法的延续。当然，他不是以信仰天启为根据来区划道德权威的领域的。他代之以信仰必须以实际理性为根据的见解。但是，他仍然继续旧有的划分方法，一方面是一个理智占有统治地位的领域而另一方面是一个意志要求至上的领域。他也保留着旧有的见解，把这两个领域完全分隔开来，以致其间没有任何重叠和干涉的可能。如果科学的王国和正义的王国是两不交界的，那么在它们之间便不可能发生什么争吵。的确，康德曾经想安排它们之间这种相关或不相关的情况，以致它们之间不仅是互不干涉的，而且至少要有一个善意的中立协定。

康德的体系充满了内在的困难之点，其中有不少成为争辩的对象。这些困难之点与我们的问题无关，我们无需过问。我们可以公正地说：他的体系的主要特征显然就是在认识上确定的对象和那些具有同样完备的实践道德上有保证的对象之间划分了领土。他的两部主要的著作是《纯粹理性批判》(*Critiques of*
48 *Pure Reason*)和《实践理性批判》(*Critiques of Practical Reason*)，而这两部著作的名称就是这种解释的标记。第一部著作要根据理性的先验理由来保证自然知识的基础可靠；第二部著作有同样的职能，要奠定道德和宗教概念的基础。科学仅局限于时空的现象以内，而高级本体的实在世界便可为理想的和精神的价值所专有。每一领域以内都各自有其裁判全权和独立主权。

海涅(Heine)认为，康德关于实践批判的题材乃是一种追悔录，是对以他的男仆为代表的群众的需要和惧怕的一种让步。这种说法虽然是机智聪明的，但却经不住批判性的检验。康德确立知识基础的论证处处表示出来需要有一个高级而不为理智可能接近的境界。按照康德自己的理解看来，这两个境界既互相排斥又互相需要，这毫无勉强之处。反之，把这两方面的因素严丝合缝地镶嵌在一起的简洁的办法，在他看来，倒是使人信服地证明了有一个完整体系的必要。纵使这种镶嵌切合是他自己的理智巧制出来的结果，他对这个事实也丝毫没有怀疑。

反之，他以为，他对先验哲学的许多最麻烦的问题都一劳永逸地处理妥当了。在科学方面，他曾超出怀疑论的范围之外，为牛顿(Newton)的科学提供了一个最后的哲学辩解。他把空间与时间当作使人们可能有知觉的必需形式。这种见解证明了把数学运用于自然现象是合理的。科学必须领悟所感知的对象，而领悟所感知的对象必须有思想的范畴。这种思想的范畴便为牛顿的原子论和一致法则论所需要的永恒实体和齐一的顺序关系(因果关系)奠定了基础。心灵有一种倾向，要想超出经验的限度，想出许多无条件的和自足的整体，如宇宙、灵魂和上帝之类的“理念”。这种倾向也得到了解释。虽然这些“理念”在认识上的正确性是被否定了的，但它们仍然可以被认为是指导探究与解释的、具有调节作用的理想。尤其当这些关于超现象和超经验实在的思想替我们留下了一个空白 49
的时候，带有义务命令和自由选择准则的实践理性却能够为我们弥补这个空白。因此，按照希伯来和基督教传统，正义至上的这种看法不是由于天启而是由于纯理性的手段加以证明了。在道德上要求有一个最后而无可怀疑的义务权威，这就使人有权，也有必要要求在实践上确定有一种超经验、不能从认识上得到证实的对象。确定性的寻求得到了满足；在现象领域内有认识上的确定性，而在道德权威的领域内则有实践上的确定性。

这样略述康德体系中这些明显的论点，使我们忽视了一些曾经引人注意过的论点——如他对空间与时间的观点的“主观性”；先验的和经验的东西的对比；以及《实践理性批判》一书中，似乎勉强提出对上帝与不朽的信仰的方式。但是，和他最后的目标在于妥善地协调理智信仰上的确定性和道德信仰上的确定性比较起来，这些问题便都是次要的了。在实践方面有一点是务必严加防范的，即不容许有任何具体的和经验的材料去影响最后的道德实在——因为这样就会使得自然科学有权去支配这种道德上的实在，而使这些实在受着机械的因果关系的控制。在认识方面，相应地要证实的一点就是把自然科学局限于一个严格的现象世界之内。因为这样，特殊的科学结论便不能侵犯到最后的信仰，即伦理宗教上的信仰领域。

因此，从它的根本结构上看来，康德的体系特别符合历史危机所提出的需要。它保证科学与道德永远不能互相干犯，使两者都获得自由、福惠。康德接受了传统的信仰，认为要获得道德上的权威，必须依赖于脱离经验的某种实有的根源，而价值是通过经验体现于具体对象与制度之中的。康德的体系，由于接受了这种传统的信仰，便具有这样一些优点，使我们能够可靠地预测：只要这个传统继续保持它的生命力，康德体系的主要因素就会仍然受人虔诚地信奉。

康德的方法当然只是许多哲学上进行调和的企图中的一种。在康德的方法中，有一个方面可以说继承了笛卡尔的企图。笛卡尔企图在能知的心灵内部去 50
寻求绝对确定性的所在；他一方面排除了古代人试想在外在世界上去发现这种绝对确定性的企图，另一方面排除了中世纪人试想在外在的天启中去寻求这种绝对确定性的企图。康德寻求认知活动的结构本身中所固有的形式和范畴，这时候，康德已深入天赋观念的表层以下；而这个天赋观念的表层，乃是康德的前辈们所试图寻求确定性的所在的地方。有些天赋观念可能有认知经验的条件，而有些天赋观念可能有道德经验的条件。康德在唯心主义方面的继承人，仍然沿着康德已经中止的道路前进——虽然康德坚持：要想超越他已经走过的路程而继续前进的门路已经被封闭了，但是他们仍然不听，继续前进。

以区分畛域来解决问题的办法在那些抱有包罗万象野心的心灵看来，是不能令人满意的；它仅能邀得那些心志较为平和的人们的赞许。而且，康德这种简单地把两个领域互相配合的本质特点暗示出其中还有一个根本的和统一的原则。而且，康德本人在他的许多著作中，特别在他的《判断力之批判》(*Critique of Judgment*)一书中，颇有和缓过于严格地分隔这两个领域的情况的意思。费希特(Fichte)和黑格尔(Hegel)便在此受到了一种鼓舞，决心要完成康德仅仅仓促从事而尚无理智上的勇气明确执行的一项工作。

康德以后的唯心主义体系的主要目的，是想用统一的方法来完成康德所企图用区分的方法去完成的工作。费希特和黑格尔两人方法之间的对比，是值得我们注意一下的。费希特完全是按照希伯来的传统，认为道德至上。因此，他企图从道德的自我(即义务的命令所由发出的自我)方面来把认识和实践统一起来。知识中的"实然"(is)是从道德上的"应当如此"中演化出来的。这种努力的办法似乎不会有什么结果。它似乎更多地表达了他的人格在伦理上的热忱，而不是他在领悟上的清醒。然而，如果在一切行动之先理想的价值便是"实有"中确定的和至上的东西，那么，费希特的方法还有一个不受非难的逻辑根据。因为
51 如果道德上的理想就是最后的实在，那么从理想所强加的必然性和理想所提出的要求中去产生现实世界的结构和特征，便是正确的了。既然现实的东西在许多方面都是非理想的，那么从现实去求证理想的论证，便是一个很不可靠的做法了。

另一方面，黑格尔则是永远轻视一个作为单纯应然的理想的。"现实的就是合理的而合理的就是现实的。"这确实从费希特的坚定的清教主义之下和缓下来。人在道德方面的任务，不是按照理想来创造一个世界，而是在理智和人格的实质上去把握已经体现在现实世界的意义和价值。从历史上看，黑格尔体系可以视为近代现世主义和实证主义在实质内容上的胜利。这个体系是一种对于此时此地的颂赞，指出了包含在现实制度与艺术中的具体意义和价值。它劝导人们去精通已经包含在此时此地的生命与世界之中的东西，而不要去猎求渺茫的

理想，徒然抱怨那种理想不能见诸实现。然而从形式上看来，旧的传统仍然原封未动。虽然黑格尔不得不发明一种新的逻辑来确定意义与存在的同一性，但是他按照一种必然的和指证的逻辑发展，表明了这些意义和价值乃是绝对精神的各种体现，从而证明了这些意义和价值的有效性和“绝对性”。

从现在人的胃口看来，黑格尔的体系似乎过于庞大了一些。甚至他的后继者们也觉得他的逻辑方法的主张有调整的必要。然而，如果认识上可以证明的实在和迫使我们崇拜和赞许的意义两者在最后的实有中综合起来，那么具体的现象，除因意外而完全毁灭者以外，都应当能够表明是“实在—理想”永恒合一的明确表现。也许没有任何思想体系比黑格尔的体系更惹斯宾诺莎的崇拜者讨厌的了；然而，黑格尔本人却具有相当的理由，认为他只是把斯宾诺莎以一种形式的和数理的方法所从事的工作加以特殊化和具体化罢了。不过，从我们的目的看来，重要之点在于费希特和黑格尔两人都表现了近代唯心主义那种有生气的精神来处理一切近代哲学所遇到的这个根本问题。他们检验了认识功能的结构 52
（主观唯心主义是检验其心理的结构；客观唯心主义是检验逻辑的结构，而通常是两方面兼而有之），以冀说明无论各个专门科学有什么详细的结论，但要具有真、美、善的理想权威，就必须安全地占有脱离经验与人类行动的最后实有。

有些人曾经企图调整知识的结果和伦理宗教权威方面的要求，而没有留心古典的传统。他们并没有把自然置于价值的领域之内，而把秩序颠倒过来了。他们认为，物理的体系支持和包括所有一切具有支配行为的特性的对象。关于企图从事这种调整工作的人们，如果以古代为主题，我们就会列举卢克莱修（Lucretius），而在近代人中提一下斯宾塞（Herbert Spencer）的体系则是适宜的。他主张普遍的进化是物理世界的最高原则，而一切自然法则都在这一原则下统一起来了。这个主张还伴随着一个见解，认为进化的目标标志着有一个在道德和宗教上所信仰和追求的理想。这个结论，正如我们在唯心主义体系中曾发现的那样，确实是企图来调和问题中这两个要素的。如果有人怀疑这一点，斯宾塞坚持罪恶将消逝于不断前进的进化过程中的主张就会使这个疑团消失。一切罪恶都是在进化运动中过渡时期失调的结果。人类（无论个人的和集团的）对环境的完满适应，就是进化的一个极限，它意味着一切罪恶（物理上的过失和道德上的罪恶）的消灭。正义的最后胜利以及个人的善和别人的善的结合一致，也就是物理法则的实行成功。当人们反对斯宾塞体系中这一方面或那一方面时，很容易忘了从根本上说，他是在寻求确定性，用必然的知识上的证实来建立实在中的“善”的确定性。

这时候，包罗万象的体系已经过时了；然而，如果人们有可能获得认识上的确定性并承认价值之所以是合理的，是因为价值作为知识对象的实在所具有的一种特性，那么，广包性（无论是黑格尔型的，还是斯宾塞型的）便似乎是哲学适
53 当的理想。而且，如果有人相信科学的结论已经包括宇宙的整个范围，那么，一切道德的、社会的和政治的善都确实必然包罗在科学结论之内了。在这种情况之下，像斯宾塞所从事的这种工作便不仅是正当的，而且如果哲学不从事这种工作，它就难免被人指责为恶劣的迷信。

还有一个调整的实例有待于我们加以说明。当代哲学中的实在论，倾向于利用孤立分隔的方法在认识的领域和价值的领域之间作一种相反的调整。在这个方法所研究的具体细节上并不同于康德的方法，因为它不是从能知的心灵出发的，而是从知识的对象出发的。据他们辩论说，这些认知的对象严格地划分成为存在的和非存在的两类。物理科学研究前者；数学和逻辑则研究后者。在存在物中，有些东西，即感觉与料，乃是人类确切领会到的对象；而有些本质或潜存，因为它们是“非存在的”和“非物理的”，所以在本性上是非物质的，也是同样确切的理性认识的对象。只有最后的和简单的对象在反省思维中所结成的联合体，才是不确定的。只要我们执着于独自保证的对象（无论是感觉的对象，还是纯理智的对象），那就不致有任何不确定的情况或任何危险。

从这些实在论中的某些派别看来，内在的价值包括在非物质的本质之中，而这种非物质的本质是我们直接认识、确切不误的。因此，认识上确定性的这个图式是到处适用的。科学，就其自然主义的意义而言，适用于存在物；最后的道德学和逻辑学，则适用于本质的。而哲学所研究的，正是如何进行这种畛域的划分，以及由于把存在与本质两者结合起来而产生的问题。

然而，对哲学还有一种更加严肃的见解正在发展着。按照这种见解，价值是完全和人类的感情及冲动缠绕在一起的，变化莫测，以至于对于它们除了有一些变化不定的偏见和猜测而外，便不可能有任何确切的知识。历史上哲学的大错，就在于它容许价值以各种形式混入完善科学的神圣领域之内。哲学所关心的只是一些命题，这些命题在一切可能的世界（存在上现实的或不现实的世界）内都是真的。善与恶的命题过于依赖像具有特殊特性的人类这种特别形式的存在

物，因而在科学体系中是没有地位的。只有逻辑的和数理的命题，才是具有纯普 54
遍性的命题。这些命题就其本性而言，就是超存在的和适用于一切可以想到的领域的。由于晚近数学的发展，有一种哲学第一次可能从存在的偶然事变中解放出来。

曾经有人反对这种对哲学的见解，他们认为，这种哲学是以任意武断地限制其题材为基础的。但是，历史上有一种哲学的倾向，只把那些在认识上可以求得确定性的东西当作它的题材，我们又安知这种任意武断地限制题材的办法不是这种倾向合乎逻辑的发展呢？价值是与人类的感情、选择和企图紧密联系着的。因而如果我们不使自己陷于上面所意味着的那种主观主义的价值论，便有理由主张历史上的各种哲学之所以具有那种虚伪的辩护性质，是由于它们企图把具有道德权威的价值论和一种主张有最后实有的理论结合起来。而且，只要略微熟悉一点这些哲学的人们就知道，这些哲学所要证明的价值乃是从当时流行的宗教信仰和道德条规中吸收过来的，而不是所谓永恒价值的本身——这些哲学时常利用普遍的和内在的价值这个概念去包括一些虽然不是狭隘的但至少是暂时的社会条件的典型的东西。

如果哲学只局限于研究一些与逻辑上可能的东西有关的命题，那么，它就摒弃了一切专门的物理命题，以及一切关于道德、艺术和宗教的问题。就其纯洁严肃而言，没有其他派别对于哲学的见解比这一派更能满足确定性的寻求了。无论我们接受或拒绝这种见解，它为我们提供了一个提出问题的明显方式。由于这样严格地限制了哲学的职能，这就清楚地引起了人们对于那种哲学职能要抱一种什么见解的问题。因为由于这样一种限制，它便把一个对人类具有巨大意义的问题仍然原封不动地保留下来了。我们任何时候所具有的关于存在的知识（即科学探究所提供的最可靠的知识），对于有关指导我们行为的目的和手段的判断与信仰有什么影响呢？在有权威地指导我们的欲望与感情、我们的计划与 55
政策方面，知识指明了一些什么呢？如果知识没有调节作用，唯一的选择就只有依赖于习俗、外来的压力和自由的冲动。在这样的问题上，便需要某种理论来支持它。如果我们以否定自己的方式下命令禁止把这种理论称为哲学，那么名称虽然不同，这样一个理论则仍然是需要的。

把哲学理解为一个纯理论的或理智的课题，这注定会含糊不清的。它之所以含糊，因为这个概念既用来包括研究者、思考者的态度，又包括所研究的题材的特性。工程师、医生、道德家所研究的都是实际的题材，即他们要做什么和怎样做。但是，就个人的性向和意向而言，他们的研究是属于理智和认识性质的。他们着手要去发现一定的事物；而要发现这些事物，就必须清除个人的欲望和爱好，顺应所研究的题材本身的发展。我们必须尽可能地清除心中的偏见，不致偏爱于某一结论而不爱另一结论，因为这样才不会使我们的观察受到歪曲，使我们的反省夹杂一些外来的因素。

于是，如果我们不是在前提上假定哲学的题材乃是先在实有的固定特性，那么所谓哲学是一种理智上的研求这一事实，无非是表明从事哲学的人们必须尊重内容一贯和证据确凿这样一些公平而不偏颇的规则。除非它根据一个先在的假定，否则，这只是意味着在理智上的诚实。俗语说："赶肥牛的人必须是一个胖子。"只有从外表上理解这句话的人才能辩论说：在个人态度和程序上的逻辑严肃性，要求所研究的题材必须与人类事务完全无关。我们说哲学的对象就是真理，这是一句道德上的陈述，它适用于一切研究。它并不涉及它所要确定的是哪一种真理，不论是纯理论性的真理，还是实践性的真理，或是两者互相影响的真理。如果我们说，为了真理本身而对其进行观照是最高的一种理想，这是对权威
56 性的价值所下的一个判断。把这样一个判断当作决定哲学职能的手段，违背了研究应该顺应题材本身之发展的规则。

由于我们没有在称为学术上之忠实的理论兴趣与说明题材之性质的理论兴趣之间区别清楚，对于理论与实践的关系问题以及哲学与理论和实践两者的关系问题也时常连带地弄得模糊不清了。这个结论是公正的。除此事实以外，我们还有理由假定人们之所以不耐烦地把哲学和实践联系在一起，大多因为人们在习惯上总是把"实践的"和关于个人狭隘利害的事情联系在一起的。因此，当我们否认这种观点的重要意义时，就势必不从理智上尊重控制我们的欲望和意向，指导我们全部行为的价值。似乎只有犬儒学派的怀疑论者才会情愿采取这样一个立场。

以上的讨论已涉猎到近代哲学问题的主题以外去了。但是，如果这个讨论使我们明白了为什么人们对实践活动采取轻视的观点的根本理由，它和我们的主题就是有关的。我们已经证明了，轻视实践是根据两个前提：第一，知识的对象是某种形式的最后实有，而这种最后实有是先于反省的研究和脱离反省的研

究而独立存在的；第二，这种先在的实有在它所具有的许多明确的特征之中，有决定形成价值判断的特性，只有这种特性才能决定促使那些控制我们在理智的、社会的、道德的、宗教的、美学等一切领域内的行为的目的和意向的形成。只有在这两个前提之下，也只有当人们接受这两个前提时，哲学才势必以认知此实有及其本质为其唯一的职能了。

我能够理解，那些熟悉当代政治、道德和艺术研究的人们对于我上面所论述的这番话也许会有些不耐烦了。他们将会质问说：有什么证据证明上述这些方面的研究也是受人们对这种最后实有的先在固定特性的重视所制约的呢？我不能否认，也不愿否认，对这个问题大量的批评讨论，是从完全不同的立场出发的，而丝毫不顾及一切具有最后根据的哲学所由产生的标准。我承认这一点，就使 57
得两种重要的思想表现得更清楚了。传统宗教的确认为，最高的实在、上帝的本性是一切最后权威的准绳；那些公然接受这种宗教的人们，没有把这一点应用到道德、政治和艺术等领域中的具体批评和判断上来，而这只是近代哲学所陷入的混乱状况的一个证明。因此，那些严格坚持旧信仰的人们，即如那些受过天主教信仰训练的人们，比起那些“自由主义者们”来，具有一种理智上的便利。因为自由主义者们没有一个适合他们的企图与作为的哲学。

这种思想使我们联想到第二种思想。人们没有运用从真实实有中所产生的标准来形成具体领域中的信仰和判断，这一点证明哲学与当代生活完全隔绝开了；哲学由于它执着于古典传统的两个基本原理而势必如此。在中世纪还没有这种隔绝的情况。当时哲学和生活指导彼此是紧密联系在一起的，是两相吻合的。哲学与生活隔绝的结果，对哲学讲来是不幸的；这种结果表示，哲学的题材越来越多是由于哲学本身过去历史上的问题和结论所产生的；它离哲学家所生活着的文化问题很远了。

但是，这种情境还有更加不幸的一个方面。因为就运用标准与原则在最重要的事物上下判断和求结论而言，它意味着在理智上是模糊的，事实上是混乱的。它意味着缺乏理智上的权威。旧的信仰全部破灭了，再没有力量去制约判断、形成计划与政策、树立工作理想和目的了。而且，又没有任何其他的东西来代替它。

我所谓的“权威”，不是指成套的固定主张，用以机械地解决所发生的问题。这种权威是武断的而不是理智的。我所谓的“权威”，乃指科学探究所运用的和科学结论所采取的方法而言；是指那些用来指导批评和形成行动目的和意向的方法而言。近几百年以来，我们已经经常加速度地获得了大量关于我们的生活
58 世界的正确信仰；我们已经确切地知道了许多关于生活和人类的新颖惊人的事情。在另一方面，人们具有欲望和感情、希望和恐惧、目的和意向，而这些对于我们最重要的行动都是有影响的。它们都需要有理智上的指导。为什么近代哲学在把我们对于世界的认识和我们行动的合理的指导之间统一起来的工作方面，贡献是如此的渺小呢？本章的主旨就是要说明这个原因，即在于人们不肯放弃两个见解，而这两个见解乃是在理智和实践上与我们今天的生活条件大不相同的条件之下形成的。重复一遍，这两个见解就是：（一）知识是揭露先在的存在与本质的特征的；（二）其中所发现的价值的特性，为指导行为提供了具有权威性的标准。

这两个见解是由于排除实践活动、运用认识方法以寻求确定性所产生的，而实践活动乃是在实际上和具体上使存在发生变化的活动。由于大家保留着这两个传统的见解，实践活动备受双重的轻视。人们认为，实践活动只是在外表上顺从于知识而不是由它所决定的。他们并不认为实践活动是从它本身发展的过程中逐渐演化出它自己的标准和目的来的，而认为它是服从于先在的事物结构中的固定因素的。这就是近代哲学所特有的那种区分畛域的想法的根源。它接受了科学研究的结论，而并没有根据获得这些结论的方法中所包括的内容来改造我们对于心灵、认识和认识对象特征的见解。

自第一章起到此告一段落，这是本书的导论。这个导论想说明一个问题，以及为什么它是一个问题的理由。前面已经说过，这个问题之产生，是由于人们继续坚持千百年来所形成并已浸润到整个西方传统之中的一些见解。只要这个问题不是产生于人们对科学与生活现实情况之反省，它便是人为的。因此，下一步骤的工作就是想以物理学的研究为范例来阐明人们在认知活动的实际过程和结果中是怎样改造传统的。物理学的研究是一切学术研究部门中最完善的一个部
59 门，我们便以它为认知活动的典型。我们将会知道，这种物理学的研究也曾长期受传统对于知识的见解的残余影响，这个传统把知识当作与先在存在的特性相关联的，而目前物理学研究最后解放了它自己而且意识到包含在它自己方法以内的一些原则。在我们已经发现如何从知识本身来说明知识的意义，即从正在进行着的认知行为来说明知识的意义的办法以后，便作好了准备，将会体会到对

于那些心灵和知识的旧见解加以改造的需要了。我们尤其会知道把认知和行动截然划分的办法完全破产的情况。这番讨论的结论将会是:实效性的标准和验证见于外表活动的后果之中而不在先在于认知,脱离认知而独立自在的固定实有之中。这一结论将使我们达到最后的一个论点,即我们对于控制行为的价值的见解也有改造之必要。

4.

承受的艺术与控制的艺术

60 曾经有过一个时期，“艺术”和“科学”实际上是具有同一意义的两个名词。“文理学院”一语还是这个时期在大学组织中的遗迹。也曾经有过“工”艺和“文”艺之分。这个区分多少就是工业艺术与社会艺术之分，即涉及事物的艺术和直接涉及人事的艺术之分。例如，研究语言的文法和修辞学、文学解释和说服的艺术，就比铁匠和木匠的手艺要高尚一些。工艺所涉及的仅仅是当作手段的一些事物，而文艺所涉及的则是当作目的的一些事物，是具有最后的和内在的价值的一些事物。社会的原因使这种区别更加显著了。机械学是与工艺有关的，它在社会的等级上就比较低下些。进行工艺教学的学校便是实业学校，即向已经精通手艺秘诀的人们学徒。学徒从字面上讲就是“通过做去学”，而“做”就是机械地重复和模仿别人的动作，直至自己获得这种技巧为止。学习文艺的人们，是占有一定权威地位、执掌着社会统治的人们。这些人生活富裕，闲暇自在，从事特别高尚而有势力的职业。而且，他们的学习不是机械的重复和亲身去使用材料与工具的操作而是“理智上”的学习，是用心灵而不是用身体去学习的。

追述这种情景，不是因为它仅仅具有历史上的重要性。它所描述的大量事态都是今天还存在的。所谓“学术职业”与工商实业的区分，以及其相应地在社
61 会地位上的不同，在教育准备上的不同，主要涉及物质事物或人事社会关系的不同，是我们所十分熟悉的，可以不追溯过去的历史。目前情境的主要差别是由于产生了技术工业和财政经济，代替了世袭的“绅士”阶层、大地主。所以，我们上面所指出的情况不仅适合历史，而且适合现况，这些情况对于产生和维持理论与实践、心灵与身体、目的与工具的区分仍然是有影响的。

除了这样划分高等艺术和低等艺术以外，就艺术和“科学”这两个名词的真实意义而言，在一般艺术和“科学”之间，在背景上还隐藏着区别。文艺较之工艺包括着更多的知识和理论上的研究，更多地运用“心思”。但是，从文艺的最后意义讲来，文艺仍然是与艺术、与行动联系着的，不过其实践方式比较受人尊重一些。文艺仍然局限于经验范围以内，不过这种经验所具有的价值在一些低下艺术中是找不到的。例如，亚里士多德所创导的哲学传统就把社会艺术列入低于学术研究，低于不付诸实用（即使在社会上和道德上实用）的知识的等级。从历史上看，这个观点继续保留下来，仅仅为了一小撮知识分子阶层来赞美他们自己的职业，这是可以理解的。但是我们已经说过，在教会作为一种欧洲的统治力量扩充它的势力的时候，宗教已经吸收了这种哲学见解；神学已被当作一种具有独特意义的“科学”，因为只有神学才是对于至上的最后实有的知识。而教会直接影响着人们的心灵和行为、信仰和判断，而这是任何静隐闲居的知识阶级所不能办到的。于是，人们就对于决定永恒命运，支配灵魂永久苦乐的真理和圣礼加以保护和传播，而使起源于哲学的观念融汇于基督教的文化之内。

于是，现实社会生活所特有的差别和不同不仅被少数哲学思想家加以理性上的裁可，而且被那种对人类生活具有最高权威和影响的权力所承认了。因为
这个原因，对于古典哲学所陈述的关于理论与实践、心灵与身体、理性与经验（始 62
终是根据感觉与身体方面来设想的）等等二元论，进行一番考察，这就不只是关于一点史实的报道了。尽管世俗兴趣与自然科学有了巨大的发展，尽管实用艺术和专门职业有了扩张，尽管以明确的物质利益为目的对现实生活实行了几乎是疯狂的控制，尽管从根本上属于经济性质的力量支配着社会的组织，但目前还没有一个广泛为人们所接受的人生哲学来代替为基督教信仰所吸收和修改过的这个传统的古典哲学。

因此，传统哲学便有三大便利之处。第一，这种传统是千百年来体现在一种占统治地位的制度之内的，而人们围绕着这种传统在想象和情绪上便有许多的联想和祈求。人们的许多想象上和情绪上的联想和祈求便和传统哲学联系在一起，在无意识之中继续影响着人们的心灵，虽然他们已不再同意这种传统在理智上所依赖的主旨了。第二，我们所熟悉的这种把奴役式的工艺和自由的、社会所尊重的文艺分为等级的社会条件，这种理论与实践的二元论原来所由以产生的社会条件至今仍然持续存在着。这种社会条件的持续，支持着这种传统的哲学。

此外，在包含人们最珍视的意义和善果的这个现实世界中存在着危险和挫折，这是人们所不得不承认的事实，这就使他们容易接受关于高等境界的说法，认为在这个高等境界内，这些价值才是永恒安全的。

第三，也是最后，除了上述两项正面的事实以外，还有一项反面的事实。在事实上，统治着现代世界的那些条件和力量还没有在理智上前后一贯地表达出来。我们常讲的，我们是生活在一种分裂状态之中的。就外表的活动和当时的享受而言，我们疯狂地沉湎于俗事之中，而且如果我们从理智上把它们陈述出来，就会认为这种沉湎于俗事的方式是低下而无价值的，从而拒绝这样去做。有些原则和信条已不再在我们的生活中发生作用了，然而我们在情绪上和理论上仍然同意这样的原则和信条。我们仍然充分保持着旧有的传统，认为那种简明陈述我们大家最关切的事情的哲学具有褊狭的唯物主义的特征。在另一方面，
63 我们无论在理智上或在道德上都不准备建立一种哲学，把实际支配着我们生活的兴趣和活动提升到这样一个高度的水平，使它们具有真正自由的和人本的意义。我们在名义上所主张的哲学认为，理想、价值和意义都是属于另一个世界的；然而，我们还不能说明这些理想、价值和意义也能够在某种可靠的程度上，以一种具体的形式成为我们的生活世界、我们的实际经验世界所具有的特征。

因此，主张我们有可能说明理想、价值和意义是我们实际经验世界所具有的特征的任何真正经验主义的哲学，便被认为是带有预言性而不是叙述性的。这种哲学能够提出一些假设，而不能提出一些关于现存事实的报告。这种哲学必然是借助于论证而不是诉诸显然在易于观察范围以内的事实来证明这些假设。这种哲学是一种思辨性的哲学，因为它所涉及的是“未来”。公正无私要求我们对这些想法坦率地加以说明。但是，事情还有另一个方面。有些假设是脱离可观察的事实而提出的，因而是一些假想，但也有些假设是根据现存的和可以报告出来的事实推论出来的。在这两种假设之间，是有显著区别的。有些想象的思辨除了它自己在论辩上的一贯性以外，是不承认有任何规律的；但也有一些思辨是以可观察的事物运动为根据的，并预见到这些事物由于它们自己的运动力量所达到的极限。在这两种思辨之间，也是有差别的。有些假设是由任意假定的前提所提供的论证来支持的，但也有些假设是用生动有力的事实为根据的命题含义所推论出的论证来支持的。在这两种支持的方式之间，也是有差别的。

我们所选择出来用以特别检查和描述我们所提出的这个假设的事实基础，

是我们当前进行科学探究的一种程序，即物理科学的程序，其所研究的完全是服从于理智控制的东西。在这类物理科学中所探究的情况，乃是一种可以观察得到的事实而不是一种思辨、一种意见和论证。我们选择这个领域的事实而不选择别的领域的事实以拟构一个关于未来可能发生的经验的假设（在这个领域中，经验将为它本身提供那些我们现在还认为是在某种超验世界中才可以寻求得到的价值、意义和标准），我们的这种做法既有其理论上的理由，也有其实际上的理由。从专门哲学的观点看来，有些哲学派别把认知和行动分隔为二，并把作为衡 64
量真正真实性之标准的知识对象看成超越来自感情与实践的经验之上的东西，而这些哲学派别总是以知识的性质为基础和出发点的。因此，如果我们能够指出求得最健全可靠之知识的现实程序是完全不把认知和行动分隔开来的；如果我们能够指出：要获得所谓科学的知识，就要使认知和行动明显地互相发生作用，那么，古典哲学传统的主要堡垒就会被打得粉碎。如果这个堡垒粉碎了，我们就没有理由把超越人类经验及其后果以外的某些固定不变的对象和我们所生活其中的这个有时间性和具体的世界对立起来了。

我们选择物理科学方法这个专门材料的实际上的理由，是因为通过发明和技术的媒介来应用自然科学，是近代生活中所特有的、最后起着支配作用的事实。西方的文化已经日益增长地具有工业化的特征，这正是众所周知的事情了；而这种工业化的情况乃是由于产生了实验的认知方法的直接结果，这也应当是大家所熟悉的事实。这种工业化的情况在政治上，在社会安排上，在沟通交流上，在工作与游戏上，在决定影响、权力与威势的地位上，都发生了影响变化，这都是当前具体经验的特有标志。上述旧有信仰的有效影响之所以日渐消失的最后根源，也在于此。这些事实也说明了为什么那种仅仅反映和报道现存情境之主要因素，把它们当作最后的因素而忽视了它们未来变化的哲学是一种令人讨厌的唯物主义的哲学。从正面的事实看来，我们的现实生活逐渐为物理科学的结果所支配；从反面的事实看来，这些结果有着重大的影响，诱使着人们坚持旧传统的一些因素，在很大的程度上阻碍着我们去建立一个合乎现有经验的哲学。由于这正反两方面的事实，我们便选择了自然科学的程序来作为我们研究的主题。

至于这个问题的直接实际效果，即那个由于物理知识的结论与方法所产生的工业社会所具有的潜在意义，我们以后将很少有时间和机会去加以讨论。然 65

而,我们可以指出,在原则上,这个问题的意义就在于:智慧的结果,不再是超越于实践之上,脱离于实践之外,而是以一些有影响的方式体现于现实的活动与经验之中的。不管我们怎样贬斥"应用科学",在原则上,这就是"应用科学"的意义。而且,我想,现在很少有人会故意宣称把知识与悟性体现于具体的生活经验之中不是一件好事。在原则上贬斥知识的应用,这件事情本身就表达了一种旧的传统思想,认为知识内在地优越于实践,理性内在地优越于经验。

在我们把知识应用于生活时,有一个真正的和极其严重的问题。但这是一个实际的问题,而不是一个理论问题。这就是有关于社会的经济组织和立法组织的问题。由于这种经济组织和立法组织的结果,控制活动的知识便为少数人所垄断,为他们用来为私人与阶级的利益服务而不是为一般的和共享的利益服务。这个问题涉及可能去转变社会条件中的经济财政基础。对于这个问题,时间和篇幅都不允许我加以讨论。但是,社会的财政经济方面和工业化是完全不同的,和技术在当前生活中的后果是完全不同的。把这两件事情等同起来,只能产生混乱。我们还必须注意,这个问题本身和理论与实践之关系和知识及其在行动中之应用问题是毫不相关的。这个实际的和社会的问题,是按照人们所进行的工作、所担负的活动以及共同自由参与在这些结果中的情况来比较公平合理地分配悟能和认识因素的问题。

在着手研究科学方法在形成认识论和心灵论中的意义以前,我们将讨论几个带一般性的论点。这些问题归根到底都是由于人们对于两种不同的经验有不同的看法:一种经验是当艺术主要地尚是常规性的;技巧是仅仅通过练习与实践而获得的时候所形成的,即所谓经验性的经验(experience as empirical);而另一种经验则是当艺术已经变成实验性的时候所形成的,即所谓实验性的经验。"经
66 验"过去曾一度指对各种各样行动的记忆所积累的结果而言,这些行动不受洞察的控制,而这些纯积累下来的记忆是能实际用来应付当前的情境的。原始的知觉以及对这些知觉结果在当前行动中的应用,两者都是偶然之事——即它们都不是由我们对其中的因果关系、手段与后果关系的理解所决定的。在这种意义之下,这些经验是非理性的、非科学的。典型的事例就是一个桥梁建筑者仅仅以他过去所进行的工作和所发生的结果为根据而不参照张力与应力的知识,或不知其中所包括的一般的物理关系来建造一座桥梁;或者如医生仅仅依赖过去偶然有效的药方而不是依赖为什么这个药方灵验而别的药方不灵验的道理。结

果，人们具有了一定程度的技巧，但它是按照常规方法的结果，是“尝试与错误”的结果，简言之，它是“经验的”。

人们在这样的条件下所形成的轻视经验的见解，乃是对实际条件的一个忠实的报道；哲学家们认为经验内在地低下于理性科学，这也是有真实道理的。但是，他们所附加的东西却是另外一回事了。它陈述说，经验之所以是低下的，那是因为，它是和身体、和感觉、和物质的东西、和变迁不定的东西内在联系着的，而与常住确定的东西是对立的。现在，经验本身在某种形式之下已经变成实验性的了，它已是受人们对条件及其后果的理解所指导的了。然而不幸的是，哲学家们解释经验的缺陷的理论仍然延续着，成为古典的东西了。因此，在传统的关于经验的理论和由于认识到经验的实验性质后所产生的理论之间产生了一道裂痕。关于这种裂痕，有两点尤其重要。

现在仍然流行着的这种传统理论认为，作为认识的一种手段的知觉和观察，在它们所提供的材料方面还存在着内在的缺陷。按照这种旧见解的看法，这种材料天生就是特殊的、偶然的、变化的，因而它们对于知识丝毫没有贡献；它所能产生的只是意见、单纯的信仰。但是在近代科学中，在感觉方面只有一些实际上的缺陷，例如视觉具有一定的限度，而这些缺陷必须通过各种仪器设备，如利用透镜等，来加以纠正和补充。每一次观察上的缺点促使我们去发明某种新的工 67
具来矫正这个缺点，或刺激我们去设计一些间接的办法如数理上的运算来克服感觉上的局限性。这种变化对我们关于思维及其与认知之关系的见解，也发生了相应的变化。早些时候，人们认为，高级知识必然是由于纯粹的思维所产生的；思维是纯粹的，因为它是脱离经验而分隔存在的，而经验之中又包括有感觉。现在我们认为，思维虽然是关于自然存在的知识所不可缺少的，但是单独它本身不能提供那种知识。我们现在把这视为理所当然的了。观察是提供给我们研究的确切材料和验证理论研究所达到的结论这两方面所不能缺少的。并不是一切经验都限制了真正科学的可能性，反之，一些特定的经验乃是科学所不可缺少的。

这种变化在客观方面也有相应的情况。依照旧的理论看来，感觉和经验都是真正科学的障碍，因为感觉与经验都与自然变化联系着的。它们固有的和不可避免的材料就是可变化的和变化着的事物。知识就其完全的和有效的意义而言，只有对于固定不变的东西才是可能的；只有关于这种固定不变的事物的知识，才帮助我们寻求到了确定性。变化的事物只能产生推测和意见，而实际上，它们就是危险的根源。在一个科学研究者看来，这种认为自然科学应该放弃事物的变化、放弃事情进程的看法简直是不可理解的。他在认识中、在理解中所注意的，显然就是事物所发生的变化；事物的变化使他发现了许多问题，而且当这些变化互相联系起来时便解决了问题。常数和相对不变数出现了，但它们只是变化之间的关系而不是高级实有领域的组成部分。在对象方面，我们这样改变了我们的看法，因而我们对于"经验"的结构和内容也有了不同的看法。我们不再认为在经验和某种高级的东西(理性思维)之间有什么固定不变的差别；我们只认为在两种不同的经验之间是有差别的：一种经验所涉及的是一些未加控制的变化，而另一种经验所涉及的则是一种在指导和控制之下的变化。而这种差别，虽然从根本上看来是重要的，但并不是一种固定不变的分隔。第一类的变化即将通过认识其间的关系，在这种认识的指导之下采取行动，转为被置于控制之下的变化。

68 在旧的思想体系中，作为科学看待的知识显然地和绝对地意味着脱离变化，转向不变。在新的实验科学中，我们是从相反的方式获得知识的，即凭借有意地设置一种确切而特定的变化进程来获得知识。物理学研究的唯一方法，就是有意引进一种变化以窥测它产生什么其他的变化；这些变化之间的相互关系，经过一系列的测量运算，构成了明确的和合意的知识对象。对于变化，有两种程度不同的控制，它们虽然在实际上是不相同的但在原则上是相同的。例如，在天文学方面，我们不能使遥远的天体发生什么新的变异。但是，我们能够有意识地改变观察它们的条件，而这在原则和逻辑上的程序是一回事情。由于我们使用了一些特别的工具，如使用了透镜和棱镜，使用了望远镜、分光器和干涉仪等，我们就改变了所观察到的与料。我们从十分不同的空间点上和连续的时间上去从事观察。于是，我们就观察到相互联系着的变化了。物理和化学的材料比较靠近在手边且能为我们所直接操纵，因此，我们便在这些材料中引进新的变化，影响所研究的事物。我们运用仪器和触媒(reagents)，在所研究的事物中发生变化。产生、记录和测量变化的物理工具的发明和建造愈进步，科学的探究便愈有进展。

而且，科学的方法和技术中所追求的方法在逻辑原则上是没有什么差别的。只有在实际上有差别，在进行操作的规模上有差别；通过隔离运行的条件来进行控制的程度比较少些，特别在有调节地控制自然存在与自然能力的变化的目的上有差别；更以其大规模地控制变化的进程的主要动机在于物质上的舒适或金钱上的收益而有所差别。但是，在商业、交通、运输以及光、热、电的应用方面的近代工业技术，乃是近代应用科学的结果。此地所谓“应用”，就是在实验室中那种有意地引进和管理变化的办法也被推荐到工厂、铁路和电力厂中去了。

由于 16 和 17 世纪开始的科学革命，人们改变了认知事物的方法。伴随而 69
来的是人类对于自然事物及其相互作用的态度也发生了一种革命。这是一个中心的和突出的事实。我们在前面已经说过，这种转变一反关于知行关系的传统思想。科学由于采用了各种工具和各种有指导的实践行为而前进了，从此所获得的知识便成为发展艺术的手段，使自然进一步现实和潜能地为人类的目的和价值服务。虽然在现代文明中已经发生这样的变化，但是在古代反映一种完全不同的情境时所形成的那些关于心灵及其认知器官的见解，以及它们把实践视为低于理智的看法仍被保留下来而至今不变。这是一件令人十分惊奇的事情。

旧的见解在思想家的心灵上到底产生了多大的影响，哲学思想习惯到底有多大的惰性势力，我们只要略一涉猎关于认识论的书籍和哲学杂志中所发表的有关认识论问题讨论的文章，就容易下一个判断了。我们固然也可以发现一些讨论反映实际认知程序，即反映科学探究实践的逻辑方法的文章。但是，当时逻辑通常仅被视为一种方法论，与认识论很少发生关系（或竟毫无关系）。人们是根据他们对于心灵以及心为认识器官的见解来讨论认识论的；人们认为，不去观察自己从事成功的探究时的实际程序，就可以适当地形成这些关于心灵及其器官的见解。前些时候，这一类讨论的主要问题在于如何构成一个“意识”论来说明认知，或者把意识当作一件意义自明的事实；或者认为，意识较之科学研究的客观的和公开的程序，具有更加明确的内容并更为人们所能观察。这种类型的讨论目前还在继续着；从现在的见解看来，这种讨论成了唯一的认识论。它是讨论认识论的根本问题的自然而不可避免的途径！千言万语无非要保持传统的观念。于是，如果我们不记住这种实际实验方法的重要意义在于它和过去这种情况是显然不同的一种结果，就难以领会我们讨论（即使是粗浅地讨论）这种实验方法的重要性。

虽然实验探究的特点是人们所熟悉的，但是却很少被人用来陈述一个认识
论和心灵与自然的关系论，因而把人所熟知的事实再加以明显的陈述便是可以 70

原谅的了。这种实验探究表现出三个突出的特征。第一个特征是一个明显的特征,即一切实验都包括有外表的行动,明确地改变环境或改变我们与环境的关系。第二特征,实验并不是一种杂乱无章的活动,而是在观念指导之下的活动,而这些观念要符合引起积极探究活动的问题所需要的条件。第三个特征是最后的一个特征,它使前两个特征具有完全的意义。这个特征就是在指导下的活动所得到的结果,构成了一个新的经验情境,而这些情境中对象之间彼此产生了不同的关系,并且在指导下从事活动的后果形成了具有被认知的特性的对象。

在日常行事的程序中,也可以见到这种为认知而从事实验活动的粗糙原型。当我们试图弄明白一个模糊不清的对象的性质时,便做出各种动作,希望和它建立一个新的关系,从而使我们明白那些足以帮助我们去了解这个对象的各种性质。我们把它翻来覆去,送到比较光亮的地方去,摇晃它,用拳头敲打、推动和压抑它等等。当我们使这个对象发生这些变化以前经验到这个对象时,它是使我们困惑不解的;而采取这些动作的用意就在于促使它发生变化,产生一些先所未曾感知的性质并改变知觉的条件,以淘汰那些阻碍我们或引导我们误入迷途的特性。

虽然这样一些实验性的活动以及操纵事物以探测其未来变化的实验活动,是我们日常关于周围事物的非科学的知识的来源,虽然它构成了我们大量的"常识",但这种程序方式的局限性是十分明显的,用不着再阐述。近代知识史上重要的事情就是利用工具、器械和仪器以加强这些主动的动作,希望揭示原来并不显明的关系;并在外表行动方面,发展精密的技术以产生更大幅度的变化(如系统地改变条件,以便在所研究的事物中产生一系列相应的变化)。在这些操作的
71 手续中,还应该包括那些把所观察的现象永久记录下来的操作活动和借以把各种变化联系起来的那些确切测量的工具。

这些事情是大家十分熟悉的,因而人们容易忽视它们对于认识论的全部重要意义。所以,还需要把这种关于自然存在的知识和那种在实验方法产生以前所获得的知识作一番比较。这种关于自然存在的知识依赖于行动,依赖于一种物理的和外表的行动,这当然是一个显著的差别。所谓科学的那种古代科学认为,理性是认知的器官;如果我们把理性从属于身体借助物质的工具对物质事物所进行的活动,那么,这种古代科学就会认为,那是一种对理性的背叛行为。这就似乎我们承认了物质是优越于理性的,而从古代科学的立脚点讲来,承认这一

点就不可能有知识。

随着这样一个根本的变化，我们对于直接感知的材料所采取的态度也起了变化。曾有这样一个精心培植起来的见解，认为古代科学与近代科学的差别在于前者不尊重知觉而仅仅依赖于思辨。这种见解是完全违背事实的。事实上，希腊人对于自然对象是敏感的而且是敏锐的观察家。毛病并不在于一开始时他们就用理论解释来代替知觉的材料，而在于他们把知觉的材料当作“如是”(as is)的东西，未曾企图在对它进行思考和解释以前彻底地对它作一番改造。因为他们未曾在观察以外再借助人工的仪器和手段，有意地改变所观察的这些材料，希腊人的步伐跨得太远了。

说他们不重视感觉上所观察的材料，只是相对于他们重视这种材料的形式而言的。因为这种材料必被置于为理性思维所提供的逻辑形式之下。由于这种材料不纯粹是逻辑的，或者说，它是未能完全满足理性形式的各种要求的，所以它所产生的知识便比那种探索永恒实有的纯粹数学、逻辑学和形而上学的知识具有较少的科学性。但是，在科学扩展的范围以内，它处理感知的材料，正像这种材料直接呈现在一个敏锐的观察家面前一样。结果，希腊自然科学的材料较之当代科学的结果，更为接近于“常识”的材料。我们不必有什么专门知识的准备，只要有像欧几里得几何学这样一点知识，就可以阅读希腊科学的遗著；但是，如果我们没有专门教育的准备，便不能理解大多数近代物理学的研究报告。古 72
代所倡导的原子论之所以没有多大的进展，其原因之一就是因为它不符合日常观察的结果。因为这种原子的性质丰富而且是按照其性质的特征进行分类的，而不是按照其数量与空间的差别进行分类的。因而古代的原子论是纯思辨性的和“演绎”性的。

如果有人认为这些话意味着在古代科学中感觉产生知识而近代科学则排斥感觉材料，他们便误解这些话了；这种看法是违背事实的。但是，古代科学是从感觉材料的表面来接受内容的，然而它是运用逻辑的定义、分类和三段论式的包含法，按照这种感觉材料的本来面目，把它组织起来的。当时，人们或者没有工具和器械来改变这些通常观察到的对象，把它们分拆成它们的要素，予以新的形式和安排；或者说，他们并没有运用当时所具有的工具和器械来从事这些工作。因此，就内容而言，就题材而言，希腊科学的结论(在 17 世纪科学革命以前仍然还保留着的)较之当前科学思想的对象，更加接近于日常经验的对象。这并不是说，希腊人比近代科学家更加尊重感官知觉的功能；而只是说，从现在的实践来看，希腊人过于重视直接的、未经分析的感知的材料了。

他们也知道，从认识的观点来看，这种感觉材料是有缺陷的。但是，他们认为，可以用纯逻辑的或“理性的”方法来纠正这些错误，以及弥补它们的缺点。他们认为，思维可以取用通常知觉所供给的材料，排除其变幻莫测的性质，最后得到一种固定不变的形式，使各个特殊的事物由于这种形式而具有它们的特征；把这种形式界说为有关的特殊事物的实质或真的实在，然后把一群所感知的对象归为一类，认为这个类是永恒的而作为类之特殊事例的个别事物则是幻灭的。所以，这种把通常知觉转变成为科学知识的过程不需要使感知的内容发生任何
73 现实的、外表的和观察得到的变化。近代科学利用仪器，使直接知觉的材料发生了变化；不过，它并没有脱离观察材料的本身，而只是脱离了事物原来“自然地”被观察到的时候所具有的那种性质特征(qualitative characteristics)。

因此，我们可以公正地说，在希腊对于自然现象的描述与解释中的“范畴”是属于美感性的；因为美感一类的知觉是注意事物之直接性质特征的。它们所赖以在观察材料上赋予科学形式的逻辑因素，是和谐、均匀、适度或对称：它们便构成了“逻各斯”(logos)，使得人们可以在理性的议论中报道现象。这些特性是强加在现象上面的，但人们却以为它们是从现象中所抽绎出来的。借助这些特性，人们才可能认知自然对象。因此，希腊人并不是把思维用来当作改变既有的观察对象的手段，以求得这些对象的产生条件和结果，而是把一些不是在它们可变化的发生中所能找到的一些固定不变的特性强加在这些对象之上。强加在这些对象上的这些固定特性的实质，就是在形式与模型上的和谐。手艺人、建筑师、雕刻匠、运动家、诗人等曾经把原始的材料改变成具有对称和均匀特性的完整形式；当他们完成这项工作时，并没有像近代工厂中的做法那样，事先加以分解还原。希腊的思想家们对于整个自然界，也曾做过同样的工作。不过，他们所运用的不是物质的手艺工具，而只是依赖于思维。他们借用了希腊艺术所提供给他们的形式，但是他们把这种形式从它的物质应用中抽象了出来。他们的目的在于从所观察的自然界中构成一个艺术的整体，以供心灵鉴赏。因此，在科学看来，自然是一个秩序完整的宇宙。它是一个完整的组织体，但不是由许多因素所组合起来的。这就是说，它是一个具有定性的完整体，像一个剧本、一尊雕像或一座庙宇，具有贯通齐一的定性；它不是由许多性质相同的单元按照不同的式样

从外表上堆积起来的一个集合体。图案设计当时乃是固定的事物内在特有的形式与模型，而不是由一个从事设计的心灵首先所形成的东西然后从外面强加到事物上面的。

柏格森(Bergson)在他的《创造进化论》(*Creative Evolution*)一书中陈述说，按照希腊人的想法，作为最真知识之对象的实在是在变化过程达到最紧要关头
的一刹那间才觉察到的。他说，柏拉图的“理念”和亚里士多德的“形式”与特殊 74
事物的关系可以比作雅典神殿柱顶腰线上的马和活马临时的运动的关系。说明马的特性的本质运动已经在静止地位与形式永恒的这一刹那间概括起来了。领略、掌握那一明显确切的形式，从而去占有和享受这种形式，就是认知。

柏格森的这种见地具体说明了希腊科学认为知识对象所具有的这种本质上属于艺术特性的概念。希腊科学的具体细节证明了这种概念。据我所知，若要了解希腊科学，最重要的莫过于从亚里士多德对于数量的论述入手。亚里士多德认为，数量是偶然变化的，它可以在事物的相当范围以内(这个范围是由一种内在的本质和量度，即“逻各斯”所划定的)发生变化而不至于影响其本性。笛卡尔则把数量界说为物质的本质。当我们想到这一点时，就感觉到已经发生一场学术上的革命了。这是一种观点上的激变；它不仅产生了更多、更精确陈述的知识，而且摒弃了对象的艺术特性。如果我们把关系在近代科学中的地位和亚里士多德对于关系的性质的说明作一对比，就知道亚里士多德所谓的关系乃是多少、大小等等的区别。因为按照亚里士多德论述的观点看来，关系和数量一样，是与对象的本质或本性无关的，所以也不是最后解释科学知识的因素。这个见解完全适合美感的观点，它所考虑的只是内在圆满无缺的东西。

毕达哥拉斯-柏拉图主义推崇数和几何学。这似乎和上述论点是矛盾的。但是，这是证明常理的一个例外。因为在这个思想体系中，几何学和数乃是按照人们直接观察的自然现象来整理这些自然现象的一些手段。满足美感法则的原则，即是量度、对称和分配的原则。数和几何学就是这种量度、对称和分配的原则。科学差不多等待了有两千年之久，数学才变成了一种分析的工具；通过方程式和其他函数把一个整体分解成许多组成部分，以便再把它们重新组织起来。

在逍遥学派的科学(Peripatetic Science)中，类或种占有中心的地位。这一 75
点也足以证明希腊科学所具有的定性特征。关于这一点，我想略而不述了。事例太明显了。对于运动也曾经有过一种纯性质上的论述，成为促成伽利略

(Galileo)革命的线索。谈一谈这个问题会是有益的。“运动”这个名词包括各种各样在性质上的变化，诸如温暖的东西变冷，由胎儿生长为成年之类。当时人们并没有把它当作一种简单的移动，即指在同一性质的空间中地位的改变。当我们论及一种音乐运动或政治运动时，比较接近于古代科学中这个观念的意义，即有一系列的变化，倾向于一个圆满或完善的定性整体和实现一个目的。

运动并不是无限地继续下去的，它有耗费完尽的时候；它有一种内在的倾向，使它自己停止下来，变成静止的状态。问题不在于有什么外在的力量使箭趋于相对静止的状态，而在于有什么力量，例如气流等，保持着箭的运动并阻止箭加速地达到它自然的目标——静止。运动的停止或者就是精力耗费完尽，一种精疲力尽的状态，或者它标志着一种内在实有或本质的最高顶峰。天上的星球，正因为它们是在天上，宛若神灵，所以永不疲竭，所以运行不息。如果静止是指满足的状态而言，那么，静止就不是指那种死静不动的状态，而是指一种圆满的，因而是不在变化的运动。只有思维才完全具有这种完善的自我活动；但是，天体恒常的旋转最接近于思维这种周流不变的活动在物理上的体现了；它无所发明，无所学习，无所影响，只是永恒地自我旋转不已。

与这种认为运动只在性质上发生变化的看法相适应的，是关于位置(或许多位置)的讨论。有些东西是轻浮的，它们从地面升起，属于上层空间；有些东西是沉重的，只有在重浊而比较寒冷的地面才能找到它们的目标和归宿，所以有一种向地面下坠的运动。这些中间地带既不适于上升的运动，也不适于下降的运动，而只有一种前后摇摆的运动，如风所特有的运动和肉眼可见的行星运行。冷而
76 重者向下运动，轻浮质材如火光等则向上运动。天空的星辰最接近于神灵，最没有不规则性和潜能性，遵循着不偏不倚的环行道路运行不已。这是自然界中最接近思维之永恒自我活动的了；它既超越于自然，又是自然的最高峰或“目的因”。

这样详细的陈述，无非是企图说明古代科学所具有的这种完全定性的特征。这里和价值的观念没有冲突，因为属于科学对象的性质本身就是价值；它们就是我们所享有和珍视的东西。自然是一个定性的整体。整个自然界中，有一个从低等价值的形式上升到高等价值的形式的阶梯。实际上，由伽利略所倡导的科学革命显然放弃了这种把性质当作科学对象本身所固有的特性的看法。由于放弃了这种看法，便在实有的科学特性和具有道德权威的特性之间产生了冲突而

需要调和。所以，如果我们要领会新天文学和新物理学对于人类信仰所发生的影响，就必须把它和旧有的自然科学对比一下。按照旧自然科学的看法，科学知识的对象所具有的性质和艺术作品的性质是一样的；它们的特性和美，以及和一切可赞赏的东西，是完全相同的。

伽利略的工作并不是一种演进，而是一场革命。它所表现的变革，是从定性到定量或量度；从多异到同一；从内在形式到关系；从美感和谐到数理公式；从静观鉴赏到积极操纵与控制；从静止到变化；从永恒对象到时间顺序。两重领域的思想体系在道德和宗教事务方面被保留下来了；但是，在自然科学方面则已消逝了。高级领域曾经一度是真正科学的对象，而它现在所包括的对象乃是和因与人类发生关系而为人类命运提供了规范和目的的价值联系着的。低级的变化领域曾经一度为意见与实践所占领，现在则变成自然科学唯一的对象了。这个为意见所占领的领域已经不再是客观实有的一个真正的，即使低下些的部分了。它完全是由于人类的无知和错误所产生的结果。这个由新科学所产生的哲学，便代替了旧的形而上学。但是(这个“但是”具有根本的重要性)，尽管有了这个变革，旧有把知识当作与先在实在相关联的想法和把道德规则当作产生于这个 77
实在的特性的想法却仍然为人们所保持着。

科学的和哲学的变化，即使在实验探究创始以后，也不是立即发生的。我们以后可以看到，事实上，哲学是一边前进着、一边保守地从事着迁就与调和并被用来解释新科学的，因此一直到我们这一代，科学才摆脱了旧自然观的某些基本观点。然而，在伽利略从他的两个最著名的实验中所得的结论里面，就开始酝酿着一些科学革命了。一个实验是从比萨斜塔(Tower of Pisa)上坠落物体。这个实验打破了旧日认为轻重有内在性质上的差别的那种区分法，并因而极大地动摇了科学从性质差别上进行解释的原则。因此，它就在无形当中推翻了那种用性质差别去叙述和解释自然现象的办法。因为这个实验指出了，一切物体的内在运动是和一个共同的性质相同的特性相联系着的，而这个特性是可以用物体对于运动的阻力和从运动中静止下来的阻力来加以测量的。这个特性就是惯性。后来，牛顿认为，这种惯性和质量是等同的东西，因而质量或惯性就变成物质在科学上的定义或固定系数了，完全不管它们在干湿、冷热等等性质上的分化了。后来，这些干湿、冷热的差别便是以质量与运动而非以根本的解释原理去加以解释的了。

单就这个实验来看，这种结果好像只是一次震动，至多只是一次骚动。这是可以理解的。然而，当我们把这个实验和他的那个把圆球滚下光滑倾斜平面的实验（而他的钟摆实验乃是这个实验的一个变种）联系起来看，而在这个实验中，他可以尽量地观察到自由坠落的物体时，我们便知，这不只是一次震动或骚动。他的目的是要决定所测量到的物体坠落的时间和所测量到的它所经过的空间之间的关系。观察的结果证实了他过去所提出的一个假设，那就是说，所通过的空间和所经历的时间的平方是成正比例的。如果我们忘掉这个结论是在逍遥学派科学的背景上设计出来的，那么，这个结论便似乎只是从数学上去决定加速度；而且在我们把这个结论与关于质量的概念联系起来看时，这个结论便又似乎是对于力（force）提出了一个新颖而正确的定义。这个结果是十分重要的。但是，
78 如果我们把这个结果离开了古典的自然观来看，它就似乎是和今天物理学上之重要发现属于同一类型的。由于它是和逍遥学派科学的基本观念相反的，它产生了科学上的革命。传统思想认为一切运动中的物体由于它们内在地有一种倾向去实现一种天然的本性，自然地会静止下来的。伽利略的结论却给予这个传统思想一个致命的打击。伽利略的机敏思想利用这些结果指出：如果用一个在水平面上运动着的物体，使它不受等速度独立力量的牵制，去代替一个在倾斜平面上的物体，它一经发动之后就会继续无限止地运动着——这个见解后来在牛顿的第一运动定律中陈述出来。

这个革命为我们根据性质相同的空间、时间、质量和运动来描述和解释自然现象开辟了门径。我们的讨论不在于论述历史的发展，所以对于一些细节省略了。但是，对于由此而产生的一些带一般性的后果却必须有一个概略的陈述。伽利略的结论首先并没有影响传统认为静者恒静的这个见解。但是，他的逻辑和进一步运用他的方法的结果表明：当一个笨重的物体静止下来时，其运动便转移到它本身的微粒，以及转移到阻止该物体运动的另一物体的微粒上去了。因此，我们便可以把热进行机械的处理了；结果，机械运动、热、光和电便可以互相转换而能量并不消失。于是，牛顿追随哥白尼（Copernicus）和惠更斯（Huygens）之后表明：天体的运动与地面的物体一样，也同样遵循力学上质量与加速度的定律。地面现象上所发现的法则，也适用于天体的运动。认为在不同空间部分的现象之间有种类上的差别的这种见解，已经被废弃了。一切所谓科学的东西都变成了用数学名词所陈述的机械特性：数理陈述的重要意义在于它使我们有可

能把各种不同的现象在互相转换中完全等同起来，或者成为性质相同的东西。

如果我们主张，认知的目的在于把握实在而认识对象与实在对象乃是同义语的两个名词，那么，我们就只可能有一个结论。用晚近一位作家的话来说，
即“牛顿的天文学所揭示的整个天空领域乃是一片漆黑无垠的虚空，其中死静 79
的物质在许多无知无觉的力量的冲动之下运动着，最终毁灭了千百年来的诗梦”①。

不过，这个结论只有在符合原有前提的条件之下才是有效的。如果，而且只要我们把这个定性的世界当作知识的对象而非认知以外的某种其他方式的经验的对象，而且只要我们把认知当作经验的标准或经验唯一有效的方式，那么用牛顿科学代替希腊科学(这种希腊科学只是在理性上对这个为我们从性质上去享受的直接经验世界所作的一种安排)，就意味着我们完全废弃了那些使这个世界成为受人喜乐、钦佩和尊重的世界的特性。然而，我们还可能有另一种解释。有一种哲学主张，我们是按照离开认知活动的真实事物去经验事物的，而认识乃是一种经验事物的方式，用以辅助非认知性的经验去控制对象。这样一种哲学便将会达到另外的一种结论。

不过，在这一点上深入讨论这个问题，将会预先使我们涉及以后所要讨论的内容。因此，我们在这里只限于评述一个问题：新的实验方法对于这种通常经验的定性对象确切地产生了什么影响？请忘掉希腊哲学的结论，忘掉一切关于认识和实在的理论。请留意这个简单而直接的事实：在这里，自然界有一些有声有色、芬芳扑鼻、美丽可爱、引人注意的事物，我们欣赏它们；也有些丑陋不堪、令人作呕的事物，我们由于它们而感到痛苦。确切地说，物理科学对于它们到底发生了什么影响？

如果我们同意暂时放弃哲学上和形而上学上的成见思想，而尽量以一种最简单朴素的方式来对待这个问题，我想，我们的答案用专门名词来说，便是以与料(data)去代替对象(object)(这并不是说，这个结果完全是实验方法的结果；我们自始即知，这个结果是十分复杂的；我的意思只是说，只要我们剥去了事物的性质，其第一个结果便是属于这一类性质的)。希腊科学所研究的是对象，意即

---

① 巴里(Barry)：《心灵之科学习惯》(*The Scientific Habit of Mind*)，1927 年，纽约版，第 249 页。我从这本书里所获得的教益，不仅仅是这一特殊的引语。

通常经验中的星辰、岩石、树木、雨水、冷热天气等等。这是十分明显的。如果我
80 们说实验的第一个结果是把这些事物从对象的地位归结到与料的地位，这句话的意思也许就不这样明白了。[①] 与料是指还需要进一步解释的题材，是一些还需要加以思考的东西。对象是最后的东西；它们是完备的、已完成的；思考它们，只是对它们加以界说、分类，进行逻辑上的安排，进行三段论式的推论等等。但是，与料是指“运用的材料”；它们是征兆、证据、标志，某些尚未达到的事物的线索；它们是中间的而不是最后的，是手段而不是终极的事物。

如果运用比较不专门的方式，我们可以把这件事情陈述如下：过去，人们曾经把题材当作满足知识需要的东西，当作构成结果的材料；而现在，却把它变成了产生问题的东西。热和冷、湿和干、轻和重已不是用来解释现象的自明之事，而成为需要加以探讨的东西了；它们成了“效果”，而不是原因原理；它们提出了问题，而不是提供了答案。地球、星体以及天空以太之间的差别，已不再是最后的原则，用来解释和划分事物，而成为需要解释和需要原理去加以概括的了。希腊和中世纪的科学，形成了一种按照人们所欣赏和感受的那样去接受事物的艺术。近代实验科学则是一种控制事物的艺术。

一种态度是接受日常所知觉、所利用和所欣赏的对象，把它们当作终极的，当作自然过程的顶点，而另一种态度是把它们当作思考探索的起点。这两种态度之间显著的差别，是一种远远超过科学技术性以外的差别。它标志着一种在整个生活精神方面的革命、一种在我们对于存在中所发现的一切事物的整个态度方面的革命。如果我们把四周存在的事物，我们所触到、看到、听到和尝到的事物都当作一些疑问，必须对它们求得答案（询求答案的方法是有意地引进变化，一直把它们重新形成另一种完全不同的东西），那么存在着的自然就不再为我们所如是地去接受、服从、忍受或欣赏的东西了。它现在已经成为需要我们去
81 加以改革，需要我们把它置于我们有意的控制之下了。它现在已经成为一种材料，对于这种材料，我们要采取行动，把它转变成为一些新的对象，更好地满足我们的需要。任何特殊时候所存在的自然界都是对人类的一个挑战，而不是一个完满的东西；它为我们提供了可能的起点和机会，而不是终极的结束。

---

① 关于这个从对象到与料的转变，请看《创造的智慧》(*Creative Intelligence*)一书中米德(G. H. Mead)的论文，1917年，纽约版。

简单说来，这个变化是从把认知当作对于作为神圣艺术作品的自然的特性所进行的一种美感上的享受，转变成为把认知当作一种世俗的控制手段——当作一种方法，有意地引进变化，以改变事情进程的方向。在一定时间上存在的自然，并不是一件已经完成的艺术作品，而是一种需要艺术去进行加工的材料。因此，上面所论及的那种对于变化已经改变了的态度较之作为一种专门学问的新科学，具有更为广泛的意义。当我们把变化间的相互关系当作知识的目标时，发现这种相互关系，因而实现我们的目的，就等于我们掌握了一种控制工具。当我们遇到一种变化并当我们以测量上的精密性知道了这种变化和另一变化的联系时，便具有了一种有力的手段，可以产生或避免那另一变化。美感的态度必然倾向于已有的东西，倾向于已经完成的、完备的东西。控制的态度便注意未来，注意生产。

还有一种说法表达同一个论点。这种说法认为，当我们把一定的对象归结为我们尚需加以认知或研究的与料时，便使人类从屈服于过去的景况之下解放出来了。科学的态度是一种对变化而不是对孤立绝对的不变性感兴趣的态度；这种态度必然对问题是十分敏感的；每一个新的问题就是进一步引起实验探究的一个机会，就是产生有指导的变化的一个机会。一个科学家最感觉到遗憾的，就是他达到了一个不能再产生问题的情景。这种状态将是科学的灭亡，而不是科学生命的完善。为了懂得已经产生的这种差别，我们只要把这种态度和流行于道德和政治中的那种态度作一对比就够了；而且，我们可以体会到，后者的发展仍然是多么有限。因为在较高级的实践事务方面，我们仍然生活在变化和疑
难的恐惧之中。就像过去的人们（对待自然现象那样），我们宁愿接受和忍受或 82
欣赏眼前所发生的事物，以及我们在这个领域内所占有的东西，至少从概念上把它们加以整理，因而使它具有理性的形式。

在实验的方法兴起以前，变化简直就是一种不可避免的祸患；这个现象存在的世界，即这个变化的世界，虽然和不变化的东西比较起来是一个低下的领域，但总是存在在那儿；人们在实际上，势必要按照它发生的那个样子来接受它。聪敏的人若能得天独厚，就会尽可能不与这些变化的事物发生关系，离开它们，转向理性的领域。受自然支配的定性形式和完备目的，是不受人类所控制的。当人们欣赏它们的时候，它们就是可喜的；但是，从人类的目的看来，自然就是命运，而命运是与艺术相反的。偶然发生的善，是受人欢迎的。然而，只有当人类

认知变化过程之间的关系，从而管理着这些变化过程时，他才能够使善安全存在。很多人都哀叹这种废弃明确目的的固定趋向的情况，似乎破坏了自然的灵性，但是事实上，这是引申出新的目的并使这些目的有通过有意的活动而得到实现之可能的先决条件。如果对象不是自然的固定目标，并没有内在既定的形式，那么，这些对象就会获得新的性质，成为为新的目的服务的手段。从前有人认为，自然运行的本身具有一种内在的倾向，去达到某些固定的目的。在人们认为自然对象并不具有这种固定目的以前，自然就不可能变成为满足人类的欲望和目的而可以塑造的材料。

以上这些方面的思想，都包含在上述运用实验分析把对象归结为与料的那种已经改变了的态度之中：科学的目的不在于界说常住不变的对象，而在于发现变化之间的恒常关系。它所注意的是事情变化过程的结构，而不是最后的目的因。知识所涉及的是当前的事变而不是最后的事因，所以，知识是要探索我们的生活世界、我们所经验的世界，而不是企图通过理智逃避到一个高级的境界之中去。实验知识是一种行动的方式，而且像一切行动一样，发生在一定的时间、一定的空间和一定的条件之下，是与一定的问题联系着的。

83 有人认为，科学的发现乃是揭露最后实有、一般存在所固有的特性。这种见解是旧形而上学的一种残余。有人认为，科学的结论是要把性质和价值在自然中排除出去。这是在科学结论的解释中，强行注入了一种不相干的哲学。这样便产生了近代哲学的一个主要问题：科学对于我们所珍视、爱好而在指导我们的行为时具有权威的东西有什么关系？有人认为，数理机械的科学乃是为自然实在的固有特性进行界说的科学；而且在处理这种科学的结果时，人们同样强行注入了这种不相干的哲学，因而有人对自然主义产生了反感，并把哲学的任务看成是证明一个超自然的境界，说它不服从一切自然对象所具有的条件。放弃知识之所以为知识，是因为它揭露和界说了固定先在实有的特性的这种见解；用科学探究的实际程序中所实际发生的事情去解释认知的目标和验证，那么上述假设中的需要和问题便消失无遗了。

因为科学探究总是从我们日常生活中所经验的环境中的事物出发的，总是从我们所看见、所玩弄、所享受和所忍受的事物出发的，这是一个通常定性的世界。但是，实验探究并不认为这个世界的性质和价值（目的和形式）为知识提供了对象，使它们从属于一定的逻辑安排；反之，它认为它们为我们的思考提出了挑战。它们是问题的材料,而不是答案的材料。它是要被认知的东西,而不是知识的对象。认知活动的第一步就是确定所需要解决的问题。进行这一步时,要把一些现有的和明显的性质加以改变。这些性质是效果;它们是要被理解的东西,而且是从它们的产生过程中被理解的。于是,科学的目的在于寻求“动力因”(efficient cause),而不是寻求“目的因”(final cause);在于寻求事物的外在关系,而不是寻求固有的形式。但是,这种寻求并不意味着去寻求一个与所经验的非实在的现象相对立的实有。它意味着去寻求实有的性质与价值所赖以发生以及我们所借以调节其发生的那些关系。把我们直接从性质上所经验到的存在物称为现象,这不是说,这些现象具有一种形而上学的地位。它只是要指明,这些存 84
在物产生了一个问题,即如何去确定这些存在物所赖以发生的相互作用的关系。

知识没有必要去关心我们从它的具体性质上所直接经验到的存在。直接经验活动本身会留心这件事情。科学所关心的,是这些所经验到事物的发生情况。所以,依照科学的目的看来,这些所经验到的事物就是一些发生的事情。科学的目的在于发现它们发生的条件和后果,而且只有当我们改变这些现有的性质,把关系显露出来时,才能发现事情发生的条件和后果。我们以后就会知道,这些关系构成了科学本身所特有的对象。在这里,我们只想强调指出:排除经验存在的性质,只是发现关系一个必要的中间步骤;而且指出:当我们做到这一点时,科学的对象便成为我们控制经验事物的手段,而这些经验事物具有更丰富和稳定的价值和性质。

只有仍然保留着旧的认识论和形而上学时,我们才认为科学只是告诉我们:在真实状态下的自然,只是在运动中的许多质量互相作用的一种情况,其中没有声音、颜色或任何享受和利用的性质。实际上,科学要告诉我们:我们可以利用我们所喜爱的任何自然对象所赖以发生的关系来对付这些对象,或者说,我们可以把这些自然对象当作一件发生发展的事情;科学还要告诉我们:由于我们这样对待自然对象,就可以跑到直接经验对象所呈现给我们的直接性质的背后去,以控制这些性质的发生,而不再等待我们所不能控制的条件的发生。我们把所经验的对象归结为关系形式而这些关系形式在性质特征上是中立的;这是我们可以控制变化进程,以产生具有我们所想望的性质的对象的先决条件。

例如,当我们只是把水当作我们所直接经验到的东西时,它只能有很少的直接用处,如饮用和洗涤等。除了烧开它以外,我们很少再有办法有意地改变它的特性。然而，如果我们不把水当作闪耀发光和潺潺有声的对象，带着各种各样取悦于耳目、适合于嗜好的性质，而把它当作某种用氢二氧一(H_2O)符号化了的东
85 西，这里面完全没有上述的那些性质，那么就能够把它置于各种其他方式的控制之下，使之适合各种其他的用处。同样，如果我们不再从我们在直接经验中所经验到的汽和冰的各种性质上的差别中去看待汽和冰，而把它们看作许多性质相同的分子，以所测量到的一定速度，通过特定的距离运动着，那么在过去被看成终极物而成为有效控制之障碍物的各种性质便不再存在了。这里指出了一种对待它们时不管其性质上的差别所采取的单一行动的方式。这种行动的方式可以推广到其他的物体上，在原则上可以推广到一切物体上，而不管它们在固体、液体和气体上有任何性质上的差别，只要它们是用一种相同的数学公式陈述出来的。因而便有可能产生膨胀与收缩、冷藏与蒸发，以及爆炸力的生产与管制等等方式。从实践的角度来看，物体变成了一种可以在各种方式之下加以利用的能量的集合体，而这些方式包括一切种类的取代、变压、化合和析出。但是，直接可感知的经验对象仍然是一个具有同样性质的对象，可以为我们所享受，可以为我们所利用，它总是与它的过去一样。作为科学对象的水，作为氢二氧一(H_2O)的水，以及一切其他有关的科学命题，并不在与我们实际所看见和利用的实有的水争夺地盘。它只是由于实验上的操作而具有了一种附加的工具性，这种工具性增加了我们对于日常经验的实有事物的控制和利用。

我知道，我用这种方法来处理近代哲学的重大问题，许多人会认为这是一种对待重大问题的傲慢性情的表现；如果这里有什么解决办法的话（而许多思想家也许会感觉到，任何一种解决的办法实际上等于取消了这个问题），这种解决的办法也太简单、太容易了，不能令人满意。但是，如果这番论述能使大家对于阻碍他们接受所建议的这种解答的传统信仰，重新加以考虑，我也就满足了。这些传统的成见认为，知识作为一种接近实在的方式，比起其他的经验方式，有着比较特殊的地位；而且，这种传统的成见也认为知识因此便优越于实践活动。这两种看法是同一时期形成的，在这个时期内，人们认为，只有完全借助于心灵的理性力量，才能影响认知。完全依赖实验方法的科学探究的发展，已经证明这种立场是一种严重的错误。既然现在已经证明这些哲学见解所根据的信仰是错误
86 的，那么，现在不是修正这些哲学见解的时候了吗？当前，我们辩论的实质可以概述如下：如果我们按照实验的模型来构成我们的认识论，就会发现，认识是一

种操作日常经验事物的方式，因而能够用这些日常经验事物之间彼此的交互作用，而不用这些事物直接呈现的性质来构成我们对于这些事物的观念；而且，我们也发现，我们对于这些事物的控制，按照我们的意愿来改变它们和指导其变化的能力无限地扩大了。认知本身是实践动作的一种方式，而且是使其他自然间的交互作用从属于我们指导之下的唯一交互作用的方式。以我们目前对实验方法所探索到的发展进程而论，这就是实验方法的重要意义。

在这一部分讨论开始时，我曾说明，我们研究科学的认知活动并不是为研究而研究，而是为提出一个不过于专门而又更加广泛自由应用的假设提供材料。最后的结果是，实际经验在其具体的内容和运动中，为我们提供理想、意义和价值创造了可能性。过去大多数人们由于在他们实际生活的经验中缺乏这种理想、意义和价值并对它们缺乏确定感，便诉诸某些超经验的实在来作为他们工作的动力：人们因为缺乏这种理想、意义和价值，以及对它们有一种不确定感，所以继续保持着那种已经与近代生活基调不合拍的传统的哲学宗教见解。科学的认知活动所提供的模式表示，至少在这个领域内，如果经验变成真正实验性质的了，它就可能产生各种调节它自己的观念和标准。不仅如此，而且关于自然的知识只有靠这种转变才能有可靠和稳步的进展。这个结论还可以使我们预卜在比较广泛的、比较人本和自由的领域内也有达到类似的这种转变的可能，使得关于经验的哲学成为经验主义的哲学。这既不谬悖于现实经验，又不被迫放弃人的内心最珍视的价值。

5. 观念在工作中

87 在一切哲学问题中，关于观念(ideas)的性质与价值问题恐怕最能吸引那些有学识修养的人了。人们认为“唯心主义”[①]一词具有赞扬的意味，这是人们尊重思想及其权力的一种赞辞。人们认为唯物主义具有一种讨厌的性质，这是由于唯物主义压低了思想的价值，把思想当作一种幻想，或者最多是一个偶然的副产品；唯物主义不容许观念具有创造性或调节性的效果。从某种意义讲来，人类本身之所以显得高贵，就是因为有观念、有思想。严肃的人们总是想望有一个使经验可以产生观念、产生意义而这些观念可以转过来支配行为的世界。撇开观念以及观念的效果，人便无异于野兽了。

不过，在观念的性质及其权力的问题上，哲学家们曾经分成一些互相对立的派别，这已经是一个旧故事了。极右派的哲学家们在唯心主义的旗帜之下，断言思想是宇宙的创造者而理性观念构成宇宙的结构。不过，这种组织工作是思想在一种超验的本源工作中一劳永逸地完成的。我们逐日生活于其中的经验世界是粗鲁冷酷的，是思想所创造的实在世界的假相，因而完全是非理想的。因此，这种在哲学上尊重观念的方式是带有补偿性的，而不是必不可少的。这种方式并不关心于使我们所经验到的这个自然环境和社会环境变成一个更加理想的境地、一个具有为思想所产生的意义的特征的境地。于是，有些哲学家们想把一劳永逸地构成实在的这种思想，改换为继续运用特殊动作，使我们此时此地所经验
88 到的这个经验世界能够更加具有融贯而光明意义的思维。

---

① Idealism，亦译“观念论”。——译者

另一个极端的学派是感觉经验主义者，他们主张那种认为在任何活动方式中的思想是一切事物之根源的说法是虚妄的。它宣称，我们必须直接接触事物，才能产生知识。观念是有血有肉的印象的惨白精灵；观念是我们与实在直接交往所得的东西的影像、微弱的反映、即将逝去的回响，这种直接交往只有在感觉中发生。

这两个学派不管怎样极端相反，它们却有一个共同依据的前提。按照这两个哲学体系看来，反省思想，即包含有推论与判断的思维，并不是创造一切事物的根源。反省须有先在的实在为之验证，而这种先在的实在是在某种非反省的直接经验中被揭示出来的。这种反省的思想是否有效，要看我们是否可能把它和这种先在的直接知识内容等同起来，从而核查它的结论。这两个学派的争论，只在于它们对这种事先直接知识的性质和器官的意见不同。这两个学派都认为反省，即包含有推论的思想，是有再生性的（*re*-productive）；它的结果只有当它们与不经过任何推理即能认知的东西加以比较时，才能得到"证明"。依照传统的经验主义看来，这个验证只有见诸感觉印象。依照客观的唯心主义看来，只有当反省的探究把过去被结构性的思想所构成的产物加以重新产生时，才是有效的。人类思维的目标，在于去接近绝对理性早经设定的实在。实在论者也同样坚持这个基本前提。实在论立论的本质被认为，当反省探究终于领悟到既存的事物时，便是有效的。当思维改变了先在的实在时，它便陷于错误；事实上，其错误即在于心灵是创造事物的根源。

这个问题与前一章所作的对于实验认知的分析有关。这些学派虽然在许多方面是互相反对的，但其共同前提都是回过头来采用为希腊思想所创导、深刻感染了整个西方传统的那种把知识和独立实在关联起来的看法。当我们概述实验思维的特征时，曾经说过，实验思维的第二个特征就是利用观念去指导实验，就是说，实验不是杂乱无章、没有目的的动作，而总是既包括暗中摸索和相对盲目 *89*
的行动，又包括一种有意的预见和意向的因素，以决定尝试某一操作而不尝试另一操作。因此，在本章内，我们将说明这种实验方法对于有关观念的理论的涵义。我们不妨暂时假定我们对于观念所知道的一切都是来自这些观念在科学的反省探究中所表现的方式。那么，我们对于观念的性质和功能将形成怎样的一种见解呢？

也许突然一点，我们在开始时将根据物理科学晚近的结论来陈述一下关于概念的性质。然后，我们将把这种关于观念的见解和体现在牛顿的自然哲学与科学中的见解作一比较，并说明我们之所以被迫放弃牛顿哲学的理由。最后，我们把所得到的结果和体现在传统哲学中的那种主张（即在现在久已无人相信的牛顿的自然哲学中所发现的相同的那种主张）再来作一比较。

现在科学对这个问题的立场可以陈述如下："要发现一个对象的长度，我们就必须进行一定的物理操作。当测量长度的操作手续已经确定的时候，长度的概念便也被确定了；这就是说，长度的概念只包括这一套决定长度的操作手续。总之，所谓概念，我们是指一套操作手续而言；*概念和相应的一套操作手续是具有同一意义的*。"[①]艾丁顿（Eddington）在他的吉福德讲演（Gifford Lectures）中也曾重复过同一种见解。他的陈述如下："物理学家的词汇中包括许多的字眼，如长度、角度、速度、力、位能、电流等，我们总称之为'物理量'。现在我们认识到：我们应该按照实际遇见它们时认识它们的方式来界说这些名词，而不应该按照我们为它们所预定的形而上学上的含义去界说它们。在旧的教科书里面，'质
90 量'被界说为'物质的量'；但是，当我们实际决定质量时，我们所运用的实验方法是与这个界说毫不相干的。"[②]由于我们对思维的意义与内容以及所赖以了解自然事情的观念的有效性和正确性采取了这样一种观点，那就使得在整个思想史上都未曾有过的一种真正的实验经验主义成为可能的了。"实验的经验主义"一词听起来好像有些重复。事实上就应该是重复的，因为这个形容词和这个名词

---

① 布里奇曼（Bridgman）：《近代物理之逻辑》（*The Logic of Modern Physics*），1927年纽约版，第5页。楷体是原书上有的。

② 《物理世界的性质》（*The Nature of Physical World*），1928年伦敦和纽约版，第255页。这段引语意味着，我们是借助决定概念的实验操作手续去认识概念的；这就是说，这些操作手续是界说和验证我们用来陈述自然事变的意义的有效性的。当艾丁顿论及爱因斯坦时，他说，他的理论坚持每一个物理数量都应该用进行测量和运算的手续的结果来加以界说。当艾丁顿这样说的时候，他更明确地表明了这个意思。皮尔士在他的《如何弄清楚我们的观念》（How to Make Our Ideas Clear）一文中，也预示了这一原理。该文已被收入柯恩（Cohen）所编的《机会、爱与逻辑》（*Chance, Love and Logic*）一书中，在纽约出版于1923年。皮尔士说：一个对象的观念所具有的唯一意义，包括着我们以一种特殊的方式作用于这个对象时所产生的后果。这个原理是詹姆斯实用主义中的一个因素。这个见解也近似概念即"工具"的理论，按照这个理论，概念是当我们对存在采取行动时在理智上所运用的工具。把这个"外延抽象法"当作界说事物的一种方式的原则，也具有同样的重要性。实用主义的见解虽然在它的逻辑含义上与布里奇曼的见解是相同的，但由于实用主义见解的模糊不清，我宁愿采取布里奇曼所谓的"具有操作性的思维"（Operational Thinking）。

具有同一含义，因而利用这两个名词便一无所得。但是从历史上看来，情况却并不如此。因为从历史上看来，经验哲学是利用感觉或感觉与料这类名词所形成的。据说，感觉或感觉与料是构成观念的材料，而且它们与这些观念是否相符是验证观念的标准。感觉性质是证明观念时观念所必须符合的先在模型。[1] 这些主张总是引起许多批评。但是，这些批评所采用的形式总是藐视“经验”在认识中或在道德中所具有的为根本重要观念提供根源和进行验证的能力。这些批评曾经利用感觉经验主义的弱点来加强观念，这是由于脱离一切经验的理性所形成的见解，并支持在哲学体系的语汇中的所谓“先验的”(a priori)理性主义。 91

从我们根据观念的操作性来替观念下定义和找验证的观点来看，观念是具有经验根源和经验身份的。就“行动”一词字面上和存在上的意义而论，观念就是所实行的行动，就是去做一些事情，而不是去接受从外面强加在我们身上的感觉。感觉性质是重要的，但只有当它们有意地进行某种行动的后果时，它们在理智上才是有意义的。例如，我们在一条特殊的光带中的一个特殊的位置上所看见的一种颜色，在化学和光学物理中有着巨大的学理上的重要性。但是作为一种为我们所看见的东西，作为一种赤裸裸的感觉性质，它在一个乡下人和一个科学家看来，完全是一样的；在这两种情况之下，它都只是直接感觉刺激的结果；它只是眼睛偶然看到的另一种颜色。如果有人认为，把这种颜色和其他性质相同的感觉性质联系在一起，就能弥补或补充这种颜色在认识上的价值，那么，这就不啻认为放进一堆沙子到眼睛里去就能免除一粒沙子在眼中所引起的刺痛。如果有人认为，为了使这种性质具有认识上的意义，必须诉诸一种独立的思想所具有的综合性活动，那么，这就不啻认为我们能够在头脑里通过思维把一堆砖瓦变成一所房屋。在头脑内部所进行的思维，能够预先构成一所建筑的设计。设计是思想的结果。但是，如果我们要把一些零散的砖土建筑成为一所房屋，或者要把一种孤立的感觉性质转变为认识自然的有意义的线索，尚有待于我们以这种设计为工具，在它的指导之下采取实际的操作行动。

我们通过视觉所经验到的感觉性质之所以在认识方面有其地位和功能，并不由于这些感觉性质是孤立自存和自有的(如感觉经验主义所主张的)，或者由

① 整个穆勒的经验逻辑公开和一贯地致力于指明：我们必须把一切命题归结为只包括直接感觉所予的材料的那种命题，从而证明一切包括反省和观念的命题都是真的。

于它们是强迫引起我们注意的，因为它们是我们有意地从事一定明确的操作的后果。这些感觉性质只有当它们和这些操作的意向或观念联系在一起时，才能揭露事实或验证理论。理性主义学派坚持感觉性质只有当它们被观念所联系起来的时候，才能对知识有意义；从这一点来看，理性主义学派是正确的。但是，他们认为，这些有联系作用的观念是脱离经验、深居理智之中的；在这一点上，他们
92 是错误的。联系是通过操作进行的，而操作是界说观念的。操作和感觉性质一样，都是属于经验范围以内的事情。

所以，当我们说我们已经第一次有可能建立一个关于观念的经验主义，而这个经验主义既免除感觉主义又免除先验的理性主义所强加在它身上的负担时，这不能算是夸大其词。我敢大胆地说，这种成就是思想史上三四个突出的功绩之一。因为它使我们得到解放，毋庸追溯到既有的东西，追溯到为过去所谓直接的知识所获得的东西去验证观念的价值。用所从事的操作去界说观念的性质和用这些操作所产生的后果去检验这些观念的有效性，就是在具体的经验范围以内建立起了联系。同时，由于我们的思维再不必仅用先在的存在去检验思维的结论，思维便显然有了创造的可能性。

约翰·洛克总是经验主义学派的中心人物。他非常彻底地奠定了经验逻辑的基础，通过是否有可能把信仰的内容分解成原来由感觉所接受的简单观念来检验每一关于自然存在的信仰的有效性。如果我们想要知道“坚固性”，或者其他任何观念是什么，用他自己的话来说，我们就要“诉诸感觉”。然而，他是建筑在与他同时代著名的牛顿所奠定的基础上来发展自己的这个自然知识(在这里，洛克是把数理观念和道德观念除外的)的来源与验证的理论的。笛卡尔有一个时期是牛顿在争夺科学世界优越地位方面的大对手。牛顿深信，笛卡尔所代表的关于科学的理性主义的哲学是不正确的。然而，牛顿自己对于数理的运用以及关于引力的概念(和一些其他的物理概念)使他遭受到人们的责备，说他是经院学派“神秘本质”的复辟。因此，他十分强调他的前提、方法和结论都彻底是经验性质的；因为他是诉诸感觉并以他在感觉中所发现的东西来作为他原始的关于自然的科学观念的来源和证明。我们以后将会看到，根据我们对“经验”一词所具有的实验的意义，牛顿的一些假定事实上远不是经验的，但是牛顿却把它引
93 入了自然科学的哲学基础，并运用到整个关于自然的哲学理论中去。直到今天，我们才对这些假定产生疑问。

牛顿所说的名言中最为人所共知的，莫过于这句话：“我并不捏造假设。”这只用一句反面的话来断言他的假设完全是依赖为感觉所保证的题材的——如我们适才所说过的，这回过来意味着说，科学的观念无论在它们的来源上还是在它们的证明上都要追溯到过去所已有的感知。我们将首先考察牛顿的程序对所谓自然科学之基础的影响，然后研究在我们一经承认对科学概念以从操作方面——从关系方面——所下的定义代替抽象的和感觉的定义以后，如何破坏了这些基础。

虽然牛顿和笛卡尔一样自由地运用数理，而且在启发力量方面更甚于笛卡尔；但是，他自己的方法却自有其特点，不同于笛卡尔的方法。因为牛顿坚持他的数学运算所适应的对象不是思想的产物，就其在科学中所表示的特性而言，是在感觉中所给予的。这就是说，他并没有宣称自己能够从感觉上观察到作为他的体系基础的最后粒子或原子，但是他却宣称他假定它们的存在是具有感觉上的基础的，尤其是他坚持说，他的科学理论所赋予这些粒子的一切特性都是从直接的感知中派生出来的，而且是可以在直接的感知中证明的。用他自己的话来说，“凡不是从现象中所派生出来的一切东西都被称为假设，而假设……在实验哲学中是没有地位的”。与这个反面的陈述相适应的正面的一句话是说：“物体的性质，如果是在程度上既不容许加强又不容许减弱，而且发现是实验范围内的一切物体都具有的性质，便可假定是一切物体所具有的普遍性质。”

牛顿认为，他只是把直接知觉中所揭露出来的那些经验对象的性质推广到物理科学最后固有的对象上去。这种看法在如下的几段话中更加明确：“我们全靠我们的感觉来认知物体的广袤，除此以外，别无他法。而我们的感觉也并不是达到一切物体的广袤的。但是，因为我们在一切可感知的物体中都知觉到有广袤，所以就把它当作也是普遍存在于一切其他物体中的。我们从经验中得知，许 94
多物体是坚硬的；而且因为整体的坚硬性来自部分的坚硬性，所以我们可以公正地推论说，这些未经分裂的粒子的坚硬性不仅是我们所感觉到的物体所具有的，而且是一切其他的物体所具有的。一切物体都是不可入的，这一点，我们不是从理性而是从感觉中得来的。……一切物体都可以移动，都有持续其动静的能力（我们称为惯性力量），这一点也只是从我们所见到的物体中观察得来的类似特性推论而知的。”或者如牛顿陈述他的“原理”一样，概括一句话说：“我认为它们不是神秘的性质，而是自然的一般法则……它们的真理通过现象呈现在我们面前。"这些有关的原理就是质量、重力、坚硬性、不可入性、广袤、运动、惯性等等。

他的论证的要点就是说,非感知的物体,即数学推理所适应的最后粒子,只具有那些为我们的经验所发现、属于一切可感知的经验的物体所具有的特性,除此以外,没有其他特性。最后物理实在的静止性质(空间的广袤、容量)和动力特性(抵抗力、运动持续力)和所感知的事物的共同性质是相同的。颜色、声音、热、香等等都被排除了,因为它们忽隐忽现、可增可减——都不是普遍呈现的。容量、质量、惯性、运动和可移动性都是一些普遍的性质。如果有人反对说,既然最后粒子不是我们所观察到的东西,它的存在就是带有假设性的,我们将怎样答复呢?纵使所有赋予粒子的特性都是在感觉上已经证实的,可是具有这种特性的粒子却是观察不到的,那么,他的经验主义又会变成一个什么样子呢?很难说,牛顿曾经显明地讨论过这个问题。既然可感觉到的物体可以加以分裂而仍不失其为构成其"原理"的那些特性,我们就有权假定,还有一些不能再分而类同的最后粒子是存在的。这在他看来,似乎实际上是不言而喻的。虽然依照逻辑的一贯性,他不能承认这个论证;但是,由于事实上他发现能够根据这个假设来"解释"实际所发生的各种事情,就足以使他证实这些粒子的存在了。也许在下一段
95 引文中,和他在其他地方一样,他最接近于明显地解决这个论点了。他说,如果一切的粒子,一切的物体,都是可以破坏的,那么,它们就会逐渐磨灭。然后他接着说,在那种情况之下,"依赖这些粒子的事物的性质就会发生变化",并且又说,"所以,自然是可以永久持续下去的,具体事物的变化只是这些永久的粒子各式各样的分离、重新组合和运动罢了"。"所以,自然是可以永久持续下去的!"这是陈述支配牛顿学说动机最坦率的一句话了。若要自然不至于支离破碎或回复到混沌状态,就需要有一定的保证。如果在一切变化的背后没有一种永恒不变的东西,我们又怎样获得事物的统一呢?没有这种固定而不可分解的统一体,就不可能有最后的确定性。一切事物都处于被分解的危险之中。决定牛顿关于原子的这个根本假定的性质的,不是什么实验上的证据,而正是这些形而上学上的恐惧心理。这种恐惧心理所提供的前提,被牛顿认为是科学的,并且是可能产生科学的基础。"一切变化都不过是永久粒子各种各样的分离和重新组合。"这一句话是以一种公开科学的方式,重述人类希望有某种固定的东西来作为绝对确定性的保证和对象的那种陈旧的愿望。没有这种固定性,就不可能有知识。如果我们要去认知各种变化,就要把它们当作永恒同一的事物之间在空间上所发生

的中立性的接近和分离。因此,为了建立存在上与知识上的确定性,"上帝在创世之初,就用固体的、质量的、坚硬的、不可入的粒子构成了物质"。

当科学在实验的道路上前进的时候,不免迟早会分辨明白,一切概念、一切学理上的描述都必须用实际的或想象的操作来加以陈述,这在逻辑上是不可避免的。我们不可能理解怎样能够通过实验的操作,达到一种最后不可变化的实体;这些实体交互作用,而又不在它们本身发生变化。所以,这些实体是没有经验的根据的,是没有实验的根据的;它们纯粹是论辩上的发明。它们甚至在运用牛顿的数学方法时,也不是必要的。如果废弃他的物理粒子,而代以几何学上的点,在他的《原理》(*Principles*)一书中,他大部分的分析工作都会继续保持不变。 96
牛顿认为,自然的永久性是由于假定有许多孤立不变的实体的缘故;既然这个见解显然是辩证性质的,那么,牛顿之摒弃实验方法而采纳一种显然辩证性质的见解以代替之,这又能有什么理由呢?毫无疑问,这个理由的一部分,就是说他的这个体系行得通或者说似乎还行得通。不用发挥或承认这种证明的方式,我们总是可以用物理研究中的许多惊人的结果来对付那种以理论为根据的反对意见的。

但是还有一个更加根本的理由,就是人们(包括物理研究者们)的心里仍然保持着旧有的见解。他们认为,实在为了成为固体和坚实的东西,必须包含哲学中所谓实体这种固定不变的事物。只有当我们把变化归结为某些原来不变的事物的重新组合时,才能认知变化。因为只有原来不变的事物,才能是确定性的对象(因为变化的本身就是不确定的);而且只有确定而正确的东西,才是知识。因此,这种通俗的形而上学,先由希腊人予以理性上的陈述,后传入西方世界的学术传统,开始支配着人们对于实验认知的程序与结论的解释。

在牛顿哲学中,关于非实验性因素的起源的假设,由于他自己利用了实体和本质特性等观念的形而上学而得到了确证。牛顿采用了德谟克利特学派关于实体的见解,而没有采用亚里士多德学派关于实体的见解。这个事实从科学上来说,当然是十分重要的。但是,从哲学上来说却并不重要,而比较重要的是他不听从经验题材的引导,反而遵循所谓辩证推理的必然性,坚信在一切存在的基础上必须有一种内在不变的确定事物;而且认为,这种不变的实体由于它们证明了具有固定的确定性,所以是一切真正知识的对象。

由于他接受了关于实体的这种旧的主张,他也接受了关于本质的主张。如果固定不变的事物是存在的，那么，它们就必然具有一定固有不变的特性。变化是偶然的和外在的；变化发生于实体之间，因而对于它们的内在性质是没有影响
97 的。如果变化影响了实体的性质，那么，实体就不是什么实体了；它们会发生变化而烂掉。所以，不管牛顿的科学原来是怎样沿着实验和数理的道路出发的，它仍然保留有这样一种见解，认为原子的特点是它具有永久的特性或性质，即具有本质。实体就是"固体的、坚硬的、有质量的、不可入的、可以移动的粒子"。它们的本质就是这些固定不变的固体性、坚硬性、质量、运动和惯性。

因此，不管希腊科学的对象和数理与实验怎样不相干，牛顿仍然似乎保留了这些对象所具有的一部分性质。如果我们研究一下哲学的注解和讨论（主要以洛克对牛顿的结果的解释为根据），就会发现，在许多讨论中，把所谓"第二性质"，如颜色、声音、香味、滋味等，从"实在"中排除掉了。但是据我所能发现的，对于在"第一性质"名义下的其他可感觉的性质被保留下来，用以界说科学的对象这一事实则只字未提。但是，这种保留却是祸害的根源。事实上，科学凭借它的操作论的概念，把在量向上不同于对象的任何直接性质的事物当作它的思想对象。这并不是抛弃某些直接的感觉性质的问题，而是公平地对待一切性质的问题。牛顿不可能明白这个事实，因为他坚持坚实固定不变的实体的存在是科学的根据。既然有这种实体，它们就势必具有某些固有的特性。

所以，牛顿慷慨地赋予了这些实体以他坚持以为直接来自感觉经验的那些特性。不妨考察一下，这对于以后思想的后果。我们抛弃某些过去被认为是自然事物本质的性质而保留另一些性质，这丝毫也没有促进实际的科学工作，但这却不可避免地在通常知觉、利用和享受的事物和依照传统看来作为唯一最后"真实"对象的科学对象之间建立了一道不可逾越的鸿沟，把两者对立起来了。这种对立变成了近代哲学的根本问题。这一段故事已毋庸赘述。这种对立也产生了一个关于认识的主体与客体的关系的"认识论上"的问题，而这个问题却不是探
98 究所借以获得理解的方法的逻辑问题。因为性质既已被驱逐于科学对象之外，却又"在心灵之内"找到了避难之所；这些性质成为心理和精神性质的了，于是便产生这样一个问题：为这些因素所组成的心灵，与科学对象（按照理论上的界说，它们是自然的实在事物）毫无共同之处，怎能超出它自己的范围而认知与它自己相对立的东西。在另外一个地方，这个结果还会引起一个极其重要的问题。这个问题由贝克莱（Berkeley）发端，历经近代思想几次三番的讨论，仍争辩不休。

这个主题就是说，既然“第二性质”不可避免地是心理的，“第一性质”又不能与第二性质脱离的，那么，第一性质也必然是心理的。但是，这些论点中的第一点，即科学对象和经验对象都要争取被承认是一种自然存在的问题早已得到处理了，而后面一个问题则又与我们并不直接相干。

我们此地所关心的是牛顿所假定的：我们必须把感知所直接经验到的某些性质引入物理对象的概念与界说中去，而这些性质呈现于感觉经验之中一事即足以保证或“证明”这些观念是有效的。但是，我们对这种最后的、质量的、坚硬的、不可入的、不可分割的，因而不可变化的粒子，并没有直接的经验——因为它们的永恒持续性除了被某一同样永恒的心灵所认知以外，显然不是任何经验所能感知得到的。所以，这些性质必是被思维到的，必是被推知的。就它们本身而论，它们是独自存在着的；但从我们看来，它们仅仅作为思想的对象而存在的。所以作为一种观念，这些性质必须有证明和理由，而直接知觉的第一性质则并不需要这种证明和理由，因为按照这一派的主张，第一性质是自证自明的。

关于理性主义与（感觉论的）经验主义相互对立的旧传统的结论，现在仍然是根深蒂固的，因而我们还要提出这样一个问题：即关于物理科学对象的特性，除了根据普遍所见一切感知对象的特性加以推论外，我们已能或还能用其他的方法来加以证实吗？除了我们准备依赖先验的理性概念，认为这些概念具有充足的权威外，我们还有其他的道路可走吗？

在这一点上，有些近代人承认我们所借以思维科学对象的概念既非来自感 99
觉，也非来自先验概念。承认这一点，具有逻辑上和哲学上的力量。我们在前一章已经说过，感觉性质是一种*要被认知*的东西；它们是引起认知活动的一种刺激，因为它们引起了研究的问题。我们的科学知识是有关于这些感觉性质的东西，是解决它们所提出的问题的。探究是随着反省、思维进行的，但这种思维决不是旧日传统所理解的那种封闭在“心”内的思维。实验探究或思维指一种*指导下的活动*而言，从事一些活动以改变我们观察对象和直接享有对象的条件，把它们重新加以安排。所感知的事物（原来只是单纯地激起或刺激）暗示着我们怎样去应付它们，怎样去处理它们。虽然只是在近几百年来，我们才看见操作的抉择和真正知识中全部控制的思维及其后果的事情是紧密联系在一起的，但在整个人类的历史上，这些操作都是不断地改进着，精益求精。

因此，中心的问题是：决定我们选择操作的因素是什么？在这里只有一个答案，即这要看所处理问题的性质——这一答案把目前所讨论的关于实验的方面和前一章所讨论的有关实验的方面联系起来了。我们已经知道，实验分析的第一个效果就是把直接所经验到的对象归结为与料。这样一种分解是必要的，因为这些对象在它们的第一种经验方式之下是困惑的、晦暗的、零散的；它们还不能以某种方式来满足一种需要。与料规定了问题的性质；如果有了一定的与料，就是引起一种如何从事操作的思想；如果按照这种思想去行动，就会产生一个新的情境，在这个情境中，解除了原来引起探究的那种困难或疑问。如果我们远溯科学历史，就会发现：有一个时期，在这个时期里，人们应付困难情境的动作是一些结构型的有机反应，以及一些习得的习惯。目前的探究在实验室中所运用的最精密的技术，就是这些简单的原始操作的推广和改进。这种技术的发展，大部分依靠于人们利用物理的工具；而当探究发展到一定程度的时候，人们就会有目
100 的地去发明这种工具。从原则上讲来，适当的操作在科学领域内创造的历史和在工业中的演化过程并无二致。为了完成一定的目的，就需要进行一定的工作；人们尝试过各种不同的操作设计和操作方法。成功与失败的经验逐渐改进了所使用的手段。人们发现了更加经济有效的行动方法——发现了更加容易、更加适合、更加明确地达到合意的结果的操作。每前进一步，随之就造成了更加精良的用具。一种用具的发现，又时常暗示着一些在发明这些用具时所未曾想到的操作，因而又进一步改善了操作。因此，我们就可以用操作来界说观念，而决定这种操作的并不是什么先验的验证或规则。这些操作本身就是在实际探究进程中，通过实验发展出来的。这些操作是从人类的自然动作中创造出来的，也是在做的进程中验证和改进的。

对于这个问题在形式上所能做的答案，就是这样了。引起动作需要的条件使我们产生了问题，而我们由于成功地解决问题所获得的后果，便成为我们借以把原来“自然”进行的操作转变成为科学实验艺术的操作的基础。从内容上讲来，我们还能够给予一个具体详尽得多的答案。关于这个答案，我们可以到科学史上去寻找，因为在科学史中记载着如何明确地发现了各种操作，把一些晦暗困惑的经验情境转变为一些明晰、坚决的情境。深入到这种材料，将使我们详细阐述在精密发展了的反省或探究部门中所实际运用的各种概念的特征。

这样的一种讨论是与我们的目的无关的，但是所有这一类的科学操作都有一个共同的特征，这是我们所必须注意的。*它们都是揭示关系的*。有一个简单

的例子，就是用一个对象齐头地比量着另一个对象，如此操作许多次数，从而界说了长度。如果把这一类操作在其本身尚需为特定的操作所规定的条件之下重复着，它就不仅固定了两个事物彼此间的关系，称之为它们的长度，而且界说了“长度”这个一般的概念。如果再把这个概念和其他的一些操作，如那些界说质量和时间的操作等关联起来，我们就具有了用以建立物体之间多种关系的各种工具。因此，界说空间、时间和运动的测量单位的各种概念，便成为我们理智上 101
的工具；我们可以运用这种工具，把一切性质不同的事物放在同一个系统之下互相加以比较。在原来粗糙的事物经验之上又加上了另一种经验，这种经验是我们的思维艺术的产物；它的重要题材是关系而不是性质。这些关系和那些性质上不同而又不可分解的原来自然经验的对象，是同样为我们所经验到的。

性质是一个什么样子，就表现什么样子，静态地互相分隔着。而且这些性质，当听任其本身而不加控制时，则很少有这样的变化，以至于可以显示出它们的发生所依赖的那些交互作用或关系。从来没有人看见过具有水的特性的事物是怎样产生的，也没有人看见过电光一闪的发生状态。在感觉的知觉中，性质不是过于静止就是过于突然，因而不能显示出性质所以发生的特定关系。有意地变换条件，才使我们觉察到这些联系。由于我们思考这些联系，才懂得或真正认识这些事物。虽然如此，发挥科学方法的充分作用还是十分缓慢的。在长时间内，人们认为，应该用事先存在的特性而非关系来下定义。物理学中的空间、时间和运动被当作“实有”的内在特性，而不是抽象的关系。事实上，探究有两个方面，是相随相应的。在探究的一个方面，我们除了定性对象的发生状态以外，忽视了它们其他的一切东西，只把这些性质当作标志着某一特殊有关的事故的记号：即把对象当作事情(*events*)。在探究的另一方面，我们的目的是把这些事情相互关联起来。关于空间、时间和运动的科学概念，构成了这些事情相互关系的一个概括的体系。因此，这些科学概念便双重地依赖于实验艺术的操作：一则依赖于把定性对象当作事情处理的操作；二则依赖于把这些互相制约的事情联系起来的操作。

不过，在这些陈述中，我们已经预示了科学思想的实际发展。这个发展经过了很久，才认识到它自己的重要性。一直到今天为止，我们仍然是根据旧的信仰来解释科学概念，认为如果概念是有效的，它们就必须符合在我们所研究的对象 102
中事先固有的特性。有些特性，牛顿认为是实体所固有的，是实体的本质，彼此之间并无关联；这些特性的确很快就被我们看出来，乃是一些关系。这些把特性变换为关系的情况，首先发生于坚硬性和不可入性，可以归结为质量。惯性力是衡量质量的尺度。在审慎的思想家们看来，“力”是衡量加速度的尺度；这也是一个关系的名称，而不是一个事物所借以强迫另一事物发生变化的一种孤立事物的固有特性。虽然如此，一直到爱因斯坦宣布其狭义相对论为止，人们仍然把质量、时间和空间当作最后固定的和独立的实体所具有的固有特性。

关于产生这种变化的条件，我们将留待以后再讨论。我们此地只关心一件事实，即尽管这种变化颠覆了牛顿关于科学与自然的哲学的基础，从逻辑的观点看来只不过是清楚地承认科学方法全部发展中的主要原理。这样说，并不是轻视质量随着速度而变异这个发现，以及迈克尔逊-莫勒(Michelson-Morley)关于光速实验结果的科学重要性。为了使人承认科学概念是具有操作的或关系的特征的，无疑地，这些发现都是必要的。然而从逻辑上讲来，把空间、时间和运动以及其各种函数表现为数学方程式，转换成为相互等量的定式(这不是性质本身所能办到的)的方法就指明了我们过去一直是把特性当作关系处理的。但是，过去人们的想象习惯于按照庞大的质量和比较缓慢的速度的格式所构成的观念。要使他们的想象从这种习得的习惯势力解放出来，就需要观察高速度的变化(例如光之经过远大的距离)和无限小距离中所发生的细微变化。质量随着速度而变异，这个发现就使我们不能再假定质量是一些互相孤立的事物所具有的界说性特征——但是，如果我们把质量当作固定的或不变的东西，那么，这种孤立的情况便是唯一的条件了。

103 在科学理论的实际内容中所造成的差别，当然是巨大的。但是，这仍不如在科学知识的逻辑中或哲学中所造成的差别那样巨大。既然我们已经废弃了具有固定孤立而互不作用的特性的、不可变化的实体，也就势必要废弃用赋予固定对象以固定特征的办法来达到确定性的这种见解。因为我们不仅并没有发现过这类的对象是存在的，而且实验方法本身的性质(即用相互作用的操作来下定义)也意味着这一类事物是不可能被认知的。因此，确定性的寻求就变成了控制方法的寻求，而所谓控制的方法就是参照变化的条件所产生的后果来调节这种变化的条件。

理论上的确定性和实际上的确定性合而为一了，和安全、和相信使用工具的操作的可靠性合而为一了。“实在的”事物可以按照你的高兴而瞬息万变或永远持续;它们是一些特殊的差别,好像在电光一闪和山脉亘久之间的差别一样。无论如何,从人类的认识方面看来,它们是"事情"而不是实体。认识所关心的是这些事情或变化之间的相互关系,实际上,这就是说,所谓山脉这一事情应该放在一个包含许多事情的体系中去看待。如果我们发现这类相互之间的关系,就有可能去控制事物。科学对象就是关于这类相互之间的关系的陈述;这种科学对象就是我们控制事物的工具。科学对象是我们对于实在所进行的思维的对象,而不是实在实体固有特性的揭露。这些科学对象特别是我们从某一特殊观点对于实在所进行的思想:我们是最高度概括地把自然界当作一个相互联系的变化体系。

由此尚可得出几个重要的结论。检验观念有效性的办法起了剧烈的变化。在牛顿的思想体系中,和在古典传统中一样,这种检验存在于一些彼此孤立、固定不变的最后实在对象所具有的特性之中。从实验探究方面看来,思想对象的有效性依赖于界说这种思想对象的操作所产生的后果。例如,颜色是用若干数字去理解的。我们愈能借助这种数字来预测未来的事情,愈能控制有色物体间的交互作用,把它们当作发生变化的标志,这些概念便愈有效。这些数字就标志着正在进行中的变化的强度和方向。与概念的有效性有关的问题,就只是询问 104
这些数字是否可靠的记号。当我们说热是一种运动的形式时,这并不是说,我们从性质上所经验到的热和冷都是"不实在的";而是说,我们能够把这种定性经验当作一件可以用运动速度单位(包括方位单位和时间单位)来测量的事情,从而能够把这件事情和其他同样量定的事情或变化联系起来。当我们检验任何特殊理智上的概念、测量或计算的有效性时,这种检验都是从功能上着眼的,可以用来构成各种交互作用,从而使我们在控制对所观察的对象的实际经验中获得结果。

与此事实相反,在牛顿的哲学中,测量之所以重要,据说是因为这种测量要揭露属于某一物体的某一种孤立的和固有的特性究竟有多少。从哲学上讲来,这种观点的结果把对象的"实在性"归结为只是一类数理和机械特性了——所以便在哲学上产生了在实在的物理对象和经验对象,以及其所具的性质与直接享有、利用的价值之间的关系"问题"。艾丁顿先生曾经说过,"我们整个物理学的知识都是以度量为根据的",又说:"每当我们用物理数量来陈述一个物体的特性时,只是以各种度量衡的指针来反应它们的存在,而别无其他。"[①]我们不禁想起

① 《物理世界的性质》(*The Nature of the Physical World*),第152、257页。

了他用图表说明一头象滑下山坡时那种情况的物理公式。象的质量就是天平秤上指针所指到的数字;山坡的斜度就是分度规上向分度所作的垂直线所表示的数字;象的躯体就是双脚规所顺次表示的一系列的数字;颜色是光度计所表示的数字;滑下的延续时间是时钟上所表示的一系列的数字等等。

科学对象包括着一连串对两个定性对象之间的关系的度量,而它本身却并不是定性的;我们不可能把这种科学对象误认为是一种新的"实在的"对象,与通常的对象对立起来。这似乎十分明白,毋庸赘述了。但是,我们总不愿意废弃传
105 统的见解,而且像哲学家们一样,不愿废弃那些久经注意的空洞问题,甚至像艾丁顿先生这样的人,也感觉需要为这些科学上的量度重新披上为"心灵"所神秘引入的各种性质的外衣!监狱里的犯人往往有一个号数,他们是从所指定的号数而"被认知的"。迄今为止,尚无一人认为,这些号数就是实在的犯人;认为有一种具有双重实在性的对象:一面是号数,而另一面是有血有肉的人;认为实在的这两个方面是可以调和的。不错,这些借助测量所赋予科学思想对象的数字,并不像犯人的号码一样,是任意给予的;但是从哲学原则上讲来,这是没有差别的。

艾丁顿先生在讨论思想对象的量度特性时,曾经偶然地提到:如果人们通过运用合适的方法的测量而认识到一个具体事物的各种可能的反应,那么,这种认识"就会完全决定它对它环境的关系。"事物所保持的关系,决不是与事物本身相敌对的。从正面讲来,如果从科学上进行界说,物理的对象并不是一个具有双重性的实在对象,而是对某一定性对象所保持的一套变化和其他事物的变化之间的关系所作的一种尽量用数字标明的陈述——这种关系从理想上讲来,应该是和在任何情况之下都可以与之发生交互作用的一切事物之间的关系。

既然物理探究所认知的就是这些相互关系,那么,我们可以公平地下结论说,这些相互关系也就是物理探究所意图去认知的。这个意思可以与法律的条文相比拟的。法律条文认为,一个明白事理的人对于他所做的事情,在合理的范围内所可能产生的后果,就是他所要有意去达到的事情。我们再回过头来谈谈经常一再重复的一句话:为近代哲学造成了许多麻烦的这个问题——即在科学物理对象的实在和日常经验中具有丰富性质的对象之间如何进行调和的问题——乃是人为虚构的。为了要想领会:作为主动操作之一种方式的科学知识和在存在中维护价值的行动方式在潜能上是联合在一起的,我们就需要废弃以

知识为对事物内在本性的掌握和以知识为经验到事物的实有的唯一途径的这种传统的见解。

因为如果一种变化和其他一些变化是明确地互相关联的，那么，我们就能运用这种变化来表明其他变化的发生。当我们看见一件事情正在发生的时候，就能立即推测它所依赖的是什么，以及需要加强什么或减弱什么来使这一事物更 106
加可靠地显现出来或消逝掉。对象本身就是我们所经验到的那个样子，是坚硬的、沉重的、甜的、响亮的、可爱的或可憎的等等。但是，当我们觉得它是“在那儿”的时候，这些特征就是结果而不是原因了。它们本身不能用来作为一种手段，而且当我们把它们当作目的时，又不知如何去获得它们。因为如果把这些特征当作单纯的性质，那么，我们就不能在它们和其他事物之间确定有什么恒常明确的关系。如果我们不愿意把这些特征当作固定的特性而当作一些所要获得的事物，就一定可以把它们视为是一些有所依赖的事情。如果我们希望能够断定这些特征是怎样获得的，就一定要把它们当作一些变化，把它们和其他在我们邻近力量以内的变化联系起来，通过中间一系列有联系的变化，一直到后来达到我们能够用自己的行动着手进行的事情。如有一个了解整个情境的人着手设计一些控制定性价值经验的办法，他所计划的进程和实验科学所遵循的进程就会是一样的；在这一进程中，知识的结果和实际物理知识的结果一样，总是和所要进行的行动关联着的。

控制的先决条件就是要我们通过各种变化间明确的或已经测量到的互相关系，把这些变化互相联系起来，以其中之一作为其他变化的记号或证据。它本身并不提供直接的控制；晴雨表上指针所示的数字，是有雨将临的记号，但这却不能使我们阻止下雨。但是，这能使我们改变我们和下雨的关系：耕耘园地，带伞出门，指示海上的航道等等。这个示数使我们能采取一些准备行动，以减少价值的不安全性。纵然这还不能使我们管制将要发生的事情，但它总可以使我们注意到某些方面，有助于稳定我们的目的和结果。在另一些情况之下，如在艺术本身方面，我们不仅改变我们自己的态度，为将要发生的事情作好准备，而且还能够改变所发生的事情本身。这样利用一种变化或可感知的发生事故，作为其他变化的记号和使我们自己作好准备的手段的情况，并不是在近代科学发展以后才有的。有人类本身，就有这种情况，它是一切智慧的核心。但是，这种判断的精度和广度则有赖于使用近代物理学所使用的方法，而只有这种判断具有了精

107 度和广度时，才能有力地指导事情的进程和获得可靠的价值。

如我们刚才所提示的，控制的范围有赖于我们发现互相关联的一连串变化的能力，因而我们可以把关联着的一对变化导致另外的一对变化，一直到最后导向一对能为我们自己的行动所引起的变化。最后的这个条件特别是由科学思想的对象来实现的。物理科学不管经验对象性质杂异的情况，使这些对象都变成一个广泛的性质相同的体系中所包含的一些组成部分，因此，我们便可以把这些对象互相转换。在一个广泛的范围以内的各种事物虽然在直接经验中是互相歧异的，如声与色、热与光、摩擦与电气，但它们作为科学的题材却是性质相同的。这种在广泛的事物范围内题材性质相同的情况，便是我们在近代技术中能够广泛而自由地控制事情的根源。常识能够零零星星地把一些事物联系起来，当作记号和孤立一对一对的事物。但是，常识不可能把这些事物都联系起来，以至于从其中的任何一物推知其中任何其他之物。用空间、时间和运动的关系来陈述科学的对象，这种对象便具有同一性质；而这种性质相同的情况，显然是使我们可能在无限广泛和有伸缩性的范围以内进行各种转换的办法。一件事情所具有的意义，可以转变成其他事情所具有的意义。用在各种变化之间有着共同量度的互相关系来陈述对象的观念，就使我们可以广泛和平坦地从自然界的一部分转换到自然界的任何其他部分中去。我们至少能够在理想上，从自然界的任何地方所发现的意义或关系转换为任何其他的地方所期望具有的意义。

我们只需把这种靠测量出来的交互作用来思考和判断对象的办法与分成种属阶梯的古典体系作一比较，就知道收获很大。固定种类的本质，一方面就是排斥阶梯不同的那些东西，另一方面就是包容属于一类之内的东西。各阶梯之间并无通路，只有一个标志，上面写："不许通行。"实验方法开始争取解放的工作，使得对象从旧日的习俗中摆脱出来，把它们归结为许多与料，由这些与料构成了探究的问题；由于进行操作的后果，我们可以精确地用度量数字陈述各种变化之
108 间的相互关系，从而通过这种操作来理解和界说对象。这样便更加改善了这种解放工作。

我们在科学中已经把对象和整个自然界分解成在计算中完全用数量陈述出来的事实，例如红是这一种数量的变化，而绿是另一种数量的变化。但是，如果我们不领会这种分解办法的意义，就会觉得这样分解是使人迷惑不解的。其实，它宣称这是思考事物的有效途径，也是构成事物的观念、陈述其意义的有效方

式。这个程序在原则上无异于陈述某一物品价值几元几角的程序。后一陈述并不是说，这个物品在字义上讲来或在“实质”上讲来，就是几元几角；它只是说，为了交换的目的，这就是思考这个物品、判断这个物品的一种方法。它还有许多其他的意义，而这许多其他的意义通常具有更大的内在的重要性。但是，就买卖而言，一件物品就是它的价值所在，就是看它能卖多少钱，而规定它的价钱就是表示它与其他所交换的事物的关系。用金钱这种抽象的交换度量的东西来表达物品的价值，而不用谷、薯或其他特别的交换物品来表达物品的价值，其方便之处在于后一种方法有局限性而前一种方法比较广泛一些。随着人们发现了可能从概念到概念最大限量的自由运转的方法，用以测量可感觉的对象（或形成这些对象的观念）的单位系统，便愈加发展了。

用测定的数量来陈述像由一种有意为之的艺术或技术所建立起来的那种经验对象的观念，这并不是说，我们必须这样去思考它们，或者这就是思考它们唯一有效的方法。它是说，为了概括和无限广泛地达到使观念之间互相转换的目的，这是思考它们的一种方法。这一陈述和其他任何关于工具的陈述是一样的，例如，如此这般是同时送出几个电报最好的方法。只要它实际上具有最好的这种工具作用，这句话就是正确的。我们一定要证明它比任何其他办法的效用更好一些；它是在一个不断修正和改进的过程之中的。因为除了能够达到普遍和
广泛地使概念与概念之间互相转换这个目的以外，这不是说，这个“科学的”方法 109
是思考一件事情的最好方法。我们愈从事一种动作，最后达到一个个体化了的、独特的经验对象，就愈少用这种完全数量的名词去思考有关的事物。医生在实践中，就不会像生理学家在实验室里那样，用一般的和抽象的名词来思考事物；工程师在制造场里，也不像物理学家在实验室里那样，不讲求特殊的运用。有许多方法从事物彼此的关系中去思考事物；这些方法和概念一样，都是工具。一种工具的价值，当视其用来做什么工作而定。一个刻度细密的测微计对于成功地从事某一操作是必不可少的，但在另一需要的动作中却会成为一个障碍；而一只表的弹簧对于促进一个椅垫的弹力，是没有用处的。

然而，人们却曾作茧自缚，认为科学思考对象的方法揭露了事物内在的实在性，而一切其他的思想事物的方法，以及感知和欣赏它们的方法，都具有虚假欺骗性。这件事情既可笑又可恼。之所以荒唐可笑，是因为这些科学概念和其他工具一样，是在人类追求实现一定的旨趣而亲手造成的——它可以最大限度地

把每一思想对象转换成任何一个其他的思想对象，这是一个了不起的理想。人类在设计各种方法以实现这种旨趣时所表现出来的天赋，更是不可思议的。但是，我们不能用这种思想方法去违背或替代直接所感知和享有的对象，正如动力织布机虽然是比旧式手工织布机更加有效的织布工具，但是我们却不能用它来替代布和夺取布的地位。有人感觉到苦恼，因为科学概念的对象和直接经验的事物没有同样的用处和价值。这种人和那种因为不能穿上织布机而感觉到悲观失望的人，实际上是同样可笑的。

这种情境之所以可恼，是因为人类难以抛弃已成习惯的信仰。观念或一般思维是以观念所导致的动作后果，即对事物所作的新的安排，为其验证的。这就确切地证明了由观察观念在实验认知中所占有的地位和发生的作用而演化出来
110 的观念的价值。但是，传统却以观念是否符合某些事先存在的事物状态为其验证。这种从先在的到事后的，从回顾的到前瞻的，从前因的到后果的，在观点和标准上的转变是很难完成的。所以，当物理科学把对象和世界描写成如此如彼的时候，人们就认为，这就是对既存实在本身的描述。既然当科学向我们陈述对象时说，这些对象并没有任何价值特征，人们便假定说实在也没有这类特征。

上一章我们已经知道了，当实验方法把对象归结为与料时剥夺了经验事物的性质；但是我们也知道了，从整个操作（实验方法是其中的一部分）的观点看来，这样剥夺经验事物的性质，乃是我们控制事物，使我们可以赋予经验对象以其他我们想要它们具有的性质的必要条件。同样，思想，我们的概念和观念，都是我们所要进行的或已经完成的操作的标志。结果，这些概念和观念的价值是由这些操作的结果所决定的。如果在这些概念和观念指导之下的操作达到了我们所要求的结果，它们便是正确的。思想的权威在于它在指导我们的操作过程中，把我们引导到怎样的后果。思想的任务不是去符合或再现对象已有的特征，而是去判定这些对象通过有指导的操作以后可能达到的后果。从最简单的事例到最精密的事例，都遵循着同一个原则。当我们判断说，这个对象是甜的，即说我们有了关于这个对象的“甜味”的观念或意义而未曾实际上经验到甜味时，我们是在预测：当我们去尝它的时候（即把它从属于一种特定的操作时），它将会产生一定的后果。同样，当我们用关于空间、时间和运动的数学公式去思考这个世界时，不是在描绘独立的和固定的宇宙本质，而是在描述一些可经验的对象，把它当作据以从事操作的材料。

这个结论对于知行关系的意义就不言自明了。作为世上既存事物在观念中再现的知识，可以像一张照片那样使我们满意，但如此而已。如果观念的价值是以独立存在于观念之外的东西来加以判断的（纵使能有这样的检验而这种检验看来是不可能的），那么形成这样一种观念，既不是在自然界以内的功能，也不能对这个自然界有任何影响。作为从事操作的计划的观念，乃是改变世界面貌的 111
行动中的一些组成因素。唯心主义哲学家们认为，观念具有很大的重要性和力量，这一点是不错的。但是，由于他们把观念的功能和验证同行动孤立开来了，他们并不懂得观念还有一种建设性的职能。当哲学接受了科学的教训，认为观念不是现有事物或既存事物的陈述而是对将要从事什么行动的陈述的时候，就会立即产生一种真正的唯心主义、一种与科学相容的唯心主义。因为这时候人类就会知道，除非把观念变成行动，以某种方式或多或少整理和改造我们所生活的这个世界，否则，从理智上讲来（那就是说，除了观念提供美感上赏玩，当然是一种真正的价值以外），观念是没有什么价值的。把思想与观念与它们的运用分隔开来而夸大思想与观念的作用（再一次除了从美感上看来以外），是拒绝去听从像具有实验性质这样最可靠的知识的教导；是拒绝接受一种真正负责任的唯心主义。由于世界上思虑不周的行为太多了，因而去赞扬思维高于行动，这不啻去维护一个目的狭隘而无长远计划的行动世界。追求观念并坚持观念，是指导操作的手段，是实践艺术中的因素，这就是共同创造一个思想源流清澈而川流不息的世界。我们又回到总问题上来了。当我们在经验本身范围以内举出科学经验的实例时，发现实验性的经验并不是意味着可以缺少远大的观念与目的。实验性的经验处处都依赖于观念与目的。不过，实验性的经验是在实验程序中产生观念与目的的，而且是通过实验操作本身去验证它们的。到此为止，我们便有了一种预兆，预示着有这样一种人类经验的可能：在这种人类经验中，从这种经验的一切方面表现出来，我们会珍视观念和意义而且不断地产生它们和利用它们。不过，这些观念和意义乃是与经验进程本身结合在一起的，而不是从一个外在的实在根源中输入的。

6. 观念的作用

112 前一章，我们已经讨论了关于物理概念的问题，而在这个问题的讨论中，还没有完全解决关于观念的性质、职能和验证的问题。数学观念是物理研究中不可缺少的工具，而且如果不说明怎样把数学概念运用于自然存在，我们对于物理研究方法的解释就是不完全的。数学观念一直被视为纯粹概念的典型，是并不搀杂经验材料的纯思想的典型。在历来的哲学家们看来，数学在物理的分析和陈述中所起的作用，好像就证明了在物理存在物以内就呈现有一种恒常不变的理性因素，因而物理存在就不完全是物理的；概念所具有的这种作用，曾经阻碍了经验主义者想以经验为根据来说明科学的企图。

数学对哲学的重要意义，不限于物理世界这个似乎超物理的方面，不限于认识物理世界时的一种超经验的因素。表达纯粹思想的数学概念也似乎开辟了一条到达本质境界的通道，而这个本质境界是独立于物理的或心理的存在物以外的——是一个理想而永恒对象的自在境界，成为最高知识（即最可靠知识）的对象。前面曾经说过，欧几里得几何学无疑地是用来发展一种形式理性逻辑的模型；它也是导致柏拉图创立一个超感觉和超物理的理想对象世界的学说的显著因素。而且还有一些人断言，证明一切反省思考的有效性都有赖于一种不夹杂一点外来的推论因素而直接为人们所认知的理性真理。这些人的主要依靠，就
113 是这种数学程序。因为据说数学就是建筑在第一性的真理或公理的基础上的，而这种真理或公理是自明之理，只需理性就能认识它们的实在。演绎曾经用来令人信服地证明，有一个在逻辑上彼此联系的纯本质的境界，即一个彼此内在联系的共相（universals）的境界。同样在数学演绎中，这些自明之理，这些公理和

定义的功能，成为区分直觉推理和间接推理的根据。

所以，我们就需要参照数学观念来发展我们以操作后果来界说概念的这个理论。我们既要为了这个理论本身来参照这些数学观念，也要从这个理论对于作为理性主义逻辑基础的哲学问题和作为主张有本质、有共相或不变体的形而上学基础的哲学问题所发生的影响来参照这些数学观念。我们将从物理的意义来谈一谈数学概念，然后谈一谈这些数学概念脱离了存在应用以后的发展经过。虽然笛卡尔是以广袤来界说自然存在的，但古典传统认为，在心灵器官中，只有感觉和想象才涉及物理存在，这就使他感觉到势必要提出理由来证明自然现象能够从纯粹的数学推理上而无须诉诸实验方法来加以科学的陈述。他对上帝存在的证明，就被用来作为理由来证明我们也可以这样把数学概念应用于物理学。在斯宾诺莎看来，物理存在和观念是两相契合的，这一点不必用上帝来加以证实，因为这种契合就是上帝。对这种契合加以修改，使思想具有一种先验性以把存在包括在自身之内，这就成为后康德派唯心主义体系的主旨了。

牛顿与其说是一位哲学专家，毋宁说是一位科学家。他曾经提出一些他认为科学程序所必须而又已为科学结论所证实的假设。休谟的怀疑论（不过在这以前，就论及牛顿关于数学空间和时间的形而上学而言，贝克莱也曾这样提倡过）是导致康德把空间和时间当作一切知觉经验的先验形式的主要因素。这是尽人皆知的事情了。康德深信他的主张颠扑不破，其理由之一，就是他认为该主张是受牛顿的物理学所支持的，而且是为那个物理学奠定坚实的基础所必需的。

不过，从我们的特殊目的看来，值得我们重视的事实是牛顿在论及空间、时 114
间和运动（包括在普遍的自然物理学中所涉及的一切事物的概念之中）的主张时，坦率地抛弃了他在论及最后固定实体的特性时所公开利用的那种经验方法。同时，他认为，物理的东西和数学的东西乃是固定形式的常住实有所具有的两组特性相互补充的概念。除了承认原子具有质量、惯性和广袤以外，他还假定存在着有空的非物质的空间和时间，而这些实体（即这些原子——译者）便生存于此，运动于此，而且因而具有它们本身的存在。这两种实有的特性既然是互相结合在一起的，因而从经验上所观察到的现象的特性和那些理性的和数学的特性也就结合起来了——这种结合既完备而又密切，使得牛顿的体系既坚实又博大，使人感觉到他的体系就其主要的架构而言，是自然科学独一无二的体系。

照牛顿看来，从空间、时间和运动“对感觉的关系”来界说空间、时间和运动，是"一种庸俗的偏见"。与任何同时代的物理学家一样,他知道,在感知形式之下的空间、时间和运动现象,总是相对于一个观察者而言的。为了避免物体的空时运动可观察的特征是相对的这种情况,牛顿假定了有一种固定的、内含物体的空的空间,同时也假定了有一种同样流动的、本身空的、而其中能发生变化的时间的存在。根据这个假定,他又认为,原子具有它们本身所固有的可以测量的运动,而是与任何观察者脱离联系的。因此,绝对的空间、时间和运动便构成了一个常住不变的架构,在此架构中发生着一切特殊的现象。

牛顿的根本的形而上学认为,实有一种固定的实体,而这些实体具有它们自己内在的质量、广袤和惯性等等不可变化的(或本质的)特性。而这种形而上学也要求假定有这一类理性的绝对体。要保证最后坚实而有质量的粒子是没有任何内在变化而持续存在着的,要保证一切变化都只是这些粒子外在的"分离与联合",其唯一的根据就是要有一种空洞而固定的东西存在,在这种空洞而固定的
115 东西以内发生着各种变化。没有这种居间的媒介,则彼此之间的交互作用就等于是原子中的内在变化了。有了空间,变化才会是外在的,与最后物理实体无关的。既然变化是和原子彼此的关系毫无直接关系的,则变化之间的时间顺序也就不是和原子本身有任何联系的了。所以就必须有一种均匀、永流不息的外在变化(其实是毫无变化),而且只有参照这种外在的变化,原子才有前后与同时的固定位置。所观察到的运动如果是相对于一个观察者的,与整个物理体系分裂的,其速度和加速度就会与绝对的地位和时日脱节,因而运动必然也是绝对的。

因此,牛顿虽然公开承认经验主义,却获得了具有严密演绎必然性的理性主义体系的好处。不变的时间、空间和运动供给现象以一些可以进行数学推理的特性,而这种数学推理是可以揭示内在特性的。物体的位置可以当作许多几何点的聚集,而物体运动的时间特性则可以当作一些单纯的瞬点。在科学研究中,一切所观察的事物都要在数学上符合由空时数理所规定的特殊规格。这个体系继续得到科学家们至少是匹克威克式(Pickwickian)的默许,一直到今天,一直到爱因斯坦对于事故同时间性的测定提出了反对的意见为止。

测定两件同时发生于同一观察区域的事情,当然没有什么困难。牛顿由于假定了绝对时间的存在,认为对两件同时在同一区域发生的事情所作的测量对于不发生在同一观察领域以内的事情,也是具有明确意义的。爱因斯坦看出,这个假定是牛顿全部体系的唯一致命伤处。他要求用实验方法来测定同时性——

没有这种实验方法，就不能确定事情彼此相关的时间。他并不是根据单纯一般性的原则而是因为由于有关光速的问题，才提出这个要求来的。因为光学上当时存在的状态发生了分歧，根据当时公认的思想体系不能得到解决。参照观察光向和测定光速的地位所观察到的光的常数，并不符合力学的根本原理；并不符 116
合它所设定的——具有等速直移运动的坐标体系是各自有其参照架构的这个准则的。爱因斯坦既未维护旧的学说，也未否认迈克尔逊-莫勒实验的观察结果的有效性，他质问实验结果要求在概念上要有什么改变。他看出，以同时性这个概念为中心来测量时间关系，这是症结之所在。

所以他说："我们要求有这样一个关于同时性的界说，这个界说提供给我们一个方法，以便物理学家在特殊的事例中能够用实验来决定两件事情是不是同时发生的。"[①]他建议过一个办法，即把不能包括在同一个观察区域内的两条闪光，反射到一面置于这两个光源中间的镜子上。如果这两条闪光包括在同一个观察动作之内，那么，它们便是同时的。在平常的人看来，这个建议似乎没有什么害处。但是，如果把它联系起来看，它意味着人们要用一种操作的后果来测定事情的时间关系，而这个操作的结果构成了一个单个的观察现象领域。如果把它和有关光速的常数联系起来看，它意味着说，两个不同时间发生的事情，按照放在两个光源点上、完全同时走动的两只表来判断，乃是同时发生的。从科学内容上讲来，这等于推翻了牛顿的绝对体，它是狭义相对论的来源。它意味着，局部的或个别的时间和物理学中一般的共同时间是不同的。简单地说，它意味着物理的时间是指事情之间的关系，而不是指对象所固有的一种特性而言的。

值得我们注意的是：就自然科学而论，这种想把对象当作独立存在于为人们所观察到的实验操作后果以外的东西而用指定给这些对象一些特性的办法来构成这些对象的科学概念的企图，已经走到了绝路。除了皮尔士的实用主义哲学以外，从前所有各派的哲学无不认为观念的价值或有效性取决于事先存在的特性，并以此为形成概念的正当的途径。所以，这个建议在逻辑和哲学上所引起的 117
变化，比它在自然科学内容中所产生的非常发展的结果，尤为具有深远的意义。不管光的发现将有怎样的发展，甚或爱因斯坦的相对论的详细内容将失去人们的信仰，关于科学观念的起源、本性和验证的理论却已经发生了一个永不后退的

---

① 爱因斯坦：《相对论》(*Relativity*)，1926 年纽约版，第 26 页。楷体不是原有的。

真正革命。我们这样说法，想来不算太过分罢。

在关于数学物理概念的性质这个特别主题方面，其有关的结论是明显的。因为爱因斯坦的这个结论既然不承认绝对的空间、时间和运动是物理的存在物，于是它就排斥了物理学中所陈述的空间、时间和运动就是固有的特性的说法。起而代之的是把它们当作对事情关系表示的见解。空间、时间和运动既然是这一类关系，具有一般性，它们就有可能把对象（这些对象应看作在一般连锁与转换体系中的事情）联系起来。空间、时间和运动是把同一观察者或许多观察者在不同的时间和空间上所作的观察互相联系的手段，因而一件事情可以转换成另外一件事情。简言之，空间、时间和运动所做的事情，正是一切思维和思想对象所必须做的事情：它们通过适当的操作，把个别观察和个别经验不连续的情况联合起来，成为彼此连续的东西。它们的有效性就是在执行其功能时的效能，它们是由结果而不是由它与事先存在的特性的符合性来验证的。

我们可以把这个结论引申到一般的逻辑形式。推论是否有效，依赖于一定的形式上的条件。这一事实曾被用来最后证明有一个不变实有的领域。但是，当我们用有关数学概念的结论来对比的时候，就知道逻辑形式乃是一些陈述，人们发明它们来作为彼此最便利、最广泛和最稳妥地转换各种推论的手段。从根本上讲来，当特别事例彼此孤立分隔时，就没有当我们运用推论时那样充分地满足需要。

118 我们可以用一个事例来说明这个以概念为操作的概念与传统正统的概念的不同。[1] 一个游历家新到一个国家，发现许多物品如地毡、篮子和长矛等等被用来达到各种不同的目的。他为这些物品上的设计的美丽、雅致和整齐所吸引，对它们采取了一种纯美术的态度，断言说：这些物品只是偶然地加以利用的。他甚至认为，它们用来作为工具是贬低了它们的内在品质，是对功利上的需要和便利所作的一种让步。一个"硬心肠"的观察家会深信，人们是有意地利用这些物品的，而且是为了那个目的才制造它们的。的确，他也会承认必须先有适合制造成为这些用品的原料。但是，他不会因而相信，这些事物是原来如此而不是制成的

① "关于概念的概念"一词，即用来暗示这种解释可以用来解释它的本身——这就是说，我所提出的这个概念的概念，也是指明一种所追求的方法的。一个人可以牵马到水边去，但不能强迫它饮水。如果一个人不能执行或不想执行一个所指定的操作，他当然就不能领会这个操作的意义。

物品；他更不会认为，这些物品是原来的"实在"而原始的材料却只是一些模仿或不合适的现象样品。当他追溯到这些工具的发展历史并发现它们接近原料的形式，看到它们在经济和效能上逐渐改善的情况时，他就会断言：这个改善的过程和用以达到一定目的的过程是互相联系着的，是继续加以改变以弥补过去操作和结果的缺陷的。在另一方面，他的"软心肠"的朋友却又会推论说：继续向前发展就表明有一个原始的和超验的模型，一个安置在天堂上的原型，人们在经验上逐渐地接近它。

有人也许辩论说，虽然设计的发展是一个有时间性的过程，但这种设计完全决定于整齐、和谐和均匀的模型，而后者是独立潜存的；而且可以辩论说，历史的运动只是零零星星地向永恒的模型接近。他还可以发展成一个理论，主张在关系之间具有一种形式上的融贯性，而特殊的对象除了这种关系的表现以外，与这种关系是毫无关系的。他的"硬心肠"的朋友可以反驳说，任何用以达到一定目的的对象必有它本身明确的结构，要求彼此联系着的各个部分具有内在的一致 119
性；他还可以说，人造的机器就是一些典型的例子；虽然我们除了利用事先存在的条件和关系以外，是不能造出这些机器来的，但这些机器和用具的功能是否适当，则要看这些机器和用具对事先事物的安排能否更好地满足有关的需要。如果他是一个倾向于玄想的人，也许就会怀疑我们所具有的关于内在整齐与和谐的理想本身是否就是在经常重新处置事物，使其成为达到后果的一种手段的压力之下所形成的。如果他的心肠是不太硬的，他也许情愿承认，在要求成为有效工具的直接压力之下进行了一定程度的内部调整和组织之后，人们会对内在和谐本身有所欣赏；并且会承认，对形式关系的研究可以启示许多方法，改进内部设计本身而无需涉及任何其他特殊的用处。

除了比喻以外，美术品、制造美术品的兴趣以及欣赏美术品的存在便足以证明：存在着这样一种对象，它们既完全是"实在"的，又是人造的；制造这种对象必须遵循或注意先在的条件，而这种对象本身却又是对先在存在所加以重新处置的结果；偶然呈现出来的事物暗示着它们尚未完全实现的目的和享受；这些暗示愈具有观念的形式，愈指出为了达到所向往的事后的重新安排所要实行的操作，这些暗示便愈明确。这些对象一经存在之后，便具有它们自己的特征和关系而且暗示着如何进一步创造美术品的标准和目的，而无需再诉诸原有的"自然"对象；它们就似乎变成了一个具有独特目的和管理原则的领域。同样，如果一种艺术的内部发展过于孤立分隔，这个“领域”的对象就变得过于形式化、定型化和“学院气”，因而便重新需要注意到原有的“自然”对象，以便开创一个新的有意义的运动。

120 有一种想法认为，数学对象只能构成一个独立的本质的领域；或者只能是某种事先存在的物理结构(即所谓的空间与时间)中所固有的关系；或者只是心理的、“精神的”事物，除此而外，另无其他出路。这种想法是没有事实根据的。这种认为另无其他出路可走的假定，只是传统认为思想与观念乃是纯粹心理的动作、存在于心灵以内的那种见解的残余。有意的操作所产生的结果在客观上是实在的，而且如果符合它们之所以被有意构成的条件，便是有效的。但是，在这些成品的生产中，人类的交互作用是一个有贡献的因素，而且其价值即在于人类去利用它们。

不过，以上的讨论还没有直接触及“纯”数学，即数学观念本身的问题。牛顿的数学公开承认是研究虽非物质的但为物理的存在的数学，是研究存在的绝对空间、时间和运动的数学。然而，数学家们则时常认为，他们所特有的概念从任何意义上讲来，都是非存在的。后来发展的整个倾向(这个发展倾向以我们当前的目的而论，是无需加以详细说明的；不过，其中 n 维空间的学说却是一个典型)就是把纯数学和纯逻辑等同起来了。所以，有些哲学家采用了纯数学中的那些实有(entities)，因而恢复了柏拉图关于与所有一切存在完全无关的本质领域的见解。

当我们把从操作和实验经验方面理解概念性质的主张应用到“纯”数学对象上时，这种学说是否就崩溃了呢？这个答案的关键在于，显然采取行动(或在想象中采取行动)的操作和从符号上去执行的操作之间的差别。当我们在外表上采取行动时，就产生了后果；即使我们并不喜欢这些后果，然而这些后果却已然存在在那儿。我们为我们行动的后果所纠缠苦恼；我们得忍受我们行动的后果。我们将提出一个问题，这个问题看来似乎是可笑的，但却是一个基本的问题。我们如何可能有一个预见中的结局(an end in view)，而事实上却还没有结束，在存在上还没有结果？与这个问题的答案联系着的是如何有意地管理事情发生的整个问题。因为除非我们能够有一些预见中的结局而在具体事实上却又还没有经验到它们，否则，就不可能管理行动。这个问题还可以换一个方式来问：我们怎样能够不采取行动，不做任何事情而仍有行动？

如果人们在已经发现怎样去解决这个问题以前就能根据这种用词上的矛盾
去思考这个问题,他们就会认为,这个问题是一个不可能解决的问题因而不去解 121
决它。人类怎样如此预先设想出一个活动的后果,用来指导动作以获得或避免那个结果呢?解决的办法原来是作为一种副产品偶然获得的,然后才有意地被人们运用着。人们自然要假定解答是由于社会生活通过沟通而产生的:例如,喊叫曾经一度在无意中有用地指导着活动,以后便明显地采用此法。但是不管来源何在,当有了符号的时候,便发现了解答的办法。我们借助符号,无论是姿态、文字或更精巧的构造,我们便不动作而动作了。这就是说,我们在借助符号而进行实验,而这样实验的结果本身也仅仅是一种符号,所以便不为实际的或存在的后果所累。如果一个人放一把火或侮辱一个仇人,则效果立见,无法挽回。但是,如果他私自用符号来把这种动作演习一遍,他便可以预见和体会到这种动作的结果。然后,他就可以根据所预见而尚未成为事实的东西,外在地采取行动或不采取行动。符号的发现或发明,无疑地是人类历史上最伟大的一件事情了。没有符号,就不可能有理智上的进步;有了符号,除了天生笨人以外,可以在理智上发展无限。

很久以来,人们只是在一些特别的事情上无疑地利用符号来指导活动;他们偶然为了某种十分直接的目的运用过符号。而且当初所使用的符号,并未曾按照它们所行使的职能来加以检验或抉择。它们是从手头方便的东西中偶然拣来的。它们带来了各种不相干的联想,以致阻碍了有效地完成它们的特殊工作。这些符号既未曾加以精减以完成一个单纯的功能,又不具有一种特征,足以适应各种不同的情境——它们既不明确,又不包容。如果人们不发明正确的符号,就不会有有效力的界说和概括。通俗思想之所以是散漫而狭隘的,其原因就在于此;通俗文字的含义模糊游移,阻碍了思想的进步。因此,进一步采取了第二个步骤,设计了专门的符号,避免了由文字所带来的一些不相干的联想,因为这种
文字是为了社会的目的而不是为了学术的目的而发展出来的,而这种文字的意 122
义是借助它们直接当前的背景联系而使人们明白的。由于这样避免了一些由偶然联想所增添的东西,笨拙模糊的思想工具便变成了锋利明确的用具。尤其重要的是:符号已不是适应当地直接的情境,而是离开了直接外表的用处而组成的;这些符号本身是彼此参照的。我们只要略一涉猎数学上的符号,就可以看出:这些数学符号所指示的操作不同于操作本身;这种操作是符号上而不是实际

的操作。专门符号的发明，标志着思维已经有了可能从常识的水平前进到科学的水平。

希腊人发明几何学的过程，大概从历史上最能说明这种过渡的情况。在希腊发明几何学以前，计算与测量是为着“实际的”目的而采用的，这就是说，它们的用处是直接限于切近的情境的。它们是限于特殊目的的。然而，当这种计算与测量一经发明并以明确的符号表达出来时，便形成了一种可以独立研究的题材。在它们身上，可以从事新的操作。对它们本身可以从事游戏，这样说并没有什么不尊重的意思；我们可以从美术的观点去对待它们，而不是从直接有用的经济技术观点去对待它们。其主导的兴趣在美术方面的希腊人便做到了这一步。关于希腊人发明几何学的情况，据说，其动因就是“要在从美术上应用对称图形的指导之下如何进行设计的艺术。研究这些图形，从实验中构成砖瓦图案、装饰镶边、传统雕刻、嵌模等等，使早期的希腊人不仅谙习各种各样整齐的几何图形，而且具有把这些图形加以结构、组合和分解的技术。后期的希腊人则不像他们的祖先，尽弃其祖先所为，而侧重于理智方面”。当他们在尝试与错误中发现了图形的许多互相关联的特性时，又进一步把这些特性联系起来，并把它们和一些新的特性联系起来。他们进行这个工作的方式，“就是把一切臆断、一切偶然的经验如实际绘图和测量中的错误，以及除了那些绝对本质的观念以外的一切观
123 念，逐渐从他们对图形的思想中排除出去。因此，他们的科学就变成一种纯观念的科学了”①。

一般人都认识到在理智上从具体过渡到抽象的重要性。但是，人们时常误解这种过渡。他们经常认为，这种过渡就是简单地通过一种有鉴别性的注意，把某一种性质或关系从当前已经感觉到的整个对象中或从记忆所呈现出来的对象中选择出来。事实上，这标志着一种在次度上的变化。事物愈成为我们所直接利用的手段，或愈成为我们所直接占有和享受的目的，它们在我们看来便愈为具体。当数学观念完全用来建造谷仓或测量土地、买卖货物或帮助舵手驾驶航船时，这种数学观念便是“具体的”。当它们不对于存在的事物作特殊的应用和利用时，就变成抽象的了。当一些运用符号的操作完全用来促进和指导其他也具有符号性的操作时，也发生这种情况。为了便于测量一块土地而去测量一个三

① 巴里：《思想之科学习惯》(*The Scientific Habit of Thought*)，1927年，纽约版，第212—213页。

角形的面积，这是一回事情，这是一件具体的事情；而只是为了测量其他为一定的符号所指示的面积而去测量这个三角形的面积，这是另一回事，这是一件抽象的事情。后一种类型的操作，使我们构成一个概念的体系；把这些概念以概念的资格互相关联起来，因此为形式逻辑铺平了道路。

从特别的和直接的情境中加以利用的情境下抽象出来，同时也就形成了一种关于观念或意义的科学，而思想的目标是把这些观念或意义彼此关联起来，而不是把它们和事物彼此关联起来。然而，这个过程有一个谬误的解释。人们很容易把不作任何特定的用处当作就是没有任何应用；当专家们只从事改善工具而不关心这些工具的用处，只专心注意改善工具的操作过程以致其结果超出任何现有用处的可能性的时候，似乎这些专家们在辩论说，他们所涉及的乃是一个与工具和利用无关的独立的领域。在学术界的专家们，特别容易陷入这种谬误。这种谬误在产生先验的理性主义中起着作用。它是在思想史上一再发生的那种崇拜共相的态度的根源。通过符号把观念当作事物那样处理(因为观念是思想 124
的对象)并就一切错杂迷离的关系来追溯这些观念之间互相关系的人们，很容易把这些对象当作与事物、与存在丝毫无关的。

其实，这种区别只是实际所从事的操作和可能的(仅仅是可能的)操作本身之间的一种区别。把反省转向对各种可能的操作彼此的逻辑关系加以发展，就会开拓许多机会提示出不会直接提示出来的操作。但是，它的根源和后来的意义却在于涉及具体情境的动作。至于起源于外表操作的这种情况，是没有疑义的。在工作和游戏中，可以见到有记筹和记分的操作。如果没有这种动作以及它们所特有的符号，工作和游戏也不会有复杂的发展。这些动作是数字和一切数字发展的来源。在许多的艺术中，公开地利用这种为计算筹码所特有的计算操作来进行测量。木工和石工，如果没有即使是粗糙的估计大小轻重的办法，就会得不到多大的发展。如果我们把发生在这些事例中的情况概括起来，就会发现：使得一种作为手段、作为资源的事物去适应于另一种作为目的的事物，是必不可少的需要。

计算与测量的发生，就是要使这种适应既经济又有效。计算与测量的结果开始时，是用刻痕、画线、结绳等物理的手段表达出来的，后来便用图表了。我们容易看到，实际需要使手段适应目的的情境至少有三种类型：材料的派定和分配；储备材料以应来日之需；以盈余的事物交换不足的事物。在处理这些情境的操作中已经隐含许多基本的数学概念，如等于、系列、总和与单位、同位与换质等等；不过，只有当人们从符号上把这些操作彼此参照起来进行时，这些概念才变得明显和概括了。

经验主义之所以不能解释数学观念，是因为它不能把这些数学观念和所从
125 事的动作联系起来。就其感觉主义的特征而言，传统的经验主义是在感觉印象中，或至多是在从事先存在于物理事物中的特性中所抽象出来的东西去寻溯这些数学观念的根源的。实验经验主义便没有休谟和穆勒在解释数学真理的起源时所遭到的那种困难。实验经验主义认为，经验，即人类实际的经验，就是采取动作、从事操作，就是切割、区分、分隔、扩大、堆垒、接合、聚集与混合、积累与分派；总之，就是选择和调整事物，使之成为达到后果的手段。只因为一心从事知识工作乃使得思想家们处于一种特别的麻醉状态，乃至把经验和感觉受纳等同起来了，而一个小孩子只需用五分钟的观察就会发现，这种感觉只是在造成事物中从事运动性的活动的刺激和记录。

要想把数学发展成为一种科学，要想促进观念逻辑的成长，即要想促进操作本身的蕴含关系的成长，就需要有这样一班人；他们为了操作本身，把操作当作一种操作而不是达到特定的某些特殊用处的手段而注意这些操作。当我们把操作与具体应用割裂开来而为它们设计一套符号时（如在希腊人的美感兴趣的影响之下所发生的情况那样），其余的事情就自然跟着发生了。物理的工具如直线尺、圆规和记数器还继续保留着，物理的图表也继续保留下来了。但是，这些物理的图表只是一些“图形”了，只是一些在柏拉图式的解释之下的影像。这些图表所象征的操作，才能使它们具有理智上的力量，而直尺和圆规只是把一系列为符号所代表的操作彼此联系起来的一些工具。图表等等是特殊的和变化的，但操作在它们的理智力量上，即在它们与其他操作的关系上，却是前后一致和普遍的。

当这种不管实际行动、运用可能性的操作进行思维的方法一经取得时，除了为人类的才资限制以外，是发展无限的。一般讲来，这种发展是沿着两条路线前进的。一方面，为了执行物理研究的任务，需要有特别的理智上的工具，而这种需要导致人们去发明新的操作和符号体系。笛卡尔的解析几何和莱布尼茨与牛
126 顿的微积分都是有关这种情况的事例。这一类的发展已经创造了一套明确的题材，从历史上讲来，这一套题材和例如纺织机的历史后果一样，是具有经验性质

的。这一套的材料需要就其本身来加以检验。它要求我们审慎地检查它本身内容以内所发现的各种关系。肤浅操作的征兆被排除了；含糊的地方加以查明和经过分析了；混杂的操作被分解为一些明确的组成部分了；并且引入了一些联系性的操作来弥补缺陷和解释不了的空白。总之，发展了一些关于如何把操作互相密切联系起来的规则，而旧有的材料也就相应地被修改和扩充了。

这个工作也不仅仅是从分析上去进行修改的。例如由于我们查出欧几里得关于平行线的公理在逻辑上是不严密的，因而暗示给我们一些前所未曾想到的操作，开辟了一些新的领域——如超几何学（hypergeometries）。而且由于我们有可能把各种现存的几何学的部门结合起来，作为一些包容更为广泛的操作的一些特殊事例（这是可以用同一事例来说明的），我们就会创造一个具有更为高度普遍性的几何学。

我的目的不在追溯数学的历史。我只想指出：在我们一经发现了为符号所表示并仅仅借助符号而进行的关于具有可能性操作的观念以后，就开辟了道路，使我们能够从事日益明确和广泛的操作。任何一些符号的操作，都暗示着一些可以进一步从事的操作。专门的符号就是由于在思想上抱有这样一个目的而构成的。这种符号不同于意义不明的名词与观点，因为这种符号有三个特点。选出这些符号，是为了毫不含糊地指明一种而且仅仅一种交互作用的方式。这些符号和其他操作的符号连接起来，构成了一个体系，可以尽可能节省精力地使这些符号互相转换。而且，其目的在于使这些转换尽可能地向着任何方向进行。1. 例如“水”暗示给我们可以采取无数的动作；看、尝、饮、洗，而并不特定地指出其中之一。它只是模糊地标志出它与其他无色液体的不同。2. 同时，“水”是有限制的，它并没有把这种液体和固体与气体的形式结合起来，它更没有指出如何把水的产生和其他含有氧和氢两种成分的事物结合起来的操作。“水”是一个孤 127
立的概念，而不是一个可以转换的概念。3. 在化学上用 H_2O 这个符号所代表的概念，不仅符合“水”所未曾符合的这两个要求，而且氧和氢又转过来系统地与化学元素以及元素间的特殊结合的整个体系联系起来了。比方说，一个人从这些元素以及由 H_2O 所界说的关系出发，就可以徜徉于这个错综复杂而变化多端的整个现象领域之内。因此，科学的概念使我们离开在直接知觉和用处中所发现的最后性质，把我们导致一种生产这类性质的方式，而它完成这个任务的方法是把这种生产方式和许多其他“有效的”原因条件最经济和最有效地联系起来。

数学上的概念借助于操作的符号而不管实际的行动，促使抽象工作前进了一步；我们只要把从物理上附着在H（氢）上的2和纯粹的“2”这个数字作一比较，就够了。纯粹的“2”这个数字是指明一种操作关系，它可以应用到一切对象但又尚未实际上应用到某一特定的对象上去。当然，它和其他一切数字具有明确的关系，而且通过一系列的相似之处，和连续的数量也是明确关联着的。数字是不问一切性质上的差别的，这是人们都熟悉的事实。这样不顾一切性质上的差别的情况，乃是人们把可能的操作从行动的实际中抽象出来，创制出符号来对付这种可能的操作的后果。如果时间和知识允许的话，我们能够指出，当我们不把数字当作存在事物的本质或特性而把它们视为进行潜在操作的标记时，伴随着数字的逻辑所发现的困难和悖论就会消失无遗。数学上的空间，并不是不同于所谓物理空间和经验空间的另一种空间，而只是赋予一类操作的一个名称；这类操作在理想上或形式上可能用以处理具有空间性质的事物：它并不是“实有”的一种形态，而只是思考事物的一种方式，通过这种思考的方式，可以使这些事物之间的联系从经验上的固定状态中解放出来，并有可能求得它们彼此含义之间的关系。

如果我们能注意到“可能的”操作一词中所包含的一个含混模糊之处，就可以分清物理概念和数学概念的区别。“可能的”操作一词的基本意义是指实际
128 上，在存在上可能。任何观念本身都是指我们可以从事的一种操作而言的，而不是指一种实际存在中的事物。例如，糖的甜味这个观念就是表示采取尝试这种可能的操作的一些后果；它不是一种直接经验到的性质。数学上的观念乃是指另一种具有第二性意义的可能的操作而言的，此即前面所说的各符号操作间相互关系的可能性。这种可能性的意义是指操作本身之间的一种复合的可能性（com-possibility），而不是指相对于存在而言的行动上的可能性。它是以非彼此不相容为验证的。如果我们用一致性来作为检验的标准，它还很难表达全部的意义。因为一致性很容易被解释为此一意义与另一些已有的意义符合一致，因而具有一定的局限性。“非彼此不相容”是指明：一切的发展都是受欢迎的，只要这些发展彼此并不冲突，或者说，只要对于一种操作的重述避免了实际的冲突。它是一个自由解放的准则，而不是一个局限束缚的准则。这个准则可以与自然淘汰相比较，后者是一种消极排除的原则而非积极地控制发展的原则。

因此，数学与形式逻辑乃是学术事业上高度专门的部分，其作业原则非常类

似美术作品的作业原则。它们最突出的特点是自由与严格相结合——它们在新的操作和观念的发展方面是自由的，而在形式上复合可能性方面是严格的。这两种性质的结合，也是伟大艺术作品的特征，使得这种题材具有巨大的魔力，吸引着一些人们的心灵。但是，认为这些特征使数学对象脱离了与存在的任何联系的这种信仰，都不是一种科学发现而只是表达了一种宗教的情调。①

重要的差别在于，这是两种不同类型的（物质的和符号的）可能性之间的差别。当这种区别凝固成为两种不同等级的实有（存在和本质）的武断教条时，便
产生了一种见解；认为有两种类型的逻辑和两种不同的真理标准，一种是形式上 129
的，一种是物质上的，而前者是较高级和比较根本的。其实，形式上的发展只是物质思维上一个专门化的分支。它最后起源于人们所做的动作，而且以互相一致为根据，利用符号，使得有扩充这种动作的可能。结果，形式逻辑就是完全从事于符号操作的一种分析；从它内包的意义而不是外在的意义讲来，它就是符号逻辑。除非从神秘的观点来看，否则，这种对数学观念和（形式）逻辑观念的解释并不是轻视它们。我们前面已经注意到，符号是使我们避免陷入存在的唯一途径。由于自由的数学符号使我们获得的解放时常帮助我们最后回到从事存在性的操作，而这种操作具有非如此不能得到的广度和深度。科学史上充满了说明的事例，证明数学观念虽无物理上的应用，但有时也暗示出不少新的存在关系。

把符号操作所满足的条件和传统所赋予本质（共相、不变量等）的属性相比较，便可以检验此前所倡导的关于本质的学说。这些属性是理想性、普遍性、常住性、形式性，以及使演绎成为可能的蕴含关系的潜存性。这些属性和那些用互相有复合可能性的操作来界说的思想对象所具有的特征之间，有着一一对应的关系。

一架机器是用它所满足的功能来标志它的结构的，因而我们可以从指出一架机器的特征来研究这种对应的关系。显然，我们不能用感觉而只能用思考机器各部分互相牵掣的关系以及整个机器的作业情况（它所产生的结果）的办法来

---

① “人们长久继续和不常间断地研究绝对不变的存在体的这种情况，在人们心灵上产生了一种强有力的麻醉影响。……这种研究把这个世界和经验的其余部分分隔开来，而构成一个实有的整体；这个世界是一个不在变化和显然具有永恒秩序的世界，是冷静的理智所不必拒绝的唯一绝对体。因此便产生了一种信念，认为在这种经验中，人们最后已经发现了永恒和最后的真理，而这种信念最后影响着人们整个清醒的思想。”巴里：《心灵之科学习惯》，第182—183页。

了解机器的这种结构。在感觉方面，一个人在机器面前，只是为许多噪音和形体所淹没。当我们从操作的关系上并从它所完成的工作的关系上来判断这些形体时，这些所感知的对象便开始明晰了和有条理了。我们可以孤立地看见许多运动，而且可以孤立地知觉结果，以及它所产生的成品。只有当我们把这些运动和结果彼此联系起来思考的时候，才认识了这架机器。在这种思想中，我们把运动
130 和部分都判断成为手段；它们在理智上关系到某些其他的东西；把某一个东西当作手段，就是从一种关系中去领会一个对象。从相互的关系上讲来，物理的效果断定都是一些后果——都是与某些事物有关系的。因此，我们便可以公平地把手段与后果之间的关系称之为理想的(ideal)，意即具有观念性的(ideational)。

操作本身，即有联系性的交互作用，乃是齐一的。在物理上和感觉上，一架机器通过摩擦，暴露在空气之下而起着变化，同时产品的性质也变化着。过程是局部的和有时间性的、特殊的，但是，手段和后果的关系作为一种操作，在这些变化中却是始终如一的。它是一个共相。一架机器不断地制造出一连串的钢珠，如滚珠轴承。这些钢珠都是极相类似的，因为它们都是类似过程的产品。但是，这些钢珠并不绝对一样。每一过程都是个别的，并不是和其他过程完全相同的。但是，设计这架机器时所要求它具有的功能却并不是随着这些变化而变化的：一种操作乃是一种关系，而不是一种过程。一种操作决定着许多各不相同的过程和产品；但作为一架电话机或一架切割机，却是一个自我同一的共相，而不管表现这种功能的特殊对象有多少。

因此，关系是不变化的。关系是永恒的，这不是说它是历万世而永垂不朽的，也不是说它像亚里士多德的"类"和牛顿的"实体"一样，是万古长青的；而只是说，作为在思想中所掌握的一种关系的操作，是脱离它所具体表现的事例而独立的。不过，这种操作的意义只有在有可能实现这些事例时，才能为我们所发现。

我们把一架机器说成是在作为手段的事物和作为后果的事物之间的一种关系；这种关系在另一种意义之下，也被我们称为是理想的。它是用以估计存在过程之价值的标准。一架具体机器的用处在退化或在改进，以及一种发明是否有价值，当视其完成一种功能时的效能而定。如果一位工程师愈能较为适当地在抽象中领会这种功能上的关系，他就愈能更好地检查出这架现存的机器的缺点并设法加以改进。因此，对于这种功能关系的思想，便具有一种模型的作用；相

对于特殊的机器而言，这种思想具有一种范型的作用。

所以，把对象当作一个理想的思想，就规定了一种特有的内在结构或形式。这种形式上的结构只能为现存的事物逐渐所接近。人们可以设想一架具有百分 131
之百的效能的蒸汽机，但是这个理想在实际上是难于接近的。或者说，人们可以像赫尔姆荷兹(Helmholtz)一样，设想一种毫无现存人类肉眼缺点的、理想的光学仪器。手段与目的在理想上的关系上是当作一种形式上的可能性而存在的，而这种可能性是由一种从未想到过、更不必说在事实上实现过的事例的性质所决定的。它是作为一种可能性而潜存着的，而且作为一种可能性，从它在形式上的结构讲来，它是必要的。这就是说，在一架具有百分之百效能的机器的观念中所必须满足的条件，乃是由这种事例的必然性所规定的；这种条件并不随着我们理解这些条件时所发生的缺点而变化着。所以，我们可以把本质当作独立于我们对它们的思维之外和在逻辑上先在于我们对它们的思想以前而实有的东西。然而在此一事实中，却丝毫没有我们时常所联想到的那种神秘的或超验的特色。这个事实意味着：*如果*一个人要想达到一个特定的结果，他就必须符合一些条件，而这些条件乃是获得这个结果的手段；*如果*一个人要想以最高限度的效能来达到这个结果，他就必须符合与这个意向有必然关系的条件。

形式上的关系标志着一种结构上的必然性；这种形式上的关系是符合用来作为手段以达到一个目的的条件的。这种结构的必然性说明了促使演绎成为可能的蕴含关系。一个人走进一所工厂，譬如说这所工厂正在制造大量标准相同的皮鞋，这套完成这个目的的操作被划分成为许多过程，每一过程与前一过程相配合，直到最后所达到的一个过程为止。在这里，虽然每一架机器和每一过程在物理上是分开的，但却又是互相配合的。他不会认为，这一事实有何神奇奥妙之处。因为他知道，它们是设计好，把作业加以“合理化”以求达到这一目的的。

认知的动作也是非常复杂的。经验表明，认知动作，若经分析为许多明确的过程，互相关联起来，也可以获得最好的效果。名词和命题乃是关于控制这些过程的可能操作的符号化，而人们是这样设计这些名词和命题的，能以最高限度的确切性、伸缩性和丰富性从一个名词和命题导致另一名词和命题。换言之，这些名词和命题参照着蕴含关系的功能来构成的。演绎法或辩证法就是发展这一类蕴含关系的操作；这种操作可以是新奇的或意外的，正如一种用具在新的条件之 132
下往往会产生意外的结果一样。我们有权利奇怪，我们用以设计符号的这种具有建设性的力量竟有如此深远而丰富的蕴含关系。但是，当我们把这种惊奇作为根据把思想的对象加以实体化，变成一个超验实有的领域时，便走入迷途了。

我们还要明显地注意到：一切一般性的概念（观念、理论、思想）都是假设性的，否则在这一方面的讨论便是不完备的。构成假设的本领，就是人类所借以从他四周和在物理上与感觉上影响着他的存在物的沦陷中解放出来的手段。它是抽象的积极一面。但是，假设是有条件的；它们必须用它们所界说和指导的操作所产生的后果来加以检验的。当我们把假设的观念用来暗示和指导具体过程时，发现了这种假设所具有的价值；而且，我们也知道，这种操作在近代科学史上已经有了广泛的扩充。这两件事情标志着人类在理智上的控制力有了巨大的解放和相应的增加。但是，它们的最后价值并不是受它们内在的精密性和连贯性所决定的，而是受它们对感知上所经验到的存在物所产生的后果所决定的。科学的概念并不是对独立先在的实在的揭示。它们是一个假设体系；这个假设体系是人们在具有确切验证的条件之下所形成的；人们借助于这个假设的体系，可以在理智和实际上更加自由、更加可靠和更加有意义地与自然界沟通起来。

以上我们主要是根据“理性主义的”传统对于概念的解释来进行讨论的，所以这种讨论是片面的。我们侧重这一方面的理由十分明显，毋庸申述。但是，在我们离开这个题目以前，还应该注意到：传统的经验主义也曾误解了概念或一般观念的重要意义。传统的经验主义曾经坚决反对概念具有先验性的主张，它把概念和实际世界的经验联系起来了。但是比它所反对的理性主义要更加明显一些，经验主义把一般观念的根源、内容，衡量其有效性的标准都和先在的存在物联系在一起了。按照经验主义的看法，概念的形成是由于把已经感知的对象彼
133 此加以比较，然后排除其不同的因素，保持其共同的因素。因此，概念仅仅是已经感知的对象中相同因素的记录而已；概念只是一种方便之计，把分散在具体经验中各色各样的事物加以汇合而已。但是，必须用它们是否和特殊的先在经验的内容相符合这一点来证明这些概念；它们的价值和功能本质上是属于回顾性质的。这种观念是死板的，不能在新的情境中发挥调节作用。这种观念是“经验的”，即反科学的——这就是说，这种观念仅是一些多少由于偶然条件所获得的结果的概述而已。

下一章，我们将专门明显地讨论历史上的经验主义和理性主义关于认识的性质的哲学。在转入这个主题之前，我想将本章讨论中所得到的一些比较重要

的结果作一概括的总结。首先，观念、思想所具有的主动的和富于创造性的特性是很明显的。唯心主义的哲学体系的动机是有道理的。但是，思想具有建设性的职能却是在经验方面的——即在实验方面的。“思想”不是某种脱离自然的、所谓理智或理性的东西所具有的特性。它是有指导的外表行动的一种方式。观念是一些有预示性的计划和设计，其结果将使事先存在的条件得到具体的改造。观念不是相应于实有之先验的最后特性的心灵先天所具有的特性；它们也不是笼统和一劳永逸地赋加在感觉上的一种先在于经验而使经验成为可能的先验范畴。观念的主动力量是实在的，但是观念和唯心主义必须在具体经验的情境中才具有操作上的力量；观念和唯心主义的价值是要用对它们进行操作后所产生的特定后果来加以验证的。唯心主义是具有实验性质的，而不是在抽象上是理性的；唯心主义和经验的需要关联着的，而它所关心的是如何设计一些操作来改造经验对象的实际内容。

其次，观念和唯心主义本身并不是最后的结论，而只是一些假设。因为它们是与我们所从事的操作联系在一起的，所以是受这种操作的后果而不是受存在于它们之先的事物所验证的。先在的经验为引起观念提供条件，是思想所必须加以说明和考虑的。先在的经验既为我们达成意愿造成障碍，又为我们达成意愿提供所必需的资源。只要那些已经为我们所利用的概念与概念系统等一经显 134
示出它们的弱点、缺陷和正面价值时，我们就经常形成新的概念和改造旧的概念与概念系统、意图与计划。它们是没有预先注定的途径可循的。在观念的有意指导之下的人类经验，便不断地使它自己的标准和尺度演进着，而且借助这种观念所构成的每一次新的经验，为新的观念和理想造成新的机会。

第三，行动处于观念的核心。当我们把认知活动的实验实践当作哲学上关于心灵及其器官的主张的一种模式时，便避免了长期以来理论与实践分隔的现象。它揭示出认知本身就是一种行动；它是不断前进和稳妥可靠地使自然存在具有明白意义的唯一的行动。因为由于界说思想的操作在经验对象上所产生的结果，这些经验对象便把它们和那些为思维所揭示出来的其他事物的关系吸收进去，当作它自己所含蓄的意义的一部分。世界上没有本身固定不变的感觉对象或知觉对象。经验的进程是思维影响下所产生的结果，而在这种经验的进程中，我们所知觉、所利用和所享有的对象也把思维的结果当作它们自己的意义；于是，它们的意义便愈来愈丰富。这一点便构成了实验唯心主义哲学的最后意义。观念指导着操作，而在操作所产生的结果中，观念不再是抽象的、单纯的观念，而成为规定感觉对象的东西了。可感知的经验是盲目的、晦暗的、零散的、意义贫乏的，而感觉的对象则是满足、酬答和供养智慧的对象，而从前者过渡到后者则需要经过具有实验性质和操作性质的观念。

我们的结论是依据我们对自然科学的实验探究的内容所作的分析。当然，有关人类所特有的条件和目的的更为广泛范围的人类经验，按照其当前存在的情况看来，和考察自然科学时所产生的结果，还并不是一致的。我们所达到的这个结论的真正哲学力量（不同于一种专门性质的力量），就正在这种不一致之处。最严格的经验类型已经获得了惊人数量的作业观念，用以控制对象，这一事实表明，在比较广泛的经验形式中，我们也有获得这种结果的可能，不过目前尚未达到罢了。就消极方面而言，这个结果表明，我们需要彻底修改我们在实验探究兴
135 起以前所形成的关于心灵和思想以及其对自然事物之联系的那些观念。这是当代哲学应该担负的关键工作。就积极方面而言，科学中的成就结果激起了哲学去考虑把这种具有操作性的智慧方法推广到其他领域去指导生活的可能性。

7.

理智权威的所在

最后，知识的来源与检验标准到底是理性与概念，还是知觉与感觉，这是思想史上持久不决的一个争论。这个争论既从知识对象的性质方面影响哲学，也从获得这种知识对象的心理机能方面影响哲学。从对象方面看，有人着重理性，主张共相高于殊相；有人着重知觉，主张殊相高于共相。从心灵方面看，有一派强调概念的综合作用；另一派则坚持在感觉中，当对象记录下它们自己的作用时，心灵并没有加以干涉。这种反对的情况扩充到行为与社会的问题方面。一方面，有人强调有运用理性的标准进行控制的必要；另一方面，则有人坚持欲望具有一种动力的性质而这些欲望的满足又具有亲切的个人特征，因而反对纯粹思想的冷酷无情的状况。在政治方面，也有这样的分歧：有人拥护秩序与组织，觉得只有理性才会给予安全；而有人则爱好自由、革新和进步，以个人的要求和欲望作为哲学的基础。 136

这两派的论战极其剧烈，持久不息。结果，哲学家们乃竭尽全力，争论不已，而他们指导实际事务的方法大多数在于他们支持一方面而反对另一方面。这种情境在我们的探究中产生了另一个问题：这个实验的认识论对于争论的敌对双方有着什么影响？第一，知识的对象是事后形成的；这就是说，它是有指导的实验操作所产生的后果而不是早就存在于认知以前的东西。第二，由于这种变化 137
的结果，可感觉的因素和理性的因素不再争夺等级的高低。它们是相互联系、相互协作，使得知识成为可能。把这两个分隔开来，就是表示把它们同与行动的有机联系中分隔开来。当人们把理论和实践对立起来时，便有理由来争论应该是感觉还是理性占据理论的首席。有指导的活动要求观念超越过去知觉的结果以外,因为它要适应未来、尚未经验到的情境。但是,这种有指导的活动,无论从起源和后果上讲来,所涉及的事物都只能是我们所直接知觉和享有的东西。

在这一方面有争论的主张有三个主要的派别,即感觉经验主义、理性主义,以及把以上两派所分隔开来的因素调和起来的康德主义。康德的主张从外表上看来,貌似我们适才所陈述的这种主张;它坚持:要有知识,就必须有知觉和观念这两个方面。因此,我们从讨论康德主义入手比较方便一些。康德有一句名言:没有概念的知觉是盲目的,而没有知觉的概念是空洞的。这句话暗示出康德主义和实验主义认识论的相似之处。然而,康德的主张和对实验认知的分析所获得的结果是根本不同的。其根本不同之处即在于:后者认为,感觉和思想的差别产生于反省探究的过程以内,而这两者是借助于在外表上采取行动的操作而结合起来的。照康德的思想体系说来,这两者原来就是彼此独立存在的,而它们是一劳永逸地在神秘的心灵深处经过一种隐蔽的手续联系起来的。就这两者不同的根源而言,感觉材料是得自外来的印象;而具有联系性的概念则是在悟性以内所提供的。就这两者的联系而言,综合作用并非有意地和借助有控制的研究艺术而发生的;这种综合作用是自发的和一劳永逸的。

从实验主义的观点看来,认知的艺术一方面要求有选择适当的感觉与料的技能,另一方面要求有具有联系性的原理或概念的理论。认知的艺术需要一种发达的和经常改善的技术既来决定观察的与料,又来决定有助于探究在任何特
138 殊事例中达到一定结论的观念。但是,根据康德的观点,这两者之间的区别和联系虽然对所谓认知来讲是必要的,但是对任何特殊的认知活动的有效性却没有丝毫的关系。感觉和悟性的综合见于最确切的科学发现的事例之中,也见于幻想和谬误之中。从实验主义观点看来,认知之所以有优劣不同,实在由于所施行的控制不同,这是整个问题的核心。照康德的思想体系看来,把思想范畴赐给感觉材料,是与认知之分为真伪毫不相干的。

这些区别可以概述如下:(1)在实验性的认知中,总是有某些经验题材事先存在着的;这种经验题材起源于自然原因,但其发生并不是在控制之下的,所以是不确定和有问题的。原来的经验对象是由于有机体与环境之间自然发生的交互作用所产生的,而这些经验对象本身既不是感觉的,也不是概念的,更不是这两方面的混合。这些经验对象就是我们通常未经验证的经验中的定性材料。(2)人们为了使探究过程顺利地达到一个有确切验证的结论,使之为人们所接

受，才有意地划分感觉的与料和具有解释性的观念这种区别。(3)所以，这个区别的每一方面都不是绝对和固定的，而是偶然和尝试性的。当我们发现观察的与料为我们提供了较好的证据时，以及当科学的发展为我们提出了更有指导作用的假设时，对这个区别的各个方面都可以加以修改。(4)所以，选作与料之用的材料和选作调节原理之用的材料经常互相制约，在这一方面的进步相应地引起了另一方面的改进。这两方面互相协作，把原来的经验材料重新加以整理，构成一个新的对象，使它具有被理解或被认知的特性。

这些陈述是形式的，但其意义却并不奥妙难懂。任何科学研究都说明了这些陈述的重要意义。天文学家、化学家、植物学家都是从粗糙的、未经分析的经验材料着手的，都是从我们所生活、遭受、动作和享有的这个"常识"世界着手的；都是从熟悉的日月星辰、酸盐金属、树木苔苗着手的。然后，把研究的过程划分成为两类不同的操作。一种操作是进行审慎分析的观察，以确切地决定我们无 139
可置疑地看到、触到和听到的东西。这种操作要发现问题的确实与料以及理论解释所必须依赖的证据。另一种操作是探求过去的知识，获得观念，用以解释这些所观察到的材料，提示首创新的实验。由于这些新的实验，我们便获得更多的与料，而这些与料所提供的更多的证据又暗示新的观念和更多的实验，一直到解决了问题为止。研究者从未笼统或全面地划分为知觉的材料和概念的材料两种。在探究的每一阶段上，他都审慎地鉴别他所观察到的东西和所谓理论与观念的东西，利用后者作为指导进一步进行观察的手段，而又以观察的结果来检验所运用的观念与理论是否适合应用。最后，原有的材料重新组织成一种融会确切的形式，成为科学体系中一个统一的部分。

例如，一位医生应诊于某一病人，他的原始的经验材料就摆在他的面前；他不必加以无用的想象，幻想他的病人是由范畴所组织起来的一堆感觉与料。这个经验对象提出了探究的问题。他进行一系列临床的手续：测听、轻叩、记录脉搏、温度和呼吸等等。这些手续便构成了症状，为他解释病源提供了证据。在哲学家或逻辑家看来，这些症状就是原对象能以在感觉、观察中所呈现出来的部分。这种结果并不是所观察或能观察到的全部，而只是在经验到的全体中判定那些与推断疾病性质有关的方面或部分而已。这种观察的本身是没有什么意义的；它们只有在医生所掌握的系统的医学知识的解释之下才是有意义的。他要诉诸他所储备的知识来提示一种足以帮助他判定疾病性质以及正确诊治的观念。在分析派的哲学家看来，这种用来把分散的感觉与料组合成一种融会整体的、具有解释性的材料本身却不是直接在感觉中呈现出来的。所以，他称之为观念的或概念的。

140 感觉与料是指导如何选择观念的标志；观念一经提示出来，便会引起新的观察；这两者结合起来，便决定他的最后判断或诊断以及诊断的程序。于是，在医术的临床材料上增添了一些新的材料，从而使得以后对于症状的观察更为精密详尽，提示新观察的材料更为扩大。这个在观察和概念或一般观念之间的协作过程，是没有止境的。在任何情况之下，与料都不是原有对象的全部内容；这些与料只是为了用作证据和标志而选择出来的材料。在任何情况之下，一般的观念、原理、法则、概念都并不决定结论——虽然在某种情况之下，有些人搜集一些零星的观念材料而不去查明它们的意义；而在另一种情况之下，又有一些没有技术的工作者容许一些预存的观念去控制他的抉择而不只把它当作一个假设。

这个事例好像十分简单，以致有人认为我们忽视了产生纠纷和争论的条件。但是，早在实验的认知产生之前，就在哲学中形成和建立了许多关于心灵、感知、理性、理智、概念与知觉的理论，而这是一些纠纷和争论的根源。要想摆脱由此所产生的旧习惯，全心全力地注意实际的探究，是困难的。虽然看来我们用医生或其他从事具体研究工作的人来反对《纯粹理性批判》这样的精心结构以及无数评注它的书籍似乎有点冒昧，但我们所描述的这种情况却是以促进科学实际进展的实验实践的全部重要性为背景的。

我们可以比较明确地断言：康德的学说是错误的，因为他把感觉和概念之间真正和必然的区别从它们在实际探究中的地位和功能中抽象了出来。康德的学说把这种区别概括成为一些固定和笼统的区别，忽视了这种区别在获得那些经过验证、保证安全的信仰时所具有的特殊作用。结果便产生了这种人为的错综复杂的情况和不可解答的疑难问题。

试以感觉与料所具有的这种零散和孤立的特征为例。如果把这种感觉与料从它们与某一特殊探究的联系中孤立开来，无疑就会是零散和孤立的。所以，当
141 我们把它们概括成一个笼统的特征时，就会主张感觉与料是具有各自分开的“原子性”的。这种主张是感觉主义、某种形式的新实在论，以及康德主义所共同的。事实上，嗅、味、声、压、色等等都不是孤立分隔的；它们被各种的交互作用和互相联系结合在一起，而在这些交互作用和互相联系中包括具有这种经验的这个人

的习惯反应。有些联系是有机的，从主体的机体结构中产生的。另一些联系是由于教育和文化习俗而潜移默化于习惯之中的。但是，这些习惯的联系却是一些障碍，而不是一些补益。其中有一些是不相干和错误的。无论如何，它们不能提供线索，提供在进行中的特殊探究过程所需要的证据。结果，感觉性质便和它们通常的联系被人为地分隔开来了，因而探究者对于这些感觉性质便随便采取了新的看法，或者把它们当作一个新对象的组成部分。

既然探究的需要本身表明现存的情境提出了问题，那么，在建立新的联系之前，我们是不理解这种情境的。所以，感觉与料零散孤立的特征并非表示这些感觉与料本身所固有的东西，而只是标志探究进展中一个必然但过渡的阶段。由于人们把感觉与料从它们在促进认知目的中的地位和职能中孤立开来了，便把它们当作一种孤立的、原子的存在。如果我们注意一下认知的实际活动，就清楚只有感觉与料能够提供具有证据性的题材；而对那种不呈现于感觉的东西的观念，则只是解释证据而不能构成证据。然而，整个科学史表明，直接和原来所观察到的材料并不供给良好的证据材料；我们知道，古代科学认为我们能够根据所观察的对象进行推论而无需人为地事先进行分解的假定，在本质上是错误的。所以，我们需要有一种独特的实验操作，把对象的某些性质分离开来，这些性质便形成按照“感觉与料”一词的专门意义所理解的所谓感觉与料。

因而，传统的经验主义坚持认为，无论概念系统多么精密，内在多么融贯，概
念或思想材料本身并不能提供任何关于存在的知识，这是正确的。我们不能从 142
思想中派生出存在来——对不起唯心主义。暗示观念时，必须有观察的材料；验证观念时，也同样必须有观察的材料。从存在上讲来，感官是我们获得观察材料的器官。但是，我们在前面已经注意到，只有当这种材料与产生这种材料的操作联系起来的时候，它对于认知的目的才有意义和效用。单纯物理上的交互作用（无论是外在事物的交互作用，还是有机体的交互作用），产生观察，形成探究的材料；这只是有问题的材料。只有有意进行并注意把它们和它们的结果联系起来的这些操作，才使得观察的材料具有一种积极的理智上的价值；而只有思想才能满足这个条件：观念即对于这种联系的知觉。甚至非科学的经验，只要它具有意义，既不是单纯的动作，也不是单纯的忍受，而是承认在所为之事和所忍受的动作后果之间的联系。

在经验主义的后期历史中，经验主义有一种倾向，把感觉的后果当作“心理

的"或精神的状态或过程,这是把科学对象(在这些科学的对象中,是找不到这些感觉性质的)当作唯一的实在对象的逻辑结论。当代的实在论者坚持说,感觉与料是外在的而不是心理的,但这也没有补救这个逻辑上的错误。实在论者同样把感觉与料和有意地提供这些与料的操作,以及这些操作的目的和功能孤立分隔开来了。所以,实在论就必然要诉诸现在所谓"本质"(essence)来补充逻辑的对象。尤其重要的是,这个学派对于如何控制实际探究的进程一无说明。因为它没有看到,感觉与料和理性悟解的对象之间的区别只是发生于反省研究以内、为便于调节研究程序所作的一种区别。

如果一开始不把这些有关的性质称为"与料"或"所与"(given),而称为"被采取的"(taken),整个的认识论可能会完全不同。我们并不是说,与料并不是存在的,并不是最后所给予的性质——它们是非认知经验中所占有的整个题材。但是,作为与料,它们是从刺激认知的整个原来的题材中所选择出来的;它们是
143 为了一个目的而被鉴别出来的:这个目的即为明确问题提供标志或证据,从而为解决这个问题提供线索。

如果再回到病人和医生研究病情的这个事例,我们就明白了。一个病人的呈现乃是"所与"的东西,而这种"所与"是复杂的,具有各种不同的性质。康德提出而为传统学说所共同的一个假设是认为:一切经验都内在地是认知性质的;只有这个假设才导致:知觉病人就是认知了病人的学说。其实,这个原来的知觉只提供了认知活动的问题;它是所要被人去认知的东西,而不是认识的对象。在认知中首先要做的事情,是从一堆呈现出来的性质中选择出那些不同于其他而可以说明问题的性质的东西。因为它们是有意选择出来的,是被专门的特别操作所鉴别出来的,便成为与料了;我们把它们称为是可以感觉的,只是因为感觉器官在产生它们时所起的作用。然后,我们可以把对它们的陈述公式化,使它们成为原始存在命题(primitive existential propositions)的题材。但纵然如此,也没有所谓一般的命题(propositions in general)这样一类的东西。每一探究都产生它自己原始的存在命题,虽然研究揭示出来,它们都是以与运用感觉器官相联系的性质为对象的。而且,这些原始的命题之所以是原始的,只是从逻辑的意义而言的,而不是说它们在经验上是原始的;它们只是假设性质的,是有条件的。这句话并不意味着说,这些命题的存在是假设性质的;知觉,只要是正确进行的,就证明了它们的存在。但是,它们在探究中的地位是试验性质的。许多,也许大多

数，在物理推论中的错误都是起源于我们把手上问题中不是与料的东西当作与料了；这些东西无疑地是存在的，但它们却并不是所需求的证据。在某些方面，感觉性质的存在愈确切无疑，其推论的意义就愈不确定；性质在知觉中鲜明夺目，这一事实本身就产生了一种不恰当的影响，使人们在思想中把性质明白呈现于知觉这一事实当作具有证据的价值。阅读侦探小说的人都知道，有一种普通的设计，使侦探者被现有“线索”过于显著的特征所迷惑，而真正的线索则往往晦暗不明，有待寻索。于是，感觉与料在推论探究中是具有条件性的，即它们必须
用它们所产生的后果来加以验证的。当这些感觉与料所激起的操作能解决有关 144
的问题时，这些感觉与料便是良好的线索或证据。

关于理性主义的概念论，我们在前几章已经提出了许多批评，殆无赘述之必要。这种概念论坚持着一个正面的真理：在存在和知识中必然有相互联系性，必然有许多关系；并且，注意到这些关系和思想的联系。因为虽然在经验事物的材料中总是会发现某种联系的，但既然所经验到的这些事物还是成问题的而不是为我们所明确认知的，那么，这就意味着，在它们现有的情况之下，重要的关系还没有呈现出来。如果探究者的反应不是盲目的摸索，如果这些反应真是实验性的，他就要预先来设定这些关系。*这种关系必然是为人们所思想到的*；它们是在概念上而不是在感觉上呈现出来的。这种关系代表着人们操作后所可能产生的后果，而可能的东西和可理解的东西就是一回事情。感觉主义忽视了感觉性质在探究中的功能作用和假设地位，同样，理性主义把概念在指导探究去解决特殊问题中的作用变成了一种固定的和独立存在的东西。

批评这些历史上的认识论的目的，并不只是表示不相信它们。其目的在于使人们注意到它们错误的根源。只要人们认为，知识的职能就是去掌握存在于探究操作及其后果之先、独立于探究操作及其后果之外的存在物，他们就不可避免地要犯这两种错误中的一种或这两种错误兼而有之。或者是把属于有效探究操作的逻辑特性当作属于事先存在物的东西，否则就是把这个认知的世界归结成为一堆支离破碎、孤立绝缘的原子式的因素，即康德的“杂多”；否则就是设计一些“唯心主义型的”或“实在论型的”机构体系，把前两者合并起来。

在另一方面，我们认为，*知识*的目的是前瞻的和会产生事后结果的；知识是推论性的或反省性的操作重新处理事先存在的事物的结果，这时候分别称为感觉的题材和概念的题材便是相互补充的，以有效地让探究达至一个合理的结论。

除了前面讨论中纠缠于这些陈腐的题目以外，我们还有别的方法来讨论这
145 个根本问题。实际上，传统的学说把一切反省的知识或推论的知识当作一种“解释”，而所谓解释，就是把好像新的对象或问题的要素和过去已知的东西，以及据说是最后直接和直觉地认知而不用推论得来的东西等同起来，从而弄清这个对象或问题。从传统的学说看来，“推论的”知识（反省也包括在内）应以直接认知的东西来验证其是否有效。它不能用它本身来证明它，也不能在达到它所产生的结果的过程中去检验它。这些传统的学说都设定说：推论的结果和不加推论而认知的事物或明显或隐晦地是等同的。证明就是把这种同一性明显化而已。

关于如何把推论的结果和不加推论而认知的事物等同起来的方式，有各种不同的和对立的学说。有一种学说主张，这种等同的手续就是把既有的殊相统摄于既有的共相之中；有一种学说主张，这是一种分类性质的界说；有一种学说主张，这是柏拉图式的回忆，在这种回忆中，把知觉材料和先验形式等同起来，从而去认知这种知觉材料；有一种学说主张，这是康德先验图式的一个事例；有一种学说主张，这是把当前的感觉同化于再现过去感觉的影象。这些学说之间彼此大不相同，而不可调和。但是，它们都有一个共同的前提。他们都认为，如果要证明反省推论的结论，就必须使这些反省推论的结论归结为已知的事物。它们之间的争论都只是同室操戈，无关宏旨。这些学说都认为，要真正认知反省的结论，就必须把反省的结果和原来直接认知的对象等同起来，而它们之间的分歧只在于它们对这种原来直接认知的对象的特性各有不同的看法。它们都认为：不管推论的结果是什么，如果要获得有效的知识，就必须把这个结果归结为某些已经为人们所直接认知的事物。因此，它们都认为，在推论的知识中所发现的知识要素都只是一种重述而已。①

上述这种想法认为，必须把推论的结果和某种其他的事物等同起来，才能证
146 明这种推论的结果是有效的。实验程序的重要意义就在于，它断然废弃了这样

① 穆勒的逻辑是感觉主义经验论的古典逻辑。但是，他要求证明归纳法的“规则”与亚里士多德要求证明三段论式推理的那些规则一样严格。这些规则的本质就是在证明中，必须把推论的结果和感觉中所呈现的特殊事物等同起来，正像亚里士多德所主张的，在证明中，必须把推论的结果同设于既有独立的共相之中一样。我们曾经注意到，欧几里得几何学假定公理是自明的真理，而这种欧几里得几何学曾经影响了亚里士多德。目前，数学家们承认不能证明和不能界说的东西是运算的起点，而它们本身却既无所谓意义又无所谓“真理”。

的想法。上述各种学说有一个共同的前提，即它们都假定有一种原始式样的直接知识(即一种不包括有反省的知识)。而根据实验科学的实践，我们所认知的只是反省探究的结论。如果我们把上述各种学说的共同前提和实验科学的实践作一比较，就能发现在它们之间有三点突出的差别。第一个差别是：这些传统学说把所有一切反省知识都当作一种对于早期更为确定的知识形式的再认识。第二个差别是：在这些传统的学说中，没有真正发现或新奇创造的地位。第三个差别是：这些传统的学说武断地假定有所谓直接的认知，反对由于反省后所认知的对象是需要经过实验验证的。

我们且就最后的一点谈起。如果有人说：包括推论的知识结论必须从属于当前直接的知识，而且必须用这种当前直接的知识来加以证明和证实，这时候，我们就立即发现，对这种直接确知的东西到底是什么的问题则众说纷纭，莫衷一是。这种众说纷纭、矛盾百出的情况，使我们有理由怀疑，并没有这样一种如大家所断定的所谓自明的“知识”。而且，这种怀疑是具有健全的理论根据的。假定有一个人“解释”月蚀说，它是由于天龙想吃月亮。在这个人看来，吞吃月亮的龙和月亮的阴暗比较起来，是较为明确的事实。在我们看来，是否有这样一种能够吞吃月亮的动物，是值得怀疑的事情。有人会反对说：用这样一件荒唐可笑的事情来作为事例是不公平的，龙并不是任何哲学家所断定为直接确定而没有推论的知识的这种东西。但是，这个事例却还是能够说明问题的。

人们用把所认知的事物和某种其他的事物等同起来的办法来“解释”所认知的这个事物。那么，再用什么来证明这个其他的事物呢？如果人们也还需要把它和另一些别的事物等同起来，然后加以证明，那么，这样追溯将永无止境。我们为了避免这样回复无已，不如干脆断定某一对象或真理是凭感觉直觉、理性直觉，作为意识直接发生作用，或某种其他方式所直接认知的。但是，这样一种程序除了是边沁(Benatham)的所谓“自以为然”(ipse dixitism)的本质以外，又是什
么呢？这种程序除了是任意的武断以外，又是什么呢？谁来保卫这些保卫者呢？ 147
只有把知识置于一个圆融的结论之中的学说，才能避免这种困境。这种学说承认，一切的与料和前提都是具有假设性质的；而且它认为，只有可以经过重复操作手续而产生相同结果的结论才是正确的。前项并不需要不断地追溯到更早的前项，才能获得证实；如果这些前项发挥了我们所需要它们发挥的作用，如果这些前项所导致的可观察的结果满足了手头问题所要求的条件，这些前项便是好

的和正确的。

当我们谈到真发现或新知识时，这一点的重要意义尤为明显。就传统的学说而言，在推论和反省探究中不可能有真发现或新知识。按照这些传统学说的说法，只有把貌似新颖的东西同化于过去所直接认知的东西时，我们才有知识。因此，事物的独特个别或不再重复的特性是不可能为人们所认知的。凡不能被视为另一事物之事例的东西就处于知识范围之外。个别化的特征都是一些不可知的不尽根数。

按照这个学说的说法，反省探究可以发现规律的新事例、旧真理的新样本、旧类属的新成分，但总不能发现真正新的知识对象。就经验主义而言，研究一下洛克的例子是有益的。在他的《人类理解论》(*Essay on Human Understanding*)一书中，洛克不断努力地把一切反省的信仰和观念归结为一些不凭推论而确实认知的原始的“简单观念”，从而去验证这些反省的信仰和观念——在这一点上，许多新实在论还是属于洛克学派的。

如果我们看一看科学的进程，就会发觉一个完全不同的故事。重要的科学结论显然是不愿意与过去所认知的东西等同起来的。这些科学结论非但不把它们自己同化于过去所已知的东西从而去证明它们，反之，它们有时还修正人们认为他们已经知道的东西。晚近物理科学的危机便是一个确切的例子。经过实验发现，光速并不因顺逆地动的方向而有所增减，而这一点根据过去的知识是完全不能解释的。但是，科学家们却接受他们实验操作的后果，构成一种被认知的对
148 象，而并不感觉到势必把这些结果和所谓以前已知的东西等同起来，从而对它们加以证明。科学程序中的推论乃是一种探险，在这种探险中，结论破坏了预有的期望，毁弃了原来认为事实的东西。同化这些新的事实，把它们变得十分熟悉，这还需要一段时间。把新的东西同化为已经熟悉的东西，这无疑是我们熟悉新的东西而可以随意处理它的先决条件。但是，旧学说却把这种新旧同化的个人和心理的状态当作对知识本身的一种验证了。

第三点，即把认识当作再认识，只是以另一种方式呈现出同一困难。在它所呈现出来的困难中，体现出一个独特之点。我们安于一种情境，在心理上发生熟悉之感，这与知识是不相同的；而这种学说却把这种熟悉感的心理特征和知识混为一谈，认为由于反省而来的知识即是把某些东西和已知或已有的东西等同起来。当有时而且似乎偶然地发生实验性的认知时；当发现被认为是神赐或特别

的灵感时，也即当人们被习俗所控制而在变化面前感到不安，对未知事物感到恐惧时，便产生了这样的见解。当希腊人成功地把自然现象和理性观念等同起来时；当希腊人由于他们的美感兴趣而习惯于这样一个和谐与整齐的世界因而喜欢这种等同的情况时，上述见解便被合理化而成为一个理论了。他们把这个结果称为科学，不过，事实上，这种关于自然的错误信仰竟贻误欧洲长达二千年之久。

如我们在另一个地方所看到的，牛顿式的科学实际上只是用另一套等同的对象（数理对象）去替代以前所运用的那些对象罢了。牛顿式的科学建立了许多永恒的实体，许多具有内在数学特性的粒子或原子，把它们当作最后的实在，并且认为当反省思考把现象转变为这些特性的时候，它便产生了知识。因此，牛顿式的科学完美无缺地保留了这种旧的学说，认为认知即指一种等同的过程而言。经过两百多年，实验的方法才强使我们明白：科学的进步依赖于我们怎样选择操作而不依赖于所谓先在确定的和固定的，以及一切具体现象都可归结到它们的那种对象性质。对于知识所抱有的这种见解，仍然统治着社会和道德方面的思 149
想。如果我们明白了：在这些领域内，和在物理学的领域内一样，我们能够认识我们所有意创造的一切；如果我们明白了：我们进行一切工作只需要依赖操作方法的决定和对验证它们的后果所进行的观察，那么，在社会和道德方面的知识的进步会是有把握的和经常的。

以上所述并不意味着，过去的知识对于获得新知识来说，并不是十分重要的。我们只是不承认这种过去的知识必然是直接的或直觉的，而且不承认这种过去的知识是衡量由推论的手续所获得的结论的尺度和标准。推论的探究是连续不断的；一步跟着一步，利用着、检验着和扩充着过去所已经获得的结论。说得更详实些，过去知识的结论是进行新的探究的工具，而不是决定它们有效性的准绳。过去知识对象为新的情境提供了有用的假设；它们是暗示进行新操作的源泉；它们指导着探究活动。但是，这些过去的知识对象之所以参与在反省认知之中，并不是由于它们在逻辑的意义上提供了前提。第一流的哲学家们仍然坚持着这种古典逻辑的传统，把实际上在指导新的观察时起调节作用和具有工具作用的观点称为前提。

当我们审度一切新的情境时，经常参照已经认知的东西。除非我们有理由怀疑推定的知识并不真正是知识，否则，我们就把它当作纯粹是一种成果。除非我们有理由怀疑所知对象的有效性，否则，就不必浪费时间和精力去重复那种把对象变成所认知的对象时所进行的操作。每一个成年人，无论他是不是科学家，在他的头脑里有一大堆借助早期的操作所认知的事物。当一个人遇到一个新问题时，他便习惯地参照既经认知的事物，作为他处理这个问题的出发点。在我们没有怀疑它们以前，这些对象都是稳妥的；这个现有的情境固然是可疑的，但这些对象却是稳妥的。所以，我们把这些对象视为理所当然之事。如果后来我们对它们发生了怀疑，就要依赖某些其他已经认知的事物。而我们所依赖的这些
150 对象本身，是借助于过去推论探究和验证的手续而被认知的；它们之所以具有参照对象的“直接性”，乃是因为它们已经成为一种可靠的反省结果。这一点是我们最容易忽视的(在我们执着于固定事物以寻求确定性时尤为如此)。我们也容易忽视，当我们参照这些对象时，是把它们当作一些工具对待的，它们本身并不是固定不变的。这种情形和我们在处理新情境时运用一些以前所制造的工具一样，只有当我们证明它们已有缺点时才会去发明新的工具，而这种新工具的发明再促使我们去重复那些原来制造这些工具的操作手续。

这种采取和利用过去已知对象的动作，在实际上是有道理的；正如我们吃水果而不问它是怎样长成的一样。但是，许多的认识论却把这种回过头来利用由于往日的操作所认知的事物的情况当作说明知识本身性质的典型。这些理论把人们回想到过去已知事物的情况，当作一切认识活动的唯一模型。当我们在追溯中所觉察的事物正处于被人们认知的过程中时，这个被认知的事物并不是某种既经“给予”的东西，而是对探究所可能发生的事情的前瞻。新的探究前瞻望着客观的和最后的对象，而当我们在进行这种新的探究时，这种在我们追溯中所觉察的事物是具有认识作用的。取出或指向过去已知的事物并不算是知识，这等于在工具箱里拿出凿子不能算是制造这个工具一样。有些认识论把产生所知对象的操作手续当作纯粹在精神上或心理上的，而不是表面上对先在题材进行重新安排(因而结果形成了某种形式的唯心主义)，但是这不能成为我们否认一切所知对象都具有一种居间特征的理由。

因此，我们从另一条道路上被导致同一结论，即认为这些传统的认识论的基本错误在于它们把解决问题的整个探究过程中的某些方面孤立开来，并把它当作固定的东西看待。有时把感觉与料拿来这样办，有时把概念拿来这样办，有时把过去所认知的对象拿来这样办。这些传统的认识论在操作活动的系列中，执

着于某一片断而把这一片断的东西孤立起来，当作整个认识论的基础。

反省的认识当然也包括有等同作用在内。但是，同一性本身也必须从操作方面来加以说明。因为决定同一性和等同作用的操作方式不同，同一性和等同作用也就有各种不同的意义。有人把一个对象等同于类的一分子，如植物是从属于某一物种的；这是分类学上的同一性。古典的定义说便把这种同一性当作 151
唯一有效的逻辑定义。还有一些具有历史性的等同办法，即关于个体本身的同一。他们是通过一系列连续的时间变迁来说明一个个体的同一性的，而前一种分类学上的同一性乃是纯然静止的。这种同一性，乃是由于把时间连续性引入原来没有联系的事物之中的这种手续而获得的；于是便产生了发生学上的定义。因为个体的同一性是由于不断地吸收和同化外在的材料而组成的——如一个人、一个民族或一个社会运动的生长。这种同一性要求有把原先存在的东西重新安排和组织起来的操作。通过推论的操作手续进行等同的办法，就是属于这一类型的。这种等同的办法并不是把新对象或新情境归结为一些既已认知的事物项目。传统的认识论竟把这样的等同办法当作静止的和分类似的等同。

所以，这些旧理论对于包含在推论认识结论中的鉴别和分化这些新颖的因素，便无法加以说明。从认识上讲来，它们只能把这种新的因素仅仅当作不尽根数。反之，通过时间成长过程加以等同的办法就是进行分化；新的、原来外在的材料被同化了；否则，便没有生长，没有发展。一切反省的探究都是从一个有问题的情境出发的，而且这种情境不能用它本身来解决它自己的问题。只有把这个情境本身所没有的材料引入这个情境，这个发生问题的情境才转化而成为一个解决了问题的情境。想象中的观测，和已经认知事物的比较，这是第一步。不过，这还不算是产生了完满的知识；只有在采取了某些外表的实验动作，在存在上发生了同化作用和组织作用以后，才算是产生了完满的知识。单纯在“心理上”的修正仍然只是保留在思维状态，还不是知识。通过对事先存在的事物的重新安排的操作手续来加以等同的办法，乃是一种递加的鉴别过程；只有这种等同的办法才真正是综合性的，它既包括有类同也包括有差别。

客观唯心主义者们创立了“具体的共相”(concrete universal)说，他们坚持认为，在知识的对象中，同一性和差异性是结合在一起的。但是，他们忽视了在时间上不断重新改造的这个方面，以及其与外在存在发生交互作用的必要性。

由实验去决定所知的对象，这一点还有进一步的含义，即有关于实验在证实 152

假设方面的职能。人们时常认为,实验的价值只在于实验肯定、破斥或修改了假设。从探究者个人兴趣的立场看来,这样的解释时常是适当的。探究者的兴趣在于理论方面,他仅就后来所揭露的事实状态对他所持理论的影响如何来对待这些事实。在他看来,当时实验操作结果在认识上的价值,在于这些结果能够验证他的假设所提出的主张。然而,即使如此,也只有因为实验实际上把一个有问题的情境转化成一个问题得到解决的情境,我们的假设才能得到证实或遭到驳斥。在这一发展过程中,我们看到了具有新特点的新对象。与研究者的个人兴趣不同,就认识的客观进程而言,这个结果是十分重要的;而假设的证实,如果和这个结果比较起来,则是次要的和附带的了。建立了一种新的经验对象,这是一个基本的事实。凡能考察整个科学知识体系的人决不会认为,科学知识的价值只是在于它证实了许多的假设。总的讲来,整个科学题材体系的意义显然在于它使我们更深入广泛和更丰富地了解通常经验对象的意义。

达到这样的后果,是反省探究过程唯一可理解的目标。它也标志着:假设在他们的进程中不断地增长了他们的确实性。但是对工具采取行动的最后目标并不只是要改善工具,而在于工具所完成的结果,它们所产生的产品。一个人根据一定的观点进行工作,成功地发明了一件东西,这时候其观点便被证实了。但是,证实并不是他发明的目的,也不构成它所创造的价值。同样,医生在诊断的时候,是根据一定的假设进行工作的。只有极端道地的专家,才把一个成功的结果当作仅仅是一种对于理论的证实。既然假设本身只是探究的一种工具,那么对假设的证实便不能构成探究的全部意义。

有些假设后来被推翻了,但这些假设对于我们发现新的事实却往往是有用
153 处的,因而推动了知识前进。一个拙劣的工具总比完全没有工具好些。一度受人持信的假设,以后在某些重要方面就不会造成错误,这是值得怀疑的。有人甚至怀疑:当前有用的许多极有价值而不可缺少的假设对象是否实际存在,例如电子的存在到现在还是一个争论的问题。在许多事例中,如在旧的原子论中一样,我们现在可以清楚地看到,这些理论的价值与它们的题材内容是不是实际存在这一点无关;的确,题材是否实际存在,这与理论的价值无关,而且甚至有害。我们前面已经说过,当人们废弃了所知对象具有实现存在的固有特性这种想法而把概念当作进行操作的说明时,人们就超过了牛顿的体系而向前更进了一步。

人们过去通常为了保持某些独断的教条而对科学的进展抱一种轻视的态

度。以上的讨论对于这种轻视的态度,具有实际的重要性。有人指出,科学家们经常不断地改变他们的理论,把他们曾经推崇过的理论加以推翻,然后替以新的理论,继而又把这些新的理论推翻。因而他们质问:我们为什么要信赖自行悔改不定的科学而不信任人们继续信仰不变的那些旧的教条?其实,这些人并没有看到这种不稳定性只是影响着我们所运用的理智工具(即概念),而我们曾经坦白承认,概念是具有假设性的。而具体的知识体系以及为一些不再受支持的概念所构成的确定的控制力量,则始终是有增无减的。谁也不会因为镰刀被收割机取代、拖拉机代替了马拉收割机而梦想去反对机械发明的演化。这明明是改良工具,用以获取更好的后果。

适才所论述的指摘科学的批评,仅仅是与以上所述的某种哲学解释有关的。如果科学的概念愈能揭示实有或存在的先在特性,才愈为有效(如牛顿体系所主张的那样),那么不断地改变科学概念,就会造成科学上很大的麻烦。若其中任何一个概念自认为是有效的,那么,它就会遭受到后来人们的不相信。如果概念 154
是一些指导实验观察操作的工具,如果知识特性寓于结论之中,那就不会有上述的这种情况。果实还是保留着的,而这种果实乃是知识不断的进步。按照传统的看法,理论是与先在的实在有关的,实践是与后果的产生有关的,而理论与实际是两相分割的。如果我们打破了理论和实践的传统界线,就不致使我们的理论的结果受到无端的指摘。

同时,这又一劳永逸地摧毁了笼统的怀疑论和不可知论哲学所依赖的根据。只要我们把心或意识当作认识器官(无论是感觉器官,或理性器官或两者兼有在再现或把握先在实在时发生作用),而构成各种的认识论,这种概括的怀疑哲学就会继续存在。现象主义(phenomenalism)主张,印象和观念是介乎能知者与所知的事物之间的东西。只要人们认为只有当感觉与观念把某些先在的事物报告于心灵时,感觉与观念才算具有实效的时候,上述那种现象主义也才会得到充分的支持。人们可以反对现象主义,因为与料、观念、本质等都是认知的手段而不是认知的对象。但是,只要人们把这些与料、观念、本质仅仅当作心理上的手段而不是经过外在的动作实际重新安排先在事物的手段,上述那种反责便具有十分武断的意味;它将是一种虔信的主张而不是从经验上得到证实的结论。

当发生相反的证据时,就会怀疑到某些所谓知识的特殊项目。知识不能自己担保它没有错误,因为一切知识都是特殊探究行动的结果。不可知论关于某些特殊事务如果由于缺乏适当的证据而自认无知，这不仅极其切合实情，而且也是在理智上的诚实。但是，这种怀疑论和不可知论都是特殊的，依赖于特殊情况的，而不是笼统的；他们并不一般地斥责认识器官不足以尽其认知的职能。有些理论认为，能知的主体，即心灵或意识，有一种揭示实在的固有才能，而这种才能是脱离有机体与其四周环境的外在交互作用而发生作用的。这样的一些理论很容易招惹一般的哲学怀疑。

155 如果我们把"心理的"状态和动作并不当作直接的认识器官；这些"心理的"状态和动作是经过它们所引起的和指导的外在行动而成为认识器官的，那么情形就会完全不同了。因为这些动作的后果构成了所谓认知的对象，而这些后果则是公开的。我们只能对那种用以把一个有问题的情境转变成一个安定的或已经解决问题的情境的操作手续是否适当发生怀疑。而这种怀疑并不是无能为力和起麻痹作用的，而且，它使我们有改善探究之具体*方法*的机会。

我们再一次地提出这个问题：实验认知的这种模式所具有的本质要素，是不是也可能移用于人类日常经验中去？有人说，关于调节行动的目的和价值所作的判断，关于在重大事务上指导行为的信条，总的讲来，是依赖于传统、教条的，是由所谓权威所强加上的。这一点是无须乎置辩的。由此所提出的人生目的和人生策略是否具有价值，这也很使人们怀疑，这一点是同样显明的；至于到底是否有可能建立任何具有调节作用的目的和标准的问题，人们时常会从怀疑论走到完全的不可知论了。人们认为，在这类事务方面经验的进程，本来就是混乱的。但是，科学的探究证明：我们可能进行智慧的实验探究，这种智慧的实验探究将会扩大观念的范围和调节检验可靠的后果。这一点较之科学探究的任何特别结论，尤为难能可贵。我们再一次地申述：一般地讲来，我们可能推广和移用实验的方法，这与其说是一件既定的事实，毋宁说是一个假设。但是，像其他的假设一样，这个假设还要经过行动的试验，而人类未来的历史都是靠这种试验维系着的。

8.

智慧的自然化

所有研究哲学的人们都知道，认识论曾经被导致许多表面看来似乎是绝路 156
的境地。在题材方面有四种类型，都互相争称是真实知识的对象，而这些争论都需要加以处理或者以某种方式加以调和。在一极端是直接的感觉与料，据说这是直接的，因而在认识存在的过程中是最确定的对象：这是关于自然的知识的原始材料。在另一极端是数理的和逻辑的对象。在它们中间便是物理科学的对象，这是一种精密的反省探究技术的产物。然后便是日常经验的对象，它们是我们所生活其中的这个世界的具体事物；而且，从我们实际事务，从我们的享受和遭遇的观点看来，它们就构成了我们的生活世界。从常识上看来，这些具体事物如果不是最真实的认识对象，也是最重要的认识对象。这些类型的对象互相争称具有统治整个知识领域的权利，因而造成了种种问题，而晚近的哲学便是在不断努力地去解决这些问题。从某一种观点看来，每一派的要求似乎都是至高无上的。

然而，这个问题远不单纯是一个专门的技术问题。我们曾经反复地注意到：物理的对象（即物理学所导致的对象）宣称它们构成了世界的真实本性，这就把我们所喜欢和选择的价值对象置于一种极端不利的地位了。数学家有时从“科学”一词十足的意义来怀疑物理学是否能配称为科学；心理学家也可能同物理学家和数学家发生争执；而专心致力于物理探究的人们又怀疑那些研究人类事物的人们（历史学家和研究社会生活的人们）所提出的要求。生物学科介乎这两者之间，并且形成了一个联结两端的环节。但是，如果生物学科采纳了不同于严格 157
物理学的原则和范畴的那些原则和范畴，人们又往往不承认它是科学。实际的结果便产生了这样一种信仰：认为科学只存在于离开人类重要事务最远的事物之中，因而当我们研究社会道德问题时，就必然要放弃那种以真正知识为指导的希望，否则就只有牺牲一切显然具有人类特性的东西来换取科学的头衔和权威。

从实验认知的观点看来，所有这些争论以及与其有关的问题都产生于一个根源。如果读者们追随着我们以上所进行的讨论，那么，他们听了这句话是不会感到惊异的。争论之所以产生，是由于它们都假定：真实有效的知识对象乃是一种存在于认知活动之先、独立于认知活动之外的东西。争论之所以产生，是由于它们主张：知识即对实在的把握或观望而不稍改变其先在的状态——这种主张是分隔知识和实际活动的根源。如果我们知道，认知不是一种外在旁观者的动作，而是参与在自然和社会情景之内的一分子的动作，那么真正的知识对象便是在指导之下的行动所产生的后果了。当我们采取这种观点时，即使我们只把它当作一种假设，则上述的困惑与烦难便会烟消云散。因为根据这个观点，为了产生不同的后果，就要有不同种类的、具有特效的探究操作的手续，因而便有各种不同的对象。

只要一种操作的结果是良好的，即只要它满足了促进探究的条件，那么，这种操作的结果就会和其他操作的结果一样，成为一个良好的和真正的知识对象。因为如果后果是知识的对象，那么，原型先在的实在便不是探究的结论所必须符合的模型了。我们甚至可以进一步说，当我们采用不同的操作去解决由先在经验情境所引起的问题是能够得到多少结论，便有多少种类有效的知识。因为解决不同问题时所采用的操作手续，是从不重复且不会得出完全相同的后果的。然而，就逻辑理论而言，我们可以把操作归结为若干种类或类型。至于这些种类是否有效，就要看我们的原理对它将有怎样的影响。这是我们所直接关心的问题。

158 如果我们还没有决定明确问题和提供线索或证据的与料，问题就不能得到解决，这一点前已言及，现在只是旧话重提而已。从这一点讲来，当我们获得可靠的感觉与料时，便是真正地认知了。在解决物理问题时，要想系统地推进探究，我们就必须确定那些量度特性，以找出变化之间的互相关系，使我们有可能进行预测。这便构成了物理科学的对象，而且如果我们的操作是恰当的，则这些对象是真正为我们所认知的了。我们运用符号发展了我们的操作，把可能的一些操作彼此联系了起来；这种操作的结果产生了数理和逻辑方面的形式对象。

只要它们是适当操作的后果,也就真正地为我们所认知的了。最后,当这些操作或者这些操作之间的某种结合被用来解决问题,而这些问题又是在日常所感知和所享有的对象的联系中所产生时,只要这些日常所感知和所享有的对象乃是这些操作所产生的后果,这些对象本身也是真正地为我们所认知的。每当我们实际地认知时,我们便有知识;换言之,每当我们的探究所导致的结论解决了促使我们从事探究的问题时,我们便有知识。这个明白的道理是整个问题的终点——不过有一个条件,即我们必须按照实验的方法所提出的模式来构建我们的认识论。

不过,这些结论并不是陈词滥调;当然,它们也不是无足轻重的。操作所涉及的条件愈复杂,它们所产生的后果就愈为丰富圆满。结果,由此所产生的知识虽不更为确实,但总是较为重要的。物理知识占优势的地方,在于它以比较明确而专门的操作来处理较为狭隘和孤立的少数情况。在对这些情况的知识和对最复杂的人事的知识之间,是没有什么原则上的差别的,但在实践上是有决定性的差别的。作为一种特定的物理知识的对象,就是把经验世界的根本关系和其他关系明确区别开来的这种操作所产生的对象;就是以一种被区别出来的特征来处理这些根本关系的操作所产生的对象。这样的收获是巨大的。但是,由此所认知的对象却不能说是最后的。如果我们把这些所知的对象用来作为探究生命和社会现象的要素,这些对象便成为一种工具;它们已经不是包括一切的了,而成为用来理解比较复杂现象的方法的一部分了。 159

从这个观点看来,我们常识世界的对象(这个常识世界即指我们生活其中的这个世界,我们憎爱、成败、选择、竞争、享乐于其中的这个世界而言)具有双重身份。当这些对象是在从事有效的和受指导的探究操作以前的时候,它们就不是知识的对象;我们只是按照它们自然发生的样子来经验它们。它们因而提出了要求探究的问题,提出了各种不同范围的问题。但是,它们却有这样一个特点,即我们首先成功地加以处理的是那些范围最狭小的事物,是那些纯物理的事物。但是,我们利用这种有限的认识形式把那种常识世界的对象变成操作的结果,从而转变为更为丰富和更为复杂的社会道德事件时,这些常识世界的对象也是知识的对象。虽然这些对象并不是更为真实的,但它们较之其他类型的知识对象,则是更加丰富和重要的对象。

科学的特殊结果总是要回溯到日常生活的自然环境和社会环境,并对它加以改变的。这一事实本身，并不足以使自然与社会环境就成为所认知的对象。一个典型的例子就是物理科学对工厂中工人的影响；在一天的几小时之内，工人只是机器的一种附属品。物理科学固然已经在改变社会条件方面发生了影响，但在理智的悟解方面却还没有相应的重大增长。物理知识的应用，只是为了有限的后果而在专门技术方面进行的。但是，当我们把物理知识的操作当作代表着一种人类的利益去转变人类所特有的价值时，那些参与于这些后果之中的人们对于通常所知觉、所利用和所享受的事物所具有的知识，较之在实验室的科学家所具有的知识尤为真实、丰富和深入。如果我们不以平常的专门方式来界说科学，而把它当作运用有效地处理当前问题的方法时所获得的知识，那么，医生、工程师、艺术家、技术工人都能说他们具有科学的认知。

这些话和哲学的传统是相反的。之所以如此，只是由于一个理由。这些话
160 认为，所知的对象乃是由于受指导的操作的后果而存在的，而不是因为思想或观察符合事先存在的事物。我们可以把这些在指导之下的操作称为智慧(intelligence)，其理由将在后面加以陈述。运用了“智慧”一词，我们就可以说：任何自命为知识对象的对象是否有价值，这要看我们运用智慧去达到这个对象的情况如何。当我们这样说的时候，我们要记住：智慧即指我们实际用以改变环境的操作(其中包括运用直接的和符号化的观念所进行的一切指导)而言的。

这句话听起来也许有点奇怪，但这不过是说：任何认识上的结论的价值都依赖于达到此结论时所运用的方法，因而方法之改进、智慧之完善乃成为具有最高价值的事情了。如果在一位科学研究者谈论他的工作时(当他按照他的习惯用传统的概念来谈论时)，我们是根据他所做的而不是所说的去判断他的工作，我想，我们就不难接受这样一个见解：科学研究者是根据达到事物的方法来决定当前所呈现的事物是否具有认识上的意义的。这种主张的意义是简明的。不过，当我们把它与当前统治着思想界的一些学说作对比时，它的意义就变得很复杂了。因为所有这些学说都认为，有一种独立存在于探究操作以外的实在，它是衡量一种事物是否被认知的标准和尺度。因而我们适才所提出来的这种主张就不啻是一次大革命，改变了许多我们以前所最珍惜的信念。传统的学说主张，心灵是从物理的和社会的事物世界以外去观察或把握对象的东西；而我们则主张，心灵是一个参与者，与其他事物交互发生作用，而当这种交互作用在一种明确的方式之中被控制着的时候，心灵便认知了这些事物。这是一个本质的区别。

迄今为止,我们的讨论是以实验认知的一般模式为依据的。我们肯定说,当
我们按照这个模式来构成关于认识的理论和所认知对象的理论时,这种结论就
是不可避免的。但是,这个论点之所以如此重要,我们应当感谢晚近物理科学的
一个明确的结论,因为它给了我们的结论以有力的支持。因为这个结果具有关键
性的决定意义。这就是在专门领域内所共知的海森堡的不定原理(Heisenberg's
principle of indeterminancy)。牛顿的宇宙体系的根本哲学与所谓准合法度的原 161
理(the principle of canonic conjugates)有着密切的联系。机械论的自然哲学的
这个根本原理就是说:我们有可能确切地决定(虽然不是在实际的实践上,但是
在原则上)任何物体的地位和速度。当任何一个粒子发生变化、成为运动时,如
果我们认知了这一点,就可能把它将发生的情况从数理上(即准确地)测算出来。
人们于是认为,这些法则(或表示粒子和物体在不同条件下之关系的物理方程
式)乃是一个"具有支配力量的"自然架格,而一切具体的现象都必须符合这个自
然架格。如果在一个特殊的事例中,我们知道了容量和动量,就能借助固定的法
则来预测事情后来的进程。

与此有关的哲学则假定这些地位和速度是独立于我们的认知、我们的实验与观察之外存在于自然之中的,因而当我们确切地肯定这些地位和速度时便有了科学知识。未来和过去都是属于同一完全确立和固定不移的体系之中的。正确进行的观察只是按照其本质特点业已固定下的对象的法则,把这种固定的变化状态记录下来罢了。拉普拉斯(Laplace)曾有过一句名言:如果我们(用机械的名词)知道了任何时候的宇宙状态,就能预测——或推演出——整个的未来。这一句话表达了上述立场的含义。这就是海森堡的原理已经推翻的哲学,而海森堡的原理之所以称为不定原理,其故也在于此。

不错,对牛顿体系的批评是根据这个体系中在逻辑上的缺点进行的。这个体系首先假定,任何粒子的地位和速度都可以在其他粒子之外孤立绝缘地加以决定的。然而,它又假定,所有这一切粒子都完善地和继续地发生着交互作用。从逻辑上讲来,这两个假定是相互抵触的。但是,由于其中所包含的原理产生了满意的结果,人们的这种反对便被搁置一旁或被忽视了。事实上,粒子既是交互作用着的,我们就不能正确地测量出任何物体的速度和地位。海森堡的原理就是迫使我们承认这一事实,着重指出了观察者的交互作用在决定实际发生的情形时所发生的作用。

162 导致这个结论的科学与料和数理推理是十分专门的。但所幸这一点并不与我们相干。这个问题的逻辑并不复杂。他指出：如果我们从测量上确定了速度，那么在测定地位方面便有一定范围的不确定性，反之亦然。如果我们测定了一方面，便只能在特定的概率限度内说明另一方面。不定的因素与观察方面上的缺点无关而是事物所固有的。我们所观察到的粒子并没有固定的地位或速度，因为它在交互作用时随时都变化着：在这种情况下，特别是在和观察的动作发生交互作用时，或者严格一点说，和使观察成为可能的条件发生交互作用时，它总是在变化着的；造成这种差别的，不是观察的"心理"方面。既然我们可以任意固定地位或速度而把不定的因素另外搁置一边，那么就说明地位和速度都是属于概念性质的了。这就是说，它们是我们用来处理先有存在的理性工具而不是那种存在的固定特性。把一个粒子孤立开来加以测量，实质上是一种用来控制以后知觉经验的设计。

从专门技术上讲来，海森堡的原理和晚近在观察光的现象时所作的测量是联系着的。就观察的条件在其中所发生的作用而言，这个原理是简单的。我想，我们大家都应该承认：当我们用触觉去感知一个对象时，这种感触就会使所感触的事物发生一点变化。虽然在我们接触一些大的物体时，这种变化并不重要；但如果我们接触一个微小的物体和一个高速度运动着的物体，就要考虑到这种变化了。有人也许认为，我们可以计算由此所产生的这种变动，从而正确地决定所触及的这个事物的地位和动量。但是，这个结果是在理论上如此，尚有待于其他观察来加以证明。而后来的这种观察所发生的影响，又是不能抹杀的。我们之所以未能把这个结论概括起来，大抵由于两件事实。一直到晚近为止，物理学所处理的主要是一些容量较大而速度较低的物体。我们把对于这些物体的经验移用于一些具有任何速度的、微小的粒子，而这些微小的粒子又被当作一些在固定不变的瞬间上的数学点。第二个原因是，在视觉中，我们和所看见的事物所发生的交互作用不如在触觉中那样明显。

163 但是，当我们处理到高速度运动着的微小物体时，情境就改变了。而且，我们显然不能观察和测量一个连续的场，乃至一条光的流。我们所能观察到的光，仅仅是一个个别的对象、一个小点、一个小球或一个弹丸。例如，如果我们要看见一个电子，这至少要有这样一个弹丸呈现出来，而促使这个弹丸呈现出来的动作就在一定程度上改变了我们所观察到的对象；而在观察中所发生的这一改变或轻微的动摇，是不能用它测量出来的。布里奇曼说："一只猫也许在对一个国王望着，但是其中如果有任何光线穿过的话，就至少要有一个光的弹丸穿射过去；如果其中不发出相当于单个弹丸的最小量的机械斥力，这只猫就不能观察到这个国王。"①

在平常的人乍看起来，这个发现的全面的意义似乎并不很大。在科学思想的内容中，这个发现只是在陈述公式方面产生了一些微小的变化，对于一切宏观的物体并没有发生多大的作用。不过，这个发现对于科学所根据的哲学和逻辑所产生的变化却是很大的。相对于牛顿体系的形而上学而言，这简直就是一次革命。在这里，我们把所认知的东西当作一个结果，在产生这个结果的过程中观察的动作起着必然的作用。我们把认知活动当作参与在最后所产生的被认知的过程之中的。而且以存在物为固定不变，因而是可以真正用严密的数学加以描述和推测的东西的这种形而上学也崩溃了。就哲学理论而言，认知已经成为一种在特别指导之下的活动而不是和实践孤立分隔的东西。凭借心中确切地占有不变实在的办法来寻求确切性，已经转变为凭借主动地控制变化着的事物进程的办法来寻求安全了。在操作中的智慧(即方法)已成为最值得我们去争取的东西了。

因此，不定原理就成为排除旧日旁观者式的认识论的最后一步了。这个原理在科学程序本身以内承认认知，就是世界上不断发生的一种交互作用。认知标志着无指导的变化转化成一种指向一定结论的变化了。这样就给哲学只留下了两条选择的道路。或者知识达不到它自己原有的目的，或者认为知识的目的 164
就是有目的地运用操作所产生的后果(不过，这些操作的后果要能满足人们之所以从事这些操作的条件)。如果我们坚持传统的见解，认为被认知的事物乃是事先存在于认知动作之前而与认知动作两相脱离的一些事物，那么根据我们所发现的事实，即现存认知中所必需的观察动作已经改变了既存的事物这一事实，已足以证明认知动作已经使原有的事物走了样，达不到认识事先存在事物的目的了。如果认知乃是一种动作的形式，像其他动作的式样一样，是要用它后来所产生的结果来加以判断的，那么，我们就不会被迫来接受这个悲剧性的结论。从根

① 见布里奇曼：《科学新见地》(The New Vision of Science)一文，载《哈珀斯杂志》(*Harper's Magazine*)，1929 年 3 月。

本上讲来，问题就在于哲学是否愿意放弃旧有的关于心灵及其认识器官的理论，而这种理论是在认知的实践尚在其萌芽时期所产生的。

如果我们承认在这个不定原理中所包含的这种哲学上的改变，其结果便要明确地改变我们对于自然法则的见解。个别观察到的事例成了衡量知识的尺度。法则乃是我们在理智上用以构成个别对象、决定其意义的工具。这种改变便推翻了自从牛顿体系具有了充分势力以后一直统治着思想界的一种理论。按照后者这个理论的说法，科学的目的在于确定法则，个别事例只是法则的一些例证而已。因为我们早已知道，牛顿哲学是和希腊的形而上学纠缠在一起的；而按照后者的说法，不变的东西才是真正实在的，而只有当我们的思想把握住了存在中事先固定不变的东西时，这种思想才是恰当的。

在内容或题材方面，牛顿的哲学已经产生了一种具有革命性的变化。原来人们把不变化的实在当作包括着许多形式和种类的东西。按照牛顿的科学，这种实在包括着许多固定的时间和空间关系，这种时空关系是由我们对固定的最后实体(即原子的质量)进行确切的计算而表明出来的。后来发现了质量是随着速度而变化的，而这个发现就预示着会产生新的结果。过去在物理学的知识中假想着一种最后永恒的系数，而这一系数与方位或运动毫无关系，而一切交互作用则是都要用这一系数来加以描述的。一切所谓“法则”，乃是对实有的这些最
165 后的和固定的齐一性所作的陈述。上述的发现，排除了这种物理知识。有人也许认为把法则说成“控制着”变化而把变化说成“服从于”法则，只是一种譬喻；但是，当人们把法则说成是对自然存在最后不变特性的陈述，而把一切所观察到的个别事例只当作法则中所陈述出来的真实世界所具有的先在特性的例证时，这种见解却丝毫没有比喻的意义。不定原理促使科学产生了转变，而这种转变开始于人们发现：永恒的质量系数的假设是虚妄的——用历史上的名词进行判断，这种假设是把不变的东西当作真正的知识对象这个见解的残余。

根据新的学说，法则乃是预测可观察事变概率的公式。这些法则所表明的乃是许多关系，这些关系十分稳定，足以在特定的概率限度以内(不是错误的而是实际发生事变的概率的限度以内)来预测个别情境(因为每一观察到的现象都是个别的)的发生。法则本身是属于概念性质的，如事实所指明的，地位或速度都是可以随意固定的。说它们是属于概念性质的，这并不是说它们是“心理的”和任意的。这是说，这些法则是想到的而不是观察到的关系。构成法则的这些

概念所具有的内容却不是任意的，因为这种内容是受存在着的交互作用所决定的。但是，决定这些概念却并不等于说这些概念必须符合不变实体的固定特性。任何一种工具，从一支自来水笔到一架自动收割机、一辆火车头或一架飞机，如果要在存在中有效地进行操作，就不能不估计到存在着的东西。但所谓“估计到”或注意到，却完全不同于实际上符合既有的东西。它是要把以前所存在的东西适合我们去完成某一个目的。

知识中最后的目的就是观察新的现象，即通过知觉去实际经验一个对象。因此，这种在假想中认为控制现象的不变法则现在便成了与具体存在物发生有效交往的途径，成了调节我们和具体存在物之间的关系的一种方式。这些法则在“纯”科学中的用处和在艺术中的用处之间，没有原则上的差别。我们还可以回复到过去已经谈论过的那个关于医生的事例。医生在诊断一个病例时所涉及 166
的，乃是个别的事例。他依靠着一些手头所备有的关于生理学等方面的一般原理。如果没有储备这些概念方面的材料，他是不能进行工作的。但是，他并不企图把这个病例归结成某一些生理学和病理学法则的确切例证，或者根本否认其特有的个性。也就是说，他是在利用这些一般性的陈述，帮助指导他去观察这个特殊的事例，以便发现这个事例好像什么。这些一般性的陈述乃是一些理智上的工具。

如果我们承认法则乃是我们观察一件事情时计算其概率的手段，那么就意味着从根本的逻辑上讲来，在这两类事例之间是没有任何差别的。知识最后的和充实的实在性是包含在个别事例之中的，而不是包含在那种不用来说明个别事例之意义的一般法则之中的。因此，经验的或观察的认识论走着它自己的道路，十分不同于传统的经验主义所想象的道路。

有一句老话说，人类的进步是迂回曲折的。人们根据事物中固定不变的特性以及其可以用数学确切加以陈述的本性，认为法则具有普遍控制的权力。这样一个见地，是一个雄伟的见地。这个见地一劳永逸地代替了以玄妙神秘的东西统治着一切、经常干预着一切的世界观。它建立了一个以规律性和齐一性代替杂乱无章的状态的理想。它给予了人们以启示和指导，使在只经验到杂乱无章的地方去寻求齐一性和恒常性。这个理想从无生物界扩展而适用于生物界，以至于社会事业。它是科学家信念中伟大的信条，这种说法不算过分。从这个观点看来，不定原理就好像是理智上的一种灾难。当它势必要放弃有所谓描述事物先在固定特性的确切不变的法则的主张时，就似乎否认了世界根本上是可以理解的。从旧的立场看来，如果在宇宙间没有固定的法则使我们有可能进行确切的预测，那么，这个宇宙就是一个受混乱所统治的世界了。

这种感觉从心理学上讲来是很自然的。但是，这种感觉起源于理智习惯对我们的束缚。被废弃了的这种传统的见解事实上在我们的想象中仍然保持着，
167 认为世界就应该是那样的；我们感觉到不安，因为事实和我们心目中的图画不符。其实，站远一点来看，这种变化并不是那么使人心意扰乱的。凡过去所认知的一切事实仍然被我们所认知，而且认识得比过去更为正确一些。这种旧的学说实际上并不是科学的分支，而是一种主张不变的即真实的形而上学的分支和一种主张认识的方法是理性概念而不是观察的认识论的分支。牛顿比较有效地把一种根本的"理性主义"偷偷地运进了科学界，因为他是以经验观察的名义这样做的。

而且，这个认为有一个普遍而确切的法则控制着世界的伟大而富于启示性的理想，正好像一切超越于实际的和可能的经验范围以外的概括一样，是要付出代价的，即为了一般而牺牲了个别；为了有关联的东西而牺牲了具体的东西。斯宾诺莎有过一句十分笼统的断言："观念的秩序和联系即事物的秩序和联系。"近来的人们虽不像斯宾诺莎那样公开但实际上却把这句话当作确定自然界是否可以理解的准绳。而且，这样一个以固定的秩序和联系为其本质特征的宇宙就不容许有独特的个体存在，就不容许有新奇和真正的变化成长。用詹姆斯的话来说，这是一个浑然一体的宇宙。我们可以说，这个世界是一个彻底机械的世界，只是随着人们所说这是一个固定封闭的世界的说法而来的偶然产物。

大家或许都听到儿童说过，他们奇怪为什么海洋河流总是这样便利地靠近大的城市。现在假定大家在心目中都习惯地认为，城市像河流一样，是自然的产物。然后假定突然有人说城市是人工制造出来的，是人们把城市靠近河流的旁边，以便于人们更好地进行工商业活动和更好地为满足人们的目的和需要服务。我们可以想象，这个发现将会引起人们的震动。它使人感到烦扰，因为它看来很不自然；至少哪些东西是自然的，哪些东西是不自然的，我们通常是从心理方面去衡量的；所谓自然的东西，就是我们所已经习惯的东西。但是，新的观念一经
168 熟悉也就会成为"自然的"了。如果人们过去总是把城市和河流的联系视为受自然所固定的天然联系，而不视为人类艺术的产物，则一经发现相反的情况就更有

可能使我们经验到这是一次解放。这会导致人们更为丰富地利用自然条件所提供的便利。当人们明白城市之所以靠近河流是因为人们可以利用这些河流时，便更可以层出不穷地利用这些自然条件了。

这个比拟在我看来，似乎是十分密切的。从传统见解的立场看来，自然界本身就是非理性的。但是，非理性的程度是根据它与理性的先验定义相冲突的情况来衡量的。如果我们完全否认自然界应当符合于一定的定义的说法，那么，自然界本身便既不是理性的，也不是非理性的。如果我们不在认识活动中利用自然，自然的存在是和理性丝毫不相干的，好像河流一样，它们本身既不要靠近城市，也不反对靠近城市。自然是可以理解的，也是可以领悟的。我们可以借助操作活动，把自然变成认识的对象，从属于人类的目的，正好像河流提供了条件，可以用来促进人类的活动和满足人类的需要。

我们沿着天然的河道经营商业，这意味着交互作用是在自然以内发生的；通过这种交互作用，使自然条件发生了变化——如建筑船坞和港口，建造仓库和工厂，制造汽轮以及发明许多交互作用的新方式。同样，认知和知识也是如此。认知的器官、工具和操作都在自然之内，而不在自然之外。所以，认知的器官、工具和操作乃是对过去既存的东西所产生的变化；知识的对象乃是一种构成的、实际存在上所产生的对象。传统的说法认为，知识愈是不加变化地把握或观望事先存在、自身完备的事物，则愈为完善。上述主张对于这种传统的说法的震动是巨大的。但是就我们在认知中的实际成就而言，这实际上只是使我们觉察到自己过去常做的事情：它清除掉了一切牵强附会的东西，集中注意到在获得知识时实际发生效用的中介物，删除了一些徒劳无功的事情，使我们更有可能去控制实际的认知活动。它把人类、把有思维的人类置于自然界以内了。

有一种主张认为，自然本身是有理性的。这种主张所付出的代价是很高的。 169
这种主张意味着，人的理性是一个外在的旁观者，他观望着一个自身既已十分完备的理性。这种主张使人的理性丧失了主动的和有创造性的职能；人的理性的任务只是摹写，只是从符号上再呈现，只是观望一个既有的理性结构。如果那些已经具有所需要的数学才能的人们能够把这个结构用数学公式誊写出来，他们会感到，这是莫大的愉快。但是，它是无所作为的，它没有使自然界发生变化。实际上，这只是把人的思想当作一种固定自足的模式在认识上再现而已。这种主张既是传统上把知行分隔开来的结果，也是维护这种传统的一个因素。它把实践中的做和行贬置于一个次要的和比较非理性的境界之中去了。

观乎这种主张在18和19世纪对于人事和社会事务中也有“自然法”的理论所产生的影响，可知该主张有麻醉人类行为的结果。当时认为，这些自然法是内在固定的；而关于社会现象与社会关系的科学，即是对这些自然法的发现。这些自然法一经发现，人类就只能顺从这些法则；这些法则统治着人类的行为，正像物理的法则控制着物理现象一样。这些法则是经济事务中唯一的行为标准；经济学的法则是一切政治行动的“自然”法则；其他的所谓法则都是人为的；与自然本身具有规范性的这种规则对照起来，它们只是一些人造的计策。

放任政策是逻辑的结论。因为有组织的社会企图控制经济事务的进程，使它们为人类所设想的目的服务，这是一种十分有害的干涉。

这种主张显然认为，现象必须遵守普遍法则的这种见解的后果而后者又是牛顿哲学的遗传。但是，如果从事认知的人就是自然景象中的参与者，就是产生所知事物的一个因素，那么，人是参与社会事务的一个因素这一事实不足以妨碍我们去认识社会事务。反之，人要得到真正的理解，就必须以有指导的参与方法为先决条件。人类是为了达到一定的目的而参与其中，这并不是干涉，而是认识的一种手段。

因此，如果我们说新的科学发展把理性(reason)调换为智慧(intelligence)，
170 这不仅是一种文学上的变换。当我们这样说的时候，“理性”一词在古典的哲学传统中是具有专门意义的，即希腊人的所谓“理”(nous)和经院学派的所谓“理智”(intellectus)。按照这种专门的意义，“理性”一词既指超经验的、内在不变的自然秩序，也指掌握这个普遍秩序的心灵器官而言。从这两方面讲来，相对于变迁的事物而言，理性就是最后固定的标准——就是物理现象所必须服从的法则、人类行为所应该服从的模式。因为按照这个字眼的传统意义讲来，标志着理性的特征是必然性、普遍性，它优越于变化，统治着变化的发生和对变化的理解。

在另一方面，智慧是和“判断”联系着的；那就是说，智慧有关我们选择和安排达到后果的手段和有关我们对于目的的抉择。一个人之所以是有智慧的，并不是因为他有理性，可以掌握一些关于固定原理的根本而不可证明的真理并根据这些真理演绎出它们所控制的特殊事物，而是因为他能够估计情境的可能性并根据这种估计来采取行动。从这个名词的广义讲来，智慧是实际的，而理性是理论的。每当智慧活动着的时候，我们总是根据某些事物能够成为提示其他事

物的记号的情况来判断这些事物的。如果科学的知识使我们能够比较正确地估计事物作为记号的价值，那么，我们宁愿以在实际判断中所获得的结果去交换在理论确定性方面所受到的损失。因为如果我们把判断一些事情当作预示另一些事情的征兆，便能够在任何情况下准备我们所预期的事情的到来。在某种情况之下，我们还可以先下手预行促使某一事情的发生；即当我们宁愿某一事情发生而不愿另一事情发生时，便可以有意地安排一些变化，而这些变化是根据我们最好的知识认识到的且与我们所追求的结果相联系。

虽然我们已经丧失在理论上具有确切知识和从事确切预测的可能性，但是发生于自然以内的认知活动却有可能帮助我们去指导变化，因而这就使我们得到补偿而有余了。这个结论使智慧在自然以内有了立足之点而且在自然以内发生着作用，而这是“理性”所没有的。凡行动于自然之外而仅是自然的旁观者，从定义上来说，根本就不是自然变化的参与者。所以，在指导这些变化中，他是没有份的。随之也可能发生行动，但这种行动是外在附着于认知而不是认知中所
固有的一个因素。它既然是一个机械的附加物，这种行动便低于认知了。而且，171
行动一定是机械地产生于知识的，否则就必有一种“意志”活动插入其中以产生行动。无论如何，这种行动既然是外在的，对于智慧或知识就无所助益。它只能在慎重地操纵条件时增进个人的机警性。

不错，当我们认知时，可以从事实验活动。但是照古典的逻辑看来，这样从事的结果并不是重新组织先在的条件，而只是改变了我们自己主观的或心理的态度。正如人们到雅典旅行时参观神殿，对于建筑并没有任何影响；同样，实验中的动作并未参与所知对象的构成之中。它只改变了我们自己的个人态度和姿势，使我们对那些一直在那儿的东西看得更清楚些。这是由于我们的领会能力有弱点而在实际上所作的让步。这种想法从总的说来，是与传统上知识分子阶层轻视实践活动的情况联系着的。其实，它也把智慧贬低到软弱无能的地位了。智慧的运用，竟成了利用闲暇从事消遣的事情。既然认为智慧和采取行动的力量比较之下是软弱无能的但又说它具有崇高的价值，这种主张大半是一种补偿行为。

现在我们明白了，知识必须有观察而观察是深入于自然界所知对象之中的，于是知与行的这种区别便消逝了。因为我们明白了这一点，所以才有可能和必要来建立一种理论，把知行紧密地联系起来。所以，如我们前已申述过的，这就

使我们养成一种习惯在自然中运用智慧。智慧是自然本身不断交互作用的一部分。无论如何，交互作用总是在进行着，并且产生着变化。离开了智慧，这些变化就是不在指导之下的。这些变化只是效应而不是后果，因为产生后果意味着要审慎地运用手段。当有一种交互作用干预进来、指导着变化的进程时，自然交互作用的情景便具有了一种新的性质和度。这种附加的交互作用就是智慧。人的智慧活动并不是什么外在地附加在自然之上的东西；它就是自然，这时，自然为了更丰富地产生事件而实现着它自己的潜能。在自然以外的理性意味着固定和限制，而在自然以内的智慧则意味着解放和扩展。

这种变化并不意味着自然是不可理解的。这只是说，我们已经明白了如何真正去懂得"可理解的"一词的意义。"可理解的"一词是表达一种可能性，而不
172 是表达一种现实性。自然是可能被理解的。但是，我们实现这种可能性时，不是通过一个外在地对自然加以思考的心灵，而是通过一种在自然以内所进行的操作；这种操作使自然产生了许多新的关系，而这些新的关系又是在产生新的个别对象的过程中所概括出来的。自然具有可理解的条理的程度，要看借我们自己外部的操作去实现包括在自然中的潜能的程度而定。从传统的内在理性转变成为人类行动所实现的可理解性，这便在人类的肩上增加了责任。我们愈献身于智慧的理想，自然的实际条理就愈能投合我们的心意。

以上这些结论和本章开始时所提出的问题，有着直接的联系。如果我们从一个实在的立场去界说知识，认为思想的结论必须符合这个实在，好像摄影毕肖其原物一样，那么到底哪些主题是可以进行科学研究的，就会发生争执。如果我们用智慧的性质来衡量知识而这种智慧又是对任何所经验的题材中所呈现出来的问题所进行的处理，那么，这就会在另一个不同的方面发生争执。经常发生争执的问题，是我们是否有可能发展一种方法足以应付这些问题。物理知识的结论，的确为我们树立了一个获取知识的榜样。但是，这种说法之所以是真实的，只是因为这些物理知识的结论发展了一种有效的方法，而不是因为它们的物理题材更为真实一些。一切经验材料都同样是真实的，这就是说，都是存在的；每一种材料都有权要求根据它自己特殊的特点和特有的问题来加以处理。用哲学的术语来说，每一类型的题材都有权按照它所提出的问题和解答这些问题时所必须进行的操作来具有它自己所特有的范畴。

因此，各种不同类型的知识之间的差别，变成所研究题材涉及的条件的宽度

和广度方面的差别了。当我们想到天文学在理解远距离现象时所获得的成功时，将不禁叹赏不已。但是，我们也应该想到多少东西在探究和结论中被删除了。我们对于地面上人类事务的知识在与许多许多光年远的物体的某些知识比较之下，便显得不确切和无组织的了。但是，天文学对这些天体方面的大量事物 173
都是不加探究的。天文学的结果之所以比较完善，与天文学严格限制它所研究的问题的情况有关。天文学的事例，和人类事务的知识比较起来，是属于物理科学一个类型的。人类事务知识的本质在于我们不能从事有选择性的抽象，而这种抽象是物理知识之所以获得成功的秘诀。如果我们也在社会的和道德的课题上把问题简单化，就会排除人类所独有的因素——归结成为物理的伴随现象。

实验室所获得的结果，和为了商业目的进行制造过程中所获得的结果是有差别的。这一事实可以作为说明这一原理的事例。其中所包含的材料和关系，也许是一样的。但是，在实验室的条件之下，我们把一些因素置于在工厂里所不可能做到的控制之下并把它们孤立起来加以研究，而这样严格的孤立情况又不能使我们达到廉价大量生产的目的。然而，科学研究的成果却转变了工业上的生产。科学研究建议了许多可能的新的操作手续，而实验室的结果指明了如何避免无用的操作手续并使我们所必须加以注意的条件明显化了。*人为的简单化或抽象是使我们能够处理复杂事务必要的先决条件；在这些复杂的事务中，有许多的变化因素而严格的孤立又破坏了题材的特性。*这一句话表述了物理对象和社会道德对象之间所存在的重要区别。这种区别是在操作方法上的，而不是在实在类别上的。

换言之，所谓"物理的"的意义与置于题材前的其他形容词的意义不同之处，显然在于从一个完整的复杂体中所抽象出来的条件和关系的有限范围不同。同一原理也适用于数学的对象。利用符号指示各种可能的操作手续，可以使我们获得较大程度的确切性和理智上的组织性。这里并没有轻视抽象的意思。抽象只是一切理智的实践中所含有的寻求经济效能的一个事例——首先是处理那些能有效掌握的事物，然后利用这些结果来继续应付那些更为复杂的事物。当我们把抽象的结果置于这些结果所由选择出来的整个情境中而指出它的地位时， 174
便有人起来反对，而且是强烈地反对。一切的专门化使人产生了一种熟悉感，而这种熟悉感又会使人产生幻想。专门的抽象过程所涉及的材料已经具有心理上的独立性和完备性，而这种心理上的独立性和完备性，又转化(实体化)为客观的独立性和自足性了。

而且采用抽象的简单化，还有一种明确的社会理由。个人彼此之间的交往需要，找出一个共同的基础。正因为个人总是个人，在个人的经验之中有许多独特的东西，它本身是不能互相沟通的，因而就成为和别人发生关系的障碍物了。为了互相沟通起见，便有必要进行分解。否则，个人的因素便成为互相同意和彼此了解的障碍了。循着这条思想线索推论下去，便可明白，可以互相理会的概念范围愈是广阔，则一切个别特征愈从思想的对象中排斥出去。如果我们所达到的一种陈述在一切可能变异的个别条件之下，对一切可能的经验者和观察者都是适用的，那么，我们所达到的这种陈述离开任何具体经验就都是最远的了。从这个意义讲来，数学与物理中的抽象代表着一切可经验到的事物的公分母了。就这种抽象物本身而言，它们好像是一堆残渣。当人们把它们当成对实在本身的完备陈述时，这些抽象物便变成一些虚幻的强迫观念。但实际上却总是跟随着引起一种相反的运动。人们利用这些概括的成就来丰富个别经验的意义，并在概率的限度内逐渐增加人类控制这些个别经验的力量。

就是在这个意义上，我们说一切反省知识本身都是具有工具性的。开始和结尾都是日常经验的事物。但是离开了知识，我们通常经验的事物便是支离破碎、偶变无常、茫无目标、错误百出的。按照我们前面所用的字句来说，它们便是有问题的、具有障碍性的而对思想是有激发性的。由于我们暂时忽视其具体的和定性的内容，由于我们从事抽象和概括，我们才确定了这些经验事物所赖以发生的基本关系。我们把这些事物当作事情，即当作在一个关系系统中所发生的
175 变化，从而忽视了它们的个别性质。然而，这些性质仍然是存在着的，仍然是我们所经验到的，不过它们本身并不是知识的对象。但是，当我们从抽象的思想回到事物的经验时，便增加了事物的意义，增加了我们调节与事物关系的力量。

反省的知识是进行调节的唯一手段。它作为工具用的价值，是独特的。结果，这些从事迷人的反省思想的哲学家们，便把知识和它的结果分隔开来了。他们忽视了知识来源和知识功能的全部联系，而把反省知识当作和一切有效的经验范围是相等的。因此便有人主张：一切有价值的经验都是内在地具有认识性质的；认为对另外一些方式的经验对象的验证并不是根据一时一地的要求，而是把它们普遍地归结成为所知的对象。这种认为知识普遍存在的假设，是主知主义的大谬误。它轻视日常定性经验，如实践经验、美感经验和道德经验等等的根

源。它是那种把一切不能归结为知识对象特性的经验对象都称为主观的和现象的主张的最后根源。

如果我们明白反省知识的对象是具有工具性和抽象性的，就可以不至于贬低我们通过爱情、欲望、希望、恐惧、意欲所经验到的事物，以及个人所特有的特性。这一种方式的经验，和另一种方式的经验是同样真实的。但是，如果我们不运用产生知识的智慧，我们情绪生活和实际生活中的实在就只有零星而不连贯的意义，而且是听任我们所不能控制的力量的摆布的。我们要么接受它们，要么逃避它们，此外，别无选择。当我们经验到由对象的互相关系和交相作用所构成的那一方面时，便有可能有新的方法来对付它们，从而最后产生一种新的经验对象；这种新的经验对象并不是比以前的对象更为真实些，而是比它们更有意义、更少外力的阻碍和压迫。

因此，由于我们认识了智慧乃是在这个世界之内发生作用的一种方法，便确定了物理知识与他种认知的关系。物理知识所涉及的那些关系，具有最广泛的范围。物理知识为其他比较专门形式的认知提供了一种可靠的基础——这并不是说，这些比较专门形式的认知必须归结到物理知识所最后达到的对象；而只是 176
说，物理知识提供了理智的出发点，提示了所要从事的操作。没有一种探究能独占知识这个光荣的称号。工程师、艺术家、历史家以及事业家，当他们所运用的方法能够解决他们所研究的题材中所发生的问题时，便获得了知识。建筑在实验性探究这种模型上的哲学，便排除了一切笼统的怀疑论，因而也消除了科学观念一切可厌的垄断权。凭着它们的产物，我们就可以认知它们。

划出一定的结论（无论是数学上或物理学上的结论），说只有这种结论才真正是科学，这是一个历史上的偶然事件。人们之所以这样做，原来是由于人类想望确定和安宁，实际上又因为人类没有管理与指导自然条件的艺术而得不到这种确定和安宁。当近代物理学的探究开始时，它是不为人们所欢迎的，甚至是不为人们所允许进行的。实际上，人们势必把它当作一种具有排他性和神秘性的事业。而且当它前进的时候，又要求愈来愈多的专门技术上的准备。一方面要防御社会的攻击，另一方面要颂扬一种专门的职业，这两种动机结合起来，于是一切用来颂赞“真理”的话都被用来称扬物理科学了。

因此，“科学”（意即物理知识）就变成了一块圣地，产生了一种宗教的气氛，甚至是一种崇拜偶像的气氛。“科学”变得与众不同；人们认为，科学发现和实在具有一种特权的关系。事实上，画家和物理学家一样懂得颜色；诗人和气象学家一样懂得星辰云雨；政治家、教育家和戏剧家和职业的心理学家一样，真正地懂得人性；农人和植物学家与矿物学家一样，真正地懂得土壤和植物。因为知识的准绳在于用来获得后果的方法，而不在于对实在的性质具有形而上学的概念。不过，各方面的思想家们终究还是要依赖数学家和物理学的研究者们来改善在他们各个行业中所运用的工具。

如果按照操作论替概念所下的定义，"知识"就有许多的意义。用来解决问
177 题情境的不同操作有多少，就有多少关于知识的概念。当我们断言反省知识本身具有工具性的时候，并不是说还有一种直接所与的、先验的、非反省的知识形式。我们的意思只是说，可以直接占有和享有来自反省知识的对象经验中所具有的意义。至于辩论说是反省方法的结论本身应该被称为知识，还是能以直接被知觉和被应用的、后来增添了意义的那些对象才应该被称为知识，这是徒劳无益的。把适当方法的反省结论称为科学，这倒是符合我们的习惯用语的。但是，这样理解之下的科学并不是最后的东西。最后的东西是对直接经验的事物的欣赏与应用。当这些事物的内容和形式成为科学的结果时，它们就被认知了。但是，它们也不止是科学。这些事物是从丰富明确的个别形式所概括出来的关系和连续中所经验到的自然对象。

9. 方法至上

不确定性本来是一件实事。它意味着,当前经验的结果是不确定的;这些经验本来就是障碍重重的,未来充满危险的。克服这些障碍的行动又没有成功的把握,因而这些行动本身是有危险的。情境内在地具有烦难的和不确定的性质,因为这种情境的后果悬而未决;它们走向厄运,也走向好运。人类的自然倾向就是立即采取行动。悬而不决是不能忍耐的,他们渴望立即行动起来。当他们行动而没有控制外在条件的手段时,他们所采取的行动方式是原型的仪式和祭祀。智慧表明,直接行动已经变成了间接行动。这种行动仍然是外表的,不过已着手于考察条件,从事一些试验性和准备性的行动。这种行动已不是冒昧"从事",而是集中力量以查找困难与原委,预计随后所要作出的一些尚未成熟的明确反应。思维曾为人们适当地称为延宕的行动,但并非一切行动都是延宕的;只有事临终局的行动,乃至即将产生不可挽回的后果的行动,才须延宕。所谓延宕的行动,就是现在正在进行着探索的行动。 178

行动这样改变了性质之后所产生的最初和最明显的结果,就是这个怀疑的或有问题的情境变成了一个问题。原来整个的情境都弥漫着那种危险的特征,而它现在变成了一个探究的对象;困难的所在明确了,所以也便于人们设计应付这个情境的方法和手段了。只有当人们在专门的探究领域中成了熟手之后,心灵才立即从问题出发着手活动;即使如此,在一些新的事例中,也总是对情境先有一个摸索时期,而这种情境充满着混乱,也没有提出清晰的问题以备研究。

人们曾对心灵和思维下过很多的定义。我只知道一个定义,触及问题的核心——即对有怀疑的事物本身进行反应。无生物并不把事物当作有问题的东西 179

来反应。我们能根据确定存在的状态来描述无生物对其他事物的行为。在一定的条件之下，它或者有反应或者没有反应。它的反应只是产生了一堆新的条件，在这种新的条件之下，它继续反应着，而不顾这些反应的结果的性质。例如，对一块石头而言，它与其他事物交互作用的结果如何，石头对它是漠不关心的。其便利之处即在于它对它的反应漠不关心，即使石头本身因此粉碎，也不相干。至于有生命的有机体的情况则截然不同了，这一点是毋庸置疑的。有生命的意思，即指有一连串继续不断的动作，其中前面的动作为后面动作的产生准备了条件。当然，在无生物中，也有一连串的因果关系。但是就有生物而言，这一串连锁具有一种特别累积的延续性，否则就会死亡。

当有机物的结构更加复杂因而联系到更加复杂的环境时，有机物便需要有一种特殊的动作来创造各种条件，以利于以后采取持续生命过程的动作。这一点既更加困难了，又更加必要了。有时，在一个关键性的地方，一个行动的正误就意味着生死。环境条件愈来愈矛盾紊乱：它们为了生命的利益，要求采取何种行动，也愈不确定。因此，行为就势必要更加犹豫审慎，更加需要瞻望和准备。当反应把疑难当作疑难反应的时候，这些反应便具有了心理的性质。如果这些反应具有一种有指导性的倾向，把动荡而有问题的东西转变为安全而获得解答的东西，这些反应非但是心理的，而且是理智的(intellectual)了。于是相对地讲来，行动就更加具有工具性而更少具有完满性或终结性了；即使对于这些具有终结性的行动，我们也要问一问此后它会产生一些什么结果。

这种对于"心理"的看法，把各种不同方式的反应(情绪的、意志的和理智的反应)统一起来了。通常我们说，这些活动是没有什么根本差别的——它们只是一种共同的心灵活动所具有的各个不同的方面。但是，我只知道一种办法，可以
180 使这种说法有效，即把它们当作对不确定的东西所作的各种不同方式的反应。反应行为的情绪方面，是它的直接性质。当我们遇到一种动荡不定的情况时，便有一种情绪上的动荡，扰乱着生存的常道。现状将产生什么结果，还不确定；这种不确定性，制约着情绪。恐惧与希望、喜悦与忧愁、厌恶与欲望等扰乱的情况，都是一种分裂了的反应所具有的各种性质。其中包括有一种对现况会变成什么样子的关心。这里所谓的"关心"，有两种完全不同的意义：一种是指焦急、担心和忧虑；另一种是指对我们所关心的潜能所表示的珍惜关怀。这两种意义表明，对于未来不定的现状所作的反应行为具有两个不同的极端。而只有在有些事物

自始至终还不是完全确定不移的情况之下，才有得意和沮丧的情绪。这种情绪可以在胜败最后的一刹那间发生，但这一刹那乃是以前事物的进程经过久悬未决而最后得到胜利或失败的一刹那。如果我们所爱的“实有”是圆满自足的，因而我们对它的关切对它是毫无影响的，那么，对这种“实有”的爱与我们关心于我们自己灵魂命运的爱（如经院学派所看到的）相比较，就不可同日而语了。如果恨只是一种单纯敌对状态而没有任何不确定的因素在内，那么，这种恨就不是一种情绪而只是一种从事无情毁灭的精力。厌恶之所以是一种感情的状态，因为有一种讨厌的对象或人物阻碍我们去达到某一目的而造成了一种不确定的情况。

心理生活的意志方面，大家都知道，是与情绪方面联系着的。唯一的差别在于：情绪方面是对于动荡不定的事物的反应的横切面和直接方面，而意志方面则是把不定的、模糊的条件向着合意的和有利的后果转变的反应倾向；在许多可能性之中，只实现其一而不顾其余。情绪有时是以压倒的优势处于直接状态之下，有时又在集中精力去对付结果未定的情境；所以，情绪有时对于果决的意志是一种障碍，有时又成为一种助益。只有在事物存亡攸关的条件之下，或者在行动的方向将产生新的情境以满足需要的情况之下，想望、意向、计划、选择才有意义。

心理活动的理智方面就是间接方式的反应，其目的在于确定困难的性质和 181
形成对付困难的观念——因而操作可以向着有意寻求的结果的方向进行。任你选择一点偶然的经验为例，如看颜色、读书、听人谈话、使用仪器、学习功课等等，我们要按照人们是否有意努力地对付不确定的情况以求得解决，来决定这些经验是否具有理智的、认识的性质。任何事物之所以被称为知识或被认知的对象，都是因为它标志着一个要解答的问题、要处理的困难、要澄清的混乱、要融贯化的矛盾、要控制的烦难。如果不涉及这样一种居间的因素，所谓知识就只是一种直接而坚定的行动，或者只是一种占有性的享受。同样，思维就是在有意地指导下，从有问题的情境向安全可靠的情境实际过渡的过程。并没有一种分隔的、独自具有思维功能的“心灵”；对思维的这种看法的结果，势必要假定有一种超自然的神秘力量干预着自然以内的事情。思维乃是在促使有问题的情境过渡到安全清晰情境时所采取的一系列反应行为中的一种方式，这种行为方式是可以在客观上观察得到的。

信仰之所以有各种具体的病态，信仰之所以遭到破坏和歪曲，信仰之所以不及或过分，这是由于我们没有注意和坚持这样一个原则：即知识使内在不定的或怀疑的情境得到完全的解决。最普通的谬误认为：既然疑难状态是随着不安定的感觉而来的，于是当安全感代替这种不安感的时候，便产生了知识。于是，思维不再是改变客观情境的一种努力，而成为改变感觉或“意识”的各种设计。人们倾向于作过早的判断、急于下结论、特别喜欢简单化、利用证据去迁就欲望、把熟悉的东西当作清晰的东西等等，而这一些都是人们把确定感和一个确定的情境混为一谈了。思维急于求得安定，就不免会勉强加快步伐。通常的人不喜欢伴随疑难而来的不安，于是就不惜采取任何手段来终止这种不安状态。人们总是利用正当的或不正当的手段来设法避免不确定的状态。人们由于长期处于遭受危险的情况之下，于是便滋长了一种强烈的对安全的爱好。如果把爱好安全
182 转变成一种不受骚扰和不动摇的欲望，这一方面会导致武断、根据权威来承受信仰、偏执与狂热，另一方面则导致不负责任的依赖心和怠惰。

这就是平常的思维和严谨的思维两者的不同之处。通常的人对于疑难不决的情况是不耐烦的，急于要排除这种情况。一个受过训练的人则喜欢有问题的东西，珍赏它，一直到发觉一个经过考验证明的解决办法为止。有问题的东西便变成了一种主动的疑问、一种寻求；这时已不再是确定感的一种向往，代之而起的是寻求一种对象，人们可以利用这种对象，使晦暗不定的东西发展成为稳定清晰的东西。科学的态度几乎可以说就是欣赏可疑情境的一种态度；科学方法从一方面讲来，就是把怀疑转变成明确探究的操作，以有效地利用这种怀疑的一种技术。不注意问题本身而爱好思考的人，是没有的；不“爱好思考”而在理智上有所施展的人，也是没有的。当一个人注意到问题的时候，这就意味着，单纯机体上的好奇心（那种多管闲事的不稳定的性向）转变成为一种真正理智上的好奇心，使人不至于急于下结论，诱导他主动地去寻求新的事实和新的观念。只采取怀疑的态度而没有这种探求活动的怀疑论，和独断论一样，只是一种个人情绪上的放纵。然而，只有当人们关心到特定的问题情境时，他们才能获得比较安定可靠的东西；说确定性的寻求是具有普遍性的，是可以适应一切事物的，这只是一种别有用心的歪曲。一个问题处理好了，另一个问题又产生了，思维是一直活跃着的。

我们已经分析了从动荡不定的情境转变成为陈述问题与解决问题的情况，并从而建立了一种关于心灵及其器官的学说。当我们把这种学说和其他学说作

一比较时，便知这种学说突出的特点在于它只运用那些公开的、可观察的和可证实的因素。一般讲来，当论及心理的器官和认知的过程时，人们总是谈论着感觉、意象、意识，以及其各种不同的状态等等，似乎这些东西可以就它们本身、在它们本身范围以内加以说明的。人们把这些心理的器官同解决问题情境的操作孤立开来，使这些器官具有独立的意义，然后再利用这样心理的器官来说明认知活动的实际操作。因此，我们用晦暗不明的东西来“解释”那些比较明白而可以 183
观察得到的东西，只是由于旧的传统习惯，我们看不到它们的晦暗性罢了。

我们毋庸赘述上面讨论的结果了。我们认为，探究是一套用来处理或解决问题情境的操作。上面所讨论的一切结果，都是和这个学说联系着的。凡受我们批评过的学说，都是以一种与我们的看法不同的假设为根据的；它们认为，在认知中，心理状态和心理动作的特性是可以孤立地确定的——是可以脱离解决模糊不定的情境的外表动作而单独描述的。我们以实验探究为模式所建立的关于认知器官和认知过程的学说，有一个根本的优点：我们只运用那些客观的、可以检验和报道的东西。如果有人反对说，这种检验本身也包括有心灵及其器官在内，我们的答复是：我们所提倡的这个学说是自足的。我们唯一的假设是：必有所作为而这种作为有一定的后果。我们是用星辰、酸素和消化组织的行为来界说或构成关于星辰、酸素和消化组织的观念的；同样，我们是用这种作为及其后果来界说心灵及其器官的。如果有人辩论说，人们不知道这种有指导的操作的结果是不是真正的知识，我们的答复是：这种反对的意见事先假定了人们对知识应该是怎么一回事已经有了一种先入之见，所以能利用这种先入之见来作为判断特殊结论的准绳。我们的学说却没有这样一种假设。我们只是断言说：某些操作产生了某种结果，在这种结果中，原来模糊不定的对象现在变得清晰稳定了。改变名称，那随你的便；无论你拒绝把一组的结论称为知识而把另一组的结论称为错误，或者颠倒过来，这些结果都仍然照样在那儿。这些结果表现出已经解决和澄清的情境和混杂晦暗的情境并不相同。虽然你用另外一个名称去称呼玫瑰，玫瑰嗅起来仍然是香的；我们所提倡的这个学说的主旨，在于指出所实行的操作以及这些操作所产生的后果。

还有一点差别，即传统的关于心灵和心的认识器官的理论断绝了心灵及其器官和自然界的连续性。从这个字面的本意来讲，心灵及其器官是超自然的或 184
在自然以外的。于是就不可避免地产生了心身问题，在观察与思维中为什么要涉及身体结构的问题。当我们对于机体结构知道得还不多的时候，我们之所以轻视知觉，就是因为我们不可避免地要注意到知觉和眼、耳、手等机体器官是联系着的，而思维则可以被视为纯精神的动作。但是，现在我们明白了，正如知觉与感觉器官互相关联一样，思维活动和脑是关联着的，而且无论从结构上讲或从功能上讲，眼、耳和中枢器官之间都是分隔不开的。结果，我们不可能把感觉当作半物理性质的而把思维当作纯心理的，而所谓纯心理的就是非物质的。然而，我们至今仍然保留着获得上述知识以前所构成的关于心理的学说。结果，既然这种学说把知和行分隔开来了，于是认知还要依赖机体器官，就变成一个神秘之谜——变成一个“问题”了。

但是，如果认知就是一种动作的方式，那么正像其他方式的动作一样，它也正当地需要有机体上的工具了。心身关系这个形而上学的问题，乃变成了如何把动作分化为严格属于生理上的动作和由于具有受指导的性质和独特后果而被称为心理的动作的问题，而这个问题是可以通过观察事实得到解决的。

传统的学说或者是把心灵当作从外面闯入机体结构的自然发展之中的，否则，为了保持自然的连续性就势必否认心理行为具有任何独特的特点；至于主张机体反应由于它们对付不确定的情境而具有心理性质的学说，则既承认心灵与自然的连续性，也承认其差别性。在原则上，虽然不能在细目上，这种学说是可以对心理与理智过程的发展作出发生学上的说明的。既不是突然从单纯有机的东西跳跃到理智的东西的，也不是完全把理智的东西同化为有机的原始方式的。

从客观方面讲来，我们所提出的见解与传统的学说也有很大的差别，这个差别在于我们的见解承认不确定的情况具有客观性：不确定的情况是某些自然存
185 在的真实特性。至少希腊思想承认自然存在中有偶然事变的情况，不过它以此来贬低自然存在的地位，说自然存在的地位低于必然的“实有”。大部分在牛顿的自然哲学影响之下的近代思想，则倾向于把一切存在物都当作完全确定的东西。近代思想既把性质和目的从自然界中排除出去了，也不承认自然界本身是不完备的。结果，心理的东西和物理自然的东西严格划分开了；因为心理的东西显然具有怀疑和不定的特征。心灵已被置于自然之外。当心灵认知自然时，心灵和自然有什么关系便成为不能解决之谜；据说，不确定的东西完全是主观的。怀疑与确定的对比，乃成为主观与客观互相区分、互相反对的主要标志之一。

按照这种学说，是我们在怀疑、困惑、模糊、不定，而对象则是完全、确切、固定的。但事实上，我们为了解决疑难，“下定决心”，就势必在某种方式之下(在想象中或在外表的实验中)来改变经验到的不确定性的情境。这样，上述想法就难以和这个事实融洽一致了。而且，科学的程序是不容有争论的。如果疑难不定的情况完全是在心灵之内的事情(不管心指的是什么)，那么，纯粹的心理过程就可以排除这种疑难不定的情况。但是，实验的程序表明，要排除疑难不定的情况，就必须实际上改变外在的情境。是情境，通过思想指导之下的操作，从有问题的状态转变到确定的状态，从内部不连续的情况转变到首尾一贯和有组织的情况。

如果我们用排除改变环境的动作的办法来界说“心理”一词，单纯心理的东西在实际上就不能解决疑难，澄清混乱现象。至多，只能产生一种安定感——这是逃避现实世界，培养幻想所获得的最好结果。物理学方面的研究，因为发明和利用了物理的工具而有进步。如果我们说怀疑与确定都是主观的，那么，这种观念就和上述事实是矛盾的。当情境实际上有不满足时，我们所做的事情和在理智上发生怀疑时所发生的事情是完全吻合的。如果一个人发现自己处于一种烦
难的情境，他只有两条道路可走，或者是避免烦难而坚持斯多噶学派的忍耐，以 186
改变他自己；或者是着手采取行动，以改变不满意的条件。只有当后一条道路行不通的时候，人们才走前一条道路。

在一定程度下改变个人的态度，无论如何，也是智慧的一部分；因为烦难的产生，没有或少有不是以欲望或厌恶等个人因素为其一部分原因的。但是，认为这种原因只能用纯粹直接的手段，运用“意志”或“思维”来加以改变，这种观念是荒谬的。只有间接地改变一个人和他的环境的实际关系时，才能改变一个人的欲望和意向本身。这种改变，意味着采取明确的动作。人们在有效地采取这种动作时要构成许多工艺上的装置和机构的情况，与科学研究时要发展各种工具以如意地改变外在条件的情况是两相符合的。

人们之所以把有问题的东西贬黜为“主观的”东西，是由于习惯于把人类、经验和自然界孤立开来的结果。十分奇怪的是，近代科学竟会和传统的神学联合起来继续保持这种孤立的情况。如果我们把自然科学对付世界时所用的物理学上的名词当作就是构成这个世界的东西，那么，我们所经验到的性质以及人生中所特有的东西就当然属于自然界以外的东西了。既然在这些性质中，有些性质

是使人生具有目的和价值的特性，那么就无怪乎有许多思想家不满意于把这些性质当作纯粹是主观的；也无怪乎他们在传统的宗教信仰中，以及在古典哲学传统的某些因素中找到了一些方法，能够利用这些特性来证明这个高于自然界的实在，而这种实在具有自然存在所没有的目的和价值。撇开产生近代唯心主义的条件，我们就不能理解近代唯心主义。从根本上讲来，这些条件就是旧形而上学的积极结果和近代科学的消极结论二者的融合——所谓“消极的”，是因为它保留了早年旧有的关于心灵和认识功能的见解而把科学当作揭示一个先在的自然界的事情。

有机体是自然界的一部分；有机体和自然界的交互作用确是一种加成的现象。符号也是一件在自然中发生的事情。随着符号的发展，这种交互作用便倾
187 向于预计的后果；这时候，这种交互作用便具有智慧的性质，从而产生了知识。当有问题的情境获得解决的时候，这种有问题的情境便有了由思维操作所说明的一切关系所具有的意义。原来事物是偶然地产生一定的经验结果，现在却变成了求得一定后果的手段；在这些后果中，包含着有有意产生这些后果的原因中所发现的一切意义。反对人类经验具有自然实在性的假想的理由，已经不存在了。由于有机体和环境实际交互作用，情境便具有有问题的特性，也具有解答问题的特性。人们之所以不把这些性质当作自然界所特有的，是因为人们武断地否认某种交互作用的方式具有存在性，而又把另一些交互作用的方式具有存在性视为理所当然之事。

我们知道，情境是动荡而危险的，因为如果要维持生命的活动，就要有当前动作对未来动作所发生的那种影响。只有当我们所执行的动作使环境有利于后来的有机动作时，生命过程才得以延续下去。把这一事实从形式上概括起来，就得到如下的陈述：有问题的和不安定的情境之所以发生，是由于*分散的或个别的和连续的或关联的东西所特有的一种结合*。一切所知觉的对象都是个别的。它们本身是一些完备自足的整体。任何直接所经验的东西，都是具有独特性质的；各自有它安排题材的中心点，而这个中心点是永不确切再现的。虽然这样的情境彼此相差很小或彼此难以严格区分，但其内容安排的格局是从来不两次完全相同的。

如果在这种个别的经验情境中所包含的交互作用完全是最后的和圆满的，那么就不会有所谓有问题的情境了。这种情境既然是个体的和完全自足的，别

无其他，那么，这种情境就会是分散的，意即完全孤立分隔的。例如，晦暗是一种最后的性质，它和一切其他的性质一样——例如我们欣赏晨昏的微光，当我们想要看点什么而这种微光使我们看不见的时候，它便成为一种麻烦的东西了。一切情境都具有一种模糊不清的状态，由比较明显的中心点逐渐变成隐约不清的状态；模糊不清是一种附加的性质而不是什么讨厌的东西，除非它妨碍我们去达 188
到一个后来的对象。

在有些情境中，闭关自守的、分散的、个别的特征是占主导地位的。这些情境构成了美感经验的题材；而当经验是最后的而不再寻求其他经验的时候，这种经验就总是具有美感性质的。当这种完全的性质得到突出时，这种经验便被称为美感的。艺术的目的就在于构成这种经验的对象，而且在某种条件之下，我们所欣赏的这种对象十分完备，以至于使这种经验具有一种强烈的性质，竟可公平地称之为宗教经验。和平与和谐充满着全宇宙，集中于一个具有特殊中心和模式的情境之中。只要经验是在这种最后的特征支配之下，便具有这种宗教性质；因而，神秘的经验只是在经验的节奏中重复着的那种经验性质的特别强烈化罢了。

然而，交互作用总不是孤立分隔的。没有一种经验情境能够永远把它的这种最后特征保持不变，因为构成这个情境的互相关系就是一些交互作用的状态，而它们本身也是变化不定的。交互作用使得我们所经验的东西发生变化。我们要想直接维持所经验的这种圆满状态，或者要想确切地重复这种圆满状态，是产生不真实的情操和虚伪的根源。在生命连续进行的过程中，对象离开了它们的最后特征而成为后来经验的条件。当我们愈使因果特征成为具有工具性和准备性的时候，便愈能控制这种变化。

换言之，一切经验对象都有双重的身份。它们是个别的、圆满的，无论是为人们所享有或为人们所忍受。它们也包括在交互作用和变化的连续过程之中，因而是后来经验的原因和潜在的手段。因为经验对象具有这样两重的功能，它们才变成了有问题的东西。从眼前讲来或直接讲来，这些经验对象就只是它们本身而已；但是，当它们过渡到后来的经验而成为后来经验的可能性时，就是不确定的了。这两方面都分别有所反应：一部分有机活动指向这些经验对象本身，而一部分有机活动把这些经验对象当作过渡到其他经验对象的手段。当我们反应它们时，既把它们当作最后的东西，又把它们当作一种准备的手段，而这两种反应并不调和。

189 由于经验对象具有这种双重特征，它们才具有有问题的特征。事物直接所呈现给我们的情况和我们把它们当作一种记号和手段所具有的潜在价值，有时是不相符合的，这时候，我们就会感到困惑不解；有时，我们一方面在欣赏某一当前的事物，而另一方面又要改变当前的现状为未来的事情作好准备，这时候，我们就会有一种分裂之感。像这样的一些时机，我们每一个人都是不难回忆到的。如果我们抽象地加以陈述，就意味着，一个对象在它直接个别而独特的情况之下所具有的特性，以及当它和其他对象关联着或连续着的时候所具有的特性，这两者之间是不可调和的。只有当我们采取行动暂时改造当前的情况，构成一个新的对象，而这个新对象既具有个别性、又在一个系列中具有连续的内在融贯性时，才能免除这种不可调和性。

以上的讨论曾经陈述了我们进行这个改造(即解决一个有问题的情境)时正在活动着的主要因素：采取动作，带分析性地把粗糙的整个情境归结成为确定的与料——即归结成为确定问题性质的定性；构成观念或假设，以指导进一步揭示新材料的操作；演绎和运算，把新旧题材组织起来；进行操作，决定最后产生一个新的、完整的、具有附加意义的情境，从而检验或证明以前已经运用过的观念。

我不想重复这个陈述，只想再提出其中所包含的一点来略加申述。用普通名词所指称的标准化了的参考对象，是我们所最熟悉的了。它们与固有名词的区别在于：它们不是单一的或个别的，不是存在的东西。然而，“这种桌子”(*the* table)和“这张桌子”(*this* table)相对而言，既比较熟悉一些，又似乎更加实在一些。“这一张桌子”是时时都在变化着的。它和其他的事物交互作用着，也和我交互作用着，而我和前次在这一张桌子上写字的我又不完全是一个人。“这一张桌子”是由许多“这一张桌子”所构成的一个变化无穷的系列。

但是，从求得后果的手段方面说来，这些变化，除了极端的事例以外，都是无足轻重的。这种桌子显然就是作为求得某一单纯目的的手段的一系列的“这一张桌子”中所具有的恒常性。知识完全是和这套恒常的、标准的和通常的特性与
190 关系相联系着的——而美感知觉是和“这一张桌子”的个别性联系着而不管其利用价值的。反应愈不成熟和愈未成形，如詹姆斯所说的那样，“这一张桌子”就愈为混杂而纷乱。在形成习惯之后，动作便成了定型，成为恒常的一连串的趋向于一个预见的共同目的的动作；“这种桌子”便不管个别的变化而具有了一种单一的用处。按照形成一种对象的那个长久的目的和单一的利用方式，人们把一堆

特性突现出来，以区别于“这一张桌子”这一独特经验。这种对象乃是一种抽象，但并不是一种坏的抽象，除非我们把这种抽象实体化了。这种抽象是指所选出的一些事物关系而言的，而这些事物关系的活动方式在实际的重要限度以内是恒常不变的。而且，这种抽象出来的对象乃是个别经验之中的一个后果，它不仅对这些个别经验而言是具有工具性的，而且自己也是直接存在的。这种抽象对象标志着我们在用一种单一集中的方式来排列和组织反应，使原来模糊的东西明确化并获得重要意义。如果我们没有为了某些持久的目的而不断经常地利用事物的习惯，直接的美感知觉本身将既无丰富的意义，也无清晰的意义。

科学的或物理学的对象，乃是同一种手续的扩大。“这种桌子”并不是某一张桌子，而是在特定速度和加速度运动之中的一群分子，它等于是按照这种对象所服务的目的从个体中解放出来的一种概括。“桌子”意味着一连串明确的但有限制的用处；当我们用科学的物理术语来陈述它时，是在一个比较广泛的环境之中，在摆脱了任何特定用处的情况之下，在超脱了它对任何特殊个别经验的关系的情况之下，去思考它的。产生“这种桌子”这个观念的抽象是合适的，同样，物理科学中的抽象也是合适的，因为其中包含着有标准的关系或交互作用。它甚至更加有用些，或者具有更加广泛的工具性。因为这种抽象是和无数虽不确定但有可能的圆满个别的观察和欣赏联系着的。它好像仆人一样的侍候着我们，可能一时闲着无事，但随时准备被唤来担任特别任务。这个标准化了的常数乃是一系列操作手续的结果，表达着具体事物中无数可能的关系。当我们把这个常数当作自然的实在，便把我们用来达到某一目的的工具实体化而变成一种完备而孤立自足的实体。于是，这些在个别情境中所呈现出来的丰富性质便只好当作真实对象在心灵中所神秘产生的一些主观印象，或者意识所具有的神秘的 191
创造功能所创造出来的结果了。

这个结论对于经验对象的定性价值所具有的意义，是十分明白的。事物与有机体交互作用的结果，使得知觉的对象有声有色。这种交互作用的结果也产生了一些性质，使这种对象成为可恨的或可爱的东西。所有这一切直接所知觉和所享有的性质，都是自然交互作用所产生的结果。这些性质乃是个别化的终结，它们使变化之间的关系具有了静止的性质。我们在心理学的分析中称为情感的和情绪的性质（对于这种性质，桑塔亚那先生喜欢称为第三性质），像颜色、声音、压力，所知觉的大小和远近一样，也都是这种自然作用的结果。但是，它们所具有的这种圆满的性质,使我们不能利用这些性质所限定的事物来作为标志其他事物的记号。从理智上讲来,"第三性"较之"第二性"更起着这种阻碍作用。我们不能利用这些性质来作为准备动作;当我们把这些性质当作记号和手段时,它们便有害于我们的思想和发现。当我们还没有经验到这一类第三性质的时候,这些第三性质是作为所要达到的目的在思想之中所设计出来的,而且由于它们这样依赖思想,人们觉得它们特别是属于心理方面的。但是,只有当我们只承认这种具有工具性的对象(物理的对象)才是所谓"实在的东西"时,常人所想到的第三性质便不再是哲学家的所谓第三性了;在常人看来,第三性质也是自然对象所具有的真实性质。这个见解形成了唯一完备和道道地地的实在论。

因此,在直接知觉和利用的桌子和物理学上的桌子(仍用刚才所讨论的这个有利的事例)两者之间所存在的问题,便是莫须有的了。我们所知觉和所利用的桌子才是唯一的桌子,因为只有它才既具有形式的个别性(没有这种个别性,事物便不能存在或被知觉),又包括围绕一个中心点的交互作用或互相关联的连续体。有人认为,在一位诗人的知觉中所经验的对象和一位物理学家所描绘的同一对象之间是各不相同的。如果我们利用这个例子来说明问题,也许会更有助益。例如有一条溪流,一阵风吹过水面而在阳光中反射出来。作为一个科学的
192 对象,我们将有如下的报道:"各种波长的以太波,在不同的角度上,从空气和水之间被扰乱的交错面上,反射到我们的眼睛,并由于光电作用而引起了适当的刺激,沿着视觉神经传导到脑中枢。"即使在这一句话中,也仍然包括有通常的个别经验对象:水、空气、脑和神经等。结果,还必须对这个对象进行进一步的归结;当我们对它进一步进行归结时,这个对象就只包括某些物理常数之间的数学函数而在通常的知觉中便没有和它相应的东西了。[①]

在这一点上,还值得把物理对象的度量特征再申述一下。明确的度量特性是通过一系列操作而获得的,而这些度量特性所表达的乃是这种操作的统计常数;这些度量特性并不是单一动作的结果。所以,我们不能把物理对象当作一个单一的或个别的存在事物。度量上的定义大部分也是由间接测量、由演算得来

① 这个例子借自艾丁顿的《物理世界的性质》一书,见原书第 316—319 页。这表明,把知识当作揭示实在的旧传统又得到了支持。艾丁顿想不出办法把这种物理的解说和诗人的解说统一起来,因而他只有假想科学的陈述是描述实在本身,而心灵的创造活动则在这个骨架之上赋予直接经验中的对象所特有的各种性质。

的。换言之，物理对象的概念在相当大的程度上，是比较和转换等复杂操作的结果。因而，物理的对象一方面并不是所比较的事物中的任何一个事物，另一方面又使许多在性质上独特而个别的事物成为一个包罗万象的、性质相同或没有定性的体系中的一些成员。因此，这就使我们更有可能来控制个体化了的对象的发生。同时，这些个体化了的对象增添了更多的意义，因为在这些个体化了的对象之中，包括它与其他事物互相关系的连续体系。这是物理学程序本身，而不是任何形而上学或认识论的理论，它揭示了物理的对象不可能是个别的存在对象。因而把物理对象和具体经验中的个别定性的对象对立起来，是荒谬的。

当今有一派流行的哲学认为，知识对象本身就是实在的经验题材。这使我们感到，最好把这个讨论再推进一步。物理科学把通常经验的事物置于可以详细说明的操作的处理之下，其结果便成为用数字所陈述出来的思想对象，而有关 193
的数字又可以把方程式和其他数学函数包括在一些复杂的体系之内。在这种物理对象之中，我们除了用这些数字所表达出来的关系以外，什么都不问了。我们可以断言，没有一个物理学家在工作时会否认通常粗糙的经验事物的实在性。物理学家并不注意通常经验事物所具有的性质，除非把这些性质当作实行操作和推论关系的记号。但是，即使在把这些性质当作操作和推论的记号时，他也势必要承认它们是完全实在的，否则，在逻辑上，他就要否认他操作推论的结论的实在性。他是把他所运用的工具(包括他自己的感觉运动器官和测量工具在内)当作实在的。如果物理学家否认通常非认识性质的知觉经验中所具有的这些事物是实在的，那么，他用这些事物所达到的结论也将同样是不可信的。而且，用以说明度量对象的数字本身，就是视察所知觉事物中的交互作用或相互联系时所得到的结果。如果我们一方面肯定这些关系的实在性，而另一方面又否认这些关系所联系的事物的实在性，这将是十分荒谬可笑的。如果后者是“主观的”，那么前者将会怎样呢？最后，证实还是要有赖于观察的。用概念把真正的实在性弄得很模糊，然后又要使实在性的概念去论及这种弄模糊了的实在性，这真是怪事。从常识上讲来，这些说明似乎完全是多余的。但是，既然常识也可能支持我们这种具有批评性的说明所反对的主张，就首先要询问它自己是否主张知识即先在实在的揭露。如果常识也相信这个主张，那么，科学把经验对象贬入非实在性或主观性或现象的深渊中去，便是逻辑上应有的结果了。

我们的讨论既是以前所提出论点的复述，也是一个概要。当我们按照实验探究所提供的模型来理解认知活动而不是根据认知有如此广阔前途之前所构成的观念基础来理解认知活动的时候，就在思想上得到了解放。这是以上的讨论的重要意义之所在。因为按照认知活动的实践所提供的模型来理解认知，知识
194 乃是通过操作，把一个有问题的情境改变成解决了问题的情境的结果。它所进行的程序是公开的，它是交互作用着的自然界的一部分和参与者。但是，经验情境是在两种不同的方式中产生的，因而有两种不同类型的经验情境：一类是在最低限度的控制之下和少有预见、准备和意愿的情况之下产生的；另一类部分地是由于事先采取了理智行为而发生的。这两类经验情境都是我们所占有的；它们都经过了一个遭遇过程；它们为我们所享有或为我们所忍受。第一类经验情境是没有被认知的，是没有被理解的，是由命运或神意所支配的。第二类经验情境，当我们经验到它们时，是具有意义的；而这种意义是我们以明确的连续性代替经验到的不连续性或由于孤立所产生的片面性时进行操作的丰富结果。梦、疯癫和幻想都是自然的产物，和世界上一切其他事物是同样“实在的”。构成思维的所谓有意识的调节动作，也是自然的发展；而这种调节动作所产生的经验事物，也是自然的发展。不过，这些经验事物是对无目的情况之下经验到的对象所提出的问题作出的解答；所以，这些经验情境具有第一类经验所没有的那种可靠性和丰富的意义。正如亚里士多德和经院学派所说，没有一件事物的发生是没有结局的——是没有终结的效果的。凡经验对象，从某种意义上讲来，都是这样一种收尾、一种圆满的结局：无论疑难的和安全的、微不足道的和十分重要的、真实的和错误的、混乱的和有条理的经验对象，无不如此。只有当结局是智慧操作的终结时，它们才具有值得颂扬的意义。我们总是经验到个别的对象，但只有当所经验的个别事物是智慧动作的结果时，这些个别对象本身才具有内在的条理和丰富的性质。

自然的条件和过程既产生不确定性和危险性，而自然也提供安全和保证不受危害的手段，这两者是同样真实的。自然的特征就是动荡和稳定两者经常的混合。这种混合使存在变得更加深刻丰富。如果存在是完全必然的或完全偶然的，那么，人生之中就不会有喜剧，也不会有悲剧，也无需有求生的意志。道德与政治、工艺与美术、宗教与作为探究和发明的科学等等，它们的根源和重要意义就在于自然界中决定的和不决定的、稳定的和混乱的东西统一起来了。如果没
195 有这种统一的情况，就没有所谓“终结”这一回事，既没有圆满的顶峰，也没有我

们所谓目的的“预见性的终结”。只有浑然一体的一个宇宙，或者是完全终了而不容许有任何变化，或者一切事情的进展都是事先预定了的。不冒失败的危险，就没有满意的情况；没有可能成功的希望，也就无所谓失败。

任何哲学，如果在它寻求确定性时忽视了自然进行过程中不确定状态的实在性，就否定了确定性之所由产生的条件。如果有人企图把一切疑难的东西都包括在理论上牢固掌握的确定事物范围之内，这种企图便犯了虚伪和脱漏的毛病并将因此而具有内在矛盾的烙印。凡这一类的哲学，都将在某种程度上把它的题材分裂成真实的和表面的、主体的和客体的、物理的和心理的、理想的和现实的两个方面，而这两个方面是各不相干的；除非在一种神秘的方式之下，它们才发生关系，而这种神秘的方式却产生了一种不可解答的问题。

行动是解决问题情境的手段，这完全是科学方法的结果。这个结论并没有任何怪诞之处。交互作用是自然存在的普遍特性。“行动”一词是用来说明一种交互作用的方式的名称，这是从有机体的立场出发而命名的。当交互作用能够使生命过程所遵循的未来条件确定下来时，这种交互作用便是一个“动作”。如果我们承认认知是发生于自然界以内的事情，那么，认知乃是一种具有存在性质的外表动作，这成为不争自明之理了。只有当从事认知的人在自然界以外并从某一外在的中心点察看自然的时候，他才能不承认：认知是一种改变先在事物的行动；才能不承认：认知的价值在于这样改变先在事物后所产生的后果。就人类来说，如果我们把思维当作身体以外的一种“理性”所发生的作用，而这种“理性”借助纯逻辑的操作，便求得了真理，那么，我们对于认知就会不可避免地采取旁观者的学说。现在，我们已经具有实验程序的模型，而且已经明白有机动作在一切心理过程中的作用；这时候，上述那种旁观者式的认识论便是一种具有时代性错误的东西了。

我们前面的讨论大部分集中在分析知识。然而，我们的主题却是知识和行动的关系；关于知识的结论，其最后的重要性在于它怎样促进我们改变了对于行
动的看法。过去我们在理论和实践之间所作的区别，实际上乃是两种行动之间 196
的区别：一种是盲目的行动，而另一种是明智的行动。智慧是有所指向的行动所具有的一种性质，而有所指向的行动乃是一种成就而不是本来的禀赋。人类进步的历史就是从无知无识的动作（如无生物的交互作用）转变成知其所为的行动的过程，即从在外在条件控制之下的行动转变成在有意指导之下的行动——这

种行动已经洞察到它们将要发生的后果。而原来盲目的行动之所以能够具有智慧的性质，其唯一途径就是教导、见闻、知识。

这个结论对于我们明确目的和机械作用在自然界中的重要意义，是具有决定性的。在理想上或在执行中把知识当作揭示先在实在的主张，在自然科学结果的影响之下，势必把目的贬斥为纯主观的东西，贬斥为一些意识状态。于是，这便产生了一个不能解决的问题：为什么目的能在世界中发生效验？现在我们知道，智慧的行动就是有目的的行动；如果这种有目的的行为是在自然界中发生的，是在有机的和社会的交互作用的复杂但可详述的条件之下发生的，那么目的和智慧一样，也是属于自然以内的事情；它是一个具有客观地位和客观有效性的"范畴"。目的之所以具有这样的地位，其直接的原因是由于人类艺术在自然景象中所处的地位和所进行的操作；因为人类特有的行为只能用目的来加以解释和理解的。目的是真正所谓历史的主要范畴，无论在历史的演进中或在书面的记载中都是如此，因为人类所特有的行为总是具有意向的。

间接说来，目的是用来描述大自然本身一个合适而必要的观念。因为人是和自然连续着的。只要自然的发展是以达到人类智慧的艺术为顶峰的，自然本身就是具有历史性的，就是倾向于某些后果的运动。当我们为了研究的便利起见，把自然界分裂成许多不相联系的碎块，然后把自然界的某些部分关联起来而和其他一些部分分隔开来的时候，就不能够应用目的这个概念了。理智的研究方法本身就排斥了目的这个概念在外。在科学中充满了这一类的抽象。例如，
197 水是氢和氧在一定比例中的结合。这一句话只是陈述一般的所谓"水"而不是某一特殊部分的水，后者所由发生的条件不只是有氢和氧的存在。任何一部分个体化了的水都是事物无穷变化和无限扩展进程中的一个方面。然而，从种属上说来，"水"相对于它的有关组成部分而言，俨然就是一个完全的宇宙。每一个变化都有它自己个别化了的历史，但当陈述许多变化中所具有的稳定的关系时，我们是把这种陈述当作控制事物的工具的。如果我们把这种情况作为一种模型，构成一种普遍的关于自然的理论，其结果只是把一种控制工具变成一种世界观；按照这样的世界观，世界既没有历史，也没有目的。

如果我们把概括出来的事实当作个别的事情，认为它们本身就是完备自足的，这就会把宇宙描绘成许多完全相似的发生了的事件。只有重复，没有发展了；只有机械的生产，没有一个向着统一的后果发展的具有积累性质的运动。我

们从我们的逻辑口袋里拿出原来放进去的东西，然而把拿出来的这些东西当作对实际世界的真实描述。事物都丧失了它们的个别性，而成为一个普遍法则的许多"事例"了。然而，当我们从事情的联系中观看事情时（哲学的职务确应这样做），就看到自然是具有历史这种特征的，有些自然历史还以人类的生存乃至以人类的智慧活动为终结。这个结果（即复杂的交互作用逐渐积累统一所得到的后果）本身便使以前那些过程具有了有目的的意义。一切要看我们把自然的进程看成是支离破碎的片断，还是对事情进程作一个相当长期的观察，以揭示许多过程趋向于一个单一结果的统一倾向。[①]

一架机器就是机械作用的一个显明的事例。它同样是所谓具有目的、功用、功能的东西的一个显明的事例。自然是具有机械作用的。这种机械作用构成了物理科学对象的内容，因为它执行着知识所具有的工具职能。如果在自然发生 198
的事件中的交互作用和相互联系不是十分相似、十分经常、十分一致，因而我们可能从它们作出推论和预见，那么就不存在有控制和目的了。既然变化之间的恒常关系就是科学思想的题材，这种题材就是事情的机械作用。我们从近代研究的结果中明白：这些恒常的东西，大而至于法则，小而至于事实，都是具有统计性质的。它们是通过一系列的操作，从大量所观察到的频率中平均出来的结果。保险公司的统计员从某一年龄的人的死亡率所得到的"法则"，不足以说明被计算在内的任何一个人的生命的长短；同样，上述那种恒常的东西也不是对任何个别事物的确切结构与行为的描述。自然所具有的这种恒常的机械作用，足以使我们有可能进行演算、推论和预见。但是，只有当某一派哲学把一些孤立的结果，把一些为了某一目的而取得的结果具体化了，把一种工具的功能当作一种实体的时候，才断定自然本身就是一种机械作用，而且只是一种机械作用。

很久以来就有人承认，有些物理法则是统计性质的而不是对个体本身行为的记录。海森堡的不定原理和质量随速度而变化的发现，乃表明一切物理法则都是属于统计性质的这样一个概括的结论。我们知道，这些法则是对一可观察的事情的概率所作的一些预测。麦克斯韦曾经作过一个有条件的预测，如果把这个预测推论到它的极点，它就明显地具有这些物理法则所具有的特点。这一

① 诺布尔（Edmund Noble）：《有目的的进化》（*Purposive Evolution*），1926 年，纽约版。就我所知，该书最好地陈述了本节简要概述的内容。

点值得我们引录全文:“原子与虚空的理论使我们更加重视积分整数和明确比例的主张;但是,当我们把力学原理应用于大量原子的运动时,就感觉到我们的能力有限,势必放弃我们对于个别原子的确切历史加以表述的企图而满足于估计出有相当数目可以看见的一群原子的平均数。我们可以把这种处理原子群的方法称为统计法,而且就我们知识的当前状况而言,这是我们研究真实物体特性唯
199 一有效的方法,但是采用这种方法就要放弃严格的力学原理,采取概率论的数学方法。对于这种方法,人们还知道得很少,而且还没有用惯;但应用这种方法将会产生重要的结果,这是可能的。如果科学史果然改变了;如果我们最惯用的方法就是必须用此种方式所表达出来的方法,便未尝不可以把偶然性的存在当作自明之理而把哲学上的必然性的主张当作一种纯粹的诡辩。”[①]在麦克斯韦看来,由于“我们能力有限”而加以重视的特点却是自然事情本身的特性。对于个体加以机械确切的科学研究,是不可能的。一个个别就是一个有独特个性的历史。但是,当我们不把它当作定性的东西而当作从一系列的操作中所产生的统计常数时,就认识了个别的组成部分。

这件事实对于我们采取自由行动有明显的影响。用数学的术语来说,偶然性虽不是自由的充分条件,但是它的必要条件。在一个世界中,如果它的组成部分都是完全紧密无隙的,那就没有自由的余地。偶然性虽然是有自由行动的余地,但未充实这块空地。只有当我们在知识中把不确定的因素同所认识的稳定的因素(关系)结合起来,从而使我们有可能进行预见并为可能达到的后果作好了有意的准备时,自由才是一种现实。当我们行动时,我们愈知道自己在做些什么,就愈自由。如果我们把自由和“自由意志”等同起来,就把偶然性放错了地方。意志的偶然性是指我们用不确定的方式去处理不确定性,这就要诉诸机会来下决定了。“意志”的任务却是要果断,就是要在思想的指导之下解决不确定情境的不确定性。当环境迫使我们采取一定的行动而对如何行动还没有智慧的线索来指导行动时,我们的选择便是摇摆不定的,而且是极端任意武断的。

200 “自由意志”的主张是想逃避那种主张客观实有常住不变的理论所产生的后果的大胆尝试。既然那种武断的理论已经消逝了,这种大胆的尝试也就不必要

① 麦克斯韦:《科学论文集》(*Scientific Papers*),第2集,第253页。关于这段引文,我要感谢哈茨霍恩博士(Dr. Charles Hartshorne)。

了。偏爱的活动表明，个体有独特的个性。这种偏爱的活动本身事实上是有差别性的。偏爱的活动在洞察的指导之下，就变成了真正的选择。在知识所揭示的世界中，偏爱并不是一种幻觉，也不是不发生影响的东西；由于我们掌握了这种知识，便占有了一种工具，用来使偏爱变成一种理智的或有意的因素，通过审慎而有准备的行动来创造未来。认识特殊条件和关系，有助于我们的行动，而这种行动又有助于产生增添意义和条理等性质的情境。能够采取这种行动，就是自由。

以上我们是以物理学的探究当作说明认知的性质的典型。选择这个典型是有道理的，因为物理知识的操作手续十分完善，而它所设计的这一套符号系统也是十分完美的。但是，如果我们据此认为科学是唯一有效的知识，那么就会误解它。科学是一种强化了的认知形式，用来突出任何认知所具有的本质特征。而且，它是我们所占有的用来发展其他形式的知识的最有力的工具。我们愈能够有意地把疑难的情境转变成为解决了问题的情境，对于任何题材就愈加有所认识。物理知识的优点在于它具有专门的特征，全心全意地努力达到一个单一的目的。物理知识中的态度，物理知识的方法，到现在都还没有超出它自己的范围。流行于道德、政治和宗教方面的信仰所具有的特点就是害怕变化，觉得只有接受固定的标准，因为它们涉及一些先在的固定实在而认为这些标准是最后的，从而才能建立秩序和具有节制作用的权威。在物理探究范围以外，我们便逃避问题；我们不喜欢暴露严重的疑难，把它搞深搞透。我们喜欢接受现有的东西，糊里糊涂地混过去。所以，我们的社会和道德“科学”大多数是把原样的事实置于大体构成的概念体系之中。我们在社会和人生的问题方面的逻辑大部分仍然是定义和分类，正像 17 世纪以前的自然科学所遵循的逻辑一样。在我们主要关
心的事物方面，仍然还得向实验探究学习。 201

从社会上讲来，我们是生活在一种分裂混乱的情况之下的，因为我们最可靠的知识是从有指导的实践中得来的，而这种方法仍然还只限于远离人类的事物，或者只是在工业方面才与人类发生关系。在其他方面足以深刻影响我们而为我们极熟悉的实践，则不是受智慧的操作所控制的，而是受传统、私欲和偶然的条件所控制的。物理科学最重要的方面，即有关于它的方法方面，还没有应用到社会实践中去，而它的专门结果则被具有特权地位者用来为他们私人的目的或阶级的目的服务。在此种情形所产生的后果中，教育的情况或许最为明显了。因

为教育是使人们普遍从事智慧行动的最重要手段，所以是有条理地改造社会的关键。但是，在教育过程中所采取的主要方法仍然是传授既定的结论而不是发展智慧。教育一方面专心训练专门的和机械的技巧，另一方面又设法储备大量的抽象知识，这在有能力看到这种景象的人看来，它最完善地说明了历史上知识与行动分离、理论与实践分离的重要意义。只要知识与实践继续这样分隔着，这种目标分裂和精力分散的情况（而教育是一个典型的事例）就会持续下去。如果我们要把一切分裂的目的和信仰的冲突统一起来，其有效的条件就是首先要承认智慧行动是人类在一切领域内唯一的终极资源。

所以，我们不是宣称在物理科学与日常经验事物之间的关系方面并没有哲学问题；而是说，在近代哲学上占主要地位的问题是一个人为的问题，因为这种问题继续假定着在早期历史中所形成而现在已不再适合物理探究情况的前提。然而，在我们澄清了这个不真实问题的基础之后，就迫使哲学去考虑一个产生于
202 当代生活条件之中的迫切实际问题。自然科学的方法和结论要求我们对于当前有权威的目的和价值的信仰应该作一些怎样的修正和删除？自然科学对于自然力的控制指出，我们怎样可能改变当前在人类习俗和结社中的信仰和实践的内容？传统的问题是人为的和徒劳的，而这些问题却是真正的和必要的。

10.

善的构成

我们在讨论开始时就知道了，确定性的寻求是由于不安全而引起的。每一 203
经验都产生有后果，而这些后果是使我们对于当前事物发生兴趣的根源。由于人类缺乏调节的艺术，于是安全的寻求流为一些不相干的实践方式；思维被用来发现预兆，而不是用来预示将来会发生什么事情的记号。逐渐便分化成为两个境界，一个较高的境界是由一些具有在一切重要事务上决定人类命运的力量所构成的。宗教所关心的就是这个境界。另一个境界是由一些平常的事物所构成的；在这个境界中，人类依赖着他自己的技术和实事求是的洞察。哲学继承了这个分裂的见解。在这时候，希腊的许多艺术已经发展到了一种超乎刻板工作的状态；暗示出在所处理的材料之中具有量度、条理和齐整性，而这又暗示出有一种根本的合理性。由于数学的兴起，乃产生了一种追求纯理性知识的理想，认为这种知识本身是确实可靠而有价值的，而且产生了一种能以用来在科学范围内领悟变化现象中的合理性的手段。在知识界看来，过去宗教所给予的那种支持力和安慰，那种确定性的保证，今后只有在理智方面证明了理想境界中的对象是真实的这种情况之下才能找到。

随着基督教的扩张，伦理宗教的特点逐渐支配着纯理性的特点。调节人类意志的性向和意向的权威标准竟和为满足追求必然而普遍真理的要求而规定的标准混为一谈了。而且，最后实在的权威在地面上有了教会做它的代表；原来从本性上讲来是超理智的东西现在却可以通过启示来加以认识，而教会则是启示
的解释者和保卫者。这个体系继续了几百年之久。当这个体系延续着的时候， 204
它在西方世界保持了信仰和行为的统一。在一切管理生活的细节中都表现出思

想与实践的统一性;这样执行的效力并不是依靠思想。它是用一切社会制度中最强有力和最有权威的社会制度来加以保证的。

然而,宗教体系这个貌似坚实的基础却为近代科学的结论所破坏了。在这些近代科学结论本身中,尤其在这些科学结论所引起的新兴趣和新活动中,这些科学结论使人在此时此地所关心的事情和他对于最后实在的信仰之间发生了裂痕,而这种对于最后实在的信仰决定着他的最后的和永久的命运,这种信仰在以前也控制着他的现世生活。在人类对目前生活世界的信仰和对支配着他的行为的价值与目的的信仰之间如何恢复统一和合作的问题,是近代生活中最深刻的一个问题。凡不是和人生隔绝开来的哲学,都要研究这个问题。

我们之所以注意到科学在其实验程序中已经废弃了知行分隔的做法这一事实,原来从理论方面来说,是在一个狭隘、专门和技术的部门以内的事情,现在则已经使我们有这种可能和预见,在较为广大的人类集体经验的领域中寻求所需要的统一性。人们要求哲学成为关于实践的理论,它所运用的观念十分明确,能够在实验活动中发生作用,从而可以使实际经验统一起来。哲学的中心问题是:由自然科学所产生的关于事物本性的信仰和我们关于价值的信仰之间存在着什么关系(在这里,所谓“价值”一词是指一切被认为在指导行为中具有正当权威的东西)。应该研究这个问题的哲学首先就注意到:关于价值的信仰今天所处的地位和关于自然的信仰在科学革命以前所处的地位十分相似。人们或者是不相信经验能够发展它自己的具有调节作用的标准而诉诸哲学家们的所谓永恒的价值以保证人们的信仰和行动得到调节;或者只是欣赏实际经验到的东西而不管产生这些东西时所利用的方法或所从事的操作。理性主义的方法和经验主义的方
205 法截然分开对人类具有最后和最深远的意义,因为人类对于善恶的思想和行动都是与此联系着的。

从专门哲学反映这种情境的情况看来,关于价值的理论也分为两类。在一切生活领域内,凡具体被经验的善恶都被认为是一种低级实有的特征——在本质上就是低下的。正因为善恶乃人类经验之事,所以我们就一定要参照由最后实在所产生的标准和理想来衡量它们的价值。这些人类经验之事之所以有缺点和偏差,也是由这个标准与理想的衡量得来的;我们必须采取由于忠实于最高实在而产生的行为方法来纠正和控制它们。这种哲学上的陈述之所以具有现实性和力量,是因为它表达了宗教制度影响下所产生的一般人类所具有的信仰。理

性的概念曾经一度强行从外面附加于所观察到的和暂时性的现象之上，同样，永恒的价值也被强加于所经验到的诸善之上。在这两种情况之下都是一样，认为不如此就会产生混乱而没有条理。哲学家们认为，这些永恒的价值是通过理性而被认知的；一般大众则认为，它们是神明启示的。

虽然如此，随着世俗兴趣的不断扩张，暂时性的价值大量增加了；它们愈来愈多地引人注意和耗费人们的精力。对于超验价值的感觉逐渐衰退了；这种感觉已不再渗透在人生一切事物之中了，而愈来愈局限于特殊的时间和特殊的动作之内了。教会所宣称的它代表神圣意旨和感召人类的权威已经缩小了。不管人们在口头上公开说些什么，当他们遇到实际的罪恶时，他们总是倾向于利用自然的和经验的方法去补救它们。但就形式上的信仰而言，他们仍然坚持着旧的学说，认为日常经验的诸善和标准本来就是错乱而无价值可言的。人们在口头公开承认的和他们的行动却是两回事情，这一点和近代思想的混乱冲突状态是密切联系着的。

这并不是说，人们就从来未曾企图用比较符合日常生活实践的概念去代替具有永久而超验价值的权威的旧说。反之，譬如，功利主义的理论就曾经有过很大的力量。在当代哲学派别中，除了新实在论这一派以外，就只有唯心主义学派 206
重视“实在”这一概念，而把它当作最后的道德价值和宗教价值。但是，这个学派也是最关心保存“精神生活”的一个学派。经验主义派的理论仍然认为，思想和判断所涉及的价值乃是独立于思想和判断之外而为我们所经验到的。在这种理论看来，情绪上的满足占有感觉在传统的经验主义中所占有的地位。价值是为喜爱和享受所构成的；被人享用，就等于说是具有价值。既然科学不把价值当作它研究的对象，这种经验主义的理论便竭尽一切可能地强调说价值是具有纯主观特征的。一个关于欲望与爱好的心理学的理论就被认为包括了全部价值论的基础了；在这个心理学的理论中，直接的情感和直接的感觉是两相对应的。

当这个经验主义的理论把价值论和欲望与满足的具体经验联系起来时，我并不反对这个理论。据我所知，只有主张有这种联系的见解，才是使我们能够避免理性主义遥远无际和教会超验价值论炫目的情况唯一的途径。我们所反对的是：这个理论把价值降为事先享受的对象，而不顾及这些对象之所由产生的方法；有些享受因为没有受到智慧操作的调节而是偶然的，而经验主义的理论则把这种偶然的享受当作就是价值本身。操作性的思维需要被用来说明价值判断，正像最后用它来理解物理对象一样。要适应当前情境的状况，就要求在善恶观念的领域内有一种实验的经验主义。

当人们把直接未加控制的经验材料当作有问题的东西时，便产生了科学革命；它提供了材料以备用反省操作，把它转变成为被认知的对象。被经验的对象和被认知的对象之间的差别，乃是时间上的差别：即前者是在采取实验变异与重新安排的动作以前所占有或所给与的经验材料，而后者则是继续这种动作之后，由这种动作所产生的经验题材。过去认为感觉的动作或思想的动作在直接知识
207 中为思想提供了有效标准的说法，现在已经没有人相信了。操作所产生的后果成为重要的东西了。这几乎是不可避免地提示我们：我们不能把任何享受的东西都当作价值，以避免超验绝对主义的缺点，而必须用作为智慧行动后果的享受来界说价值。如果没有思想夹入其间，享受就不是价值而只是有问题的善；只有当这种享受以一种改变了的形式从智慧行为中重新产生的时候，它们才变成了价值。当代经验主义价值论的根本缺点在于：它只是把社会上所流行的、实际所经验到的享受当作就是价值本身的这种习惯加以陈述和合理化而已。它完全规避了如何调节这种享受的问题。这个结果也同样涉及如何有指导地去改造经济、政治和宗教制度的问题。

我们说，如果我们不顾及我们所直接感知的事物性质，就能形成关于对象的有效概念，而这些概念又能用来产生关于这些对象更可靠和更重要的经验，这句话似乎有点自相矛盾。但是，这种方法的结果却揭示了当作事变看待的知觉对象所依赖的联系和其间的交互作用。形式上的类比告诉我们：我们对于所爱好和所享受的事物的直接和原来的经验，只是所要达到的价值的可能性；当我们发现了这种享受的出现所依赖的关系时，这种享受就变成一种价值。这种从因果关系和从操作上所下的定义，只是给人们一个关于价值的概念而不是给人们以一种价值本身。但是，如果我们在行动中利用这种概念的话，就能得到具有可靠而重要价值的对象。

我们可以指出：在所享受的东西和可享受的东西、所想望的东西和可想望的东西、使人满意的东西和可以令人满意的东西之间，是有差别的；指出这一点，可以为上面从形式上所进行的陈述充实具体的内容。当我们说某些东西为人们所享受时，这是在陈述一件事实，陈述某种已经存在着的东西；这不是在判断那件事实的价值。这样一个命题和陈述某种东西是甜的或酸的，与是红的或黑的这

样一个命题，是没有什么差别的。它是对的或是不对的，事情就到此为止了。但是，当我们把一个对象称为是一种价值，那就是说，它满足或实现了一定的条件。在满足一定条件时所具有的功能和地位，是不同于单纯的存在物的。某一东西 208
是为人们所想望的，这一事实只产生了这个东西使人们可以去想望它的这个问题；这一事实却不去解决这个问题。只有儿童在他还没有成熟的时候，才以为他可以用“我要哇，我要哇，我要哇”这样重复的叫嚷来解决可想望到的问题。

在当前经验主义价值论中，我们所反对的并不是它把价值与想望、享受联系起来了，而是它没有把完全不同种类的享受区别开来。有许多常用的词句清楚地承认有两类享受的差别。例如“满足的”(satisfying)和“可满足的”(satisfactory)是不同的。当我们说某种东西满足了某种要求时，是把它作为一件孤立最后的事实报道的。当我们说某种东西*可以*满足某种要求时，是在它和其他事物的联系和交互作用中说明它的。一件东西讨人喜欢或使人适意，这件事实对判断提出了一个问题。我们将怎样衡量满足的程度？满足是一种价值或者不是一种价值？它是我们所赞赏、所珍视和所享受的东西吗？不仅严厉的道德家，而且日常的经验也告诉我们：在某种事物中去求得满足可以算是一种警告，招呼我们去注意它的后果。当我们宣称说某一事物是*可以*满足要求的时候，就是说它符合了某些特别的条件。事实上，这就是一个判断，说这个事物“将起作用”(will do)。其中包含有一种预测；它设想到一个未来，在这个未来中，这个事物将继续有用；它将起作用。它也断言这个事物将主动地产生某种后果，它将*起作用*。说它已满足了要求，这是一个关于事实的命题的内容；说它可以满足要求，这是一个判断、一种估价、一种鉴定。它指明*所采取*的一种态度，力争持续下来，保持安全的态度。

除了上述例子之外，在日常言语中还有许多其他承认这种差别的例子，这是值得我们注意的。有的字尾有表示“可以的”(able)，有表示“值得的”(worthy)，有表示“充足的”(ful)，这些都是与此有关的事例。所注意的与可注意的、值得注意的；所留意的与可留意的；考虑过的与可考虑的；所惊奇的和足以惊奇的；讨人喜欢的和可喜的；所爱的与可爱的；受责备的与可责备的、应该责备的；所反对的与可反对的；受尊重的与可尊重的；受羞辱的与可耻的；受尊敬的与可尊敬的；受赞许的与可赞许的、值得嘉奖的等等，多举一些这一类的字眼并不足以增加这种差别的力量。但是，这帮助我们表达了这种差别的根本特点的意义；帮助我们

说明了对既存事实的报道和下一个判断,指明产生一件事实的重要性和需要,这
209 两者之间的差别;或者,如果这个差别是既存事实,那么就帮助我们保持着这一差别。指明产生一件事实的重要性和必要性的判断,乃是一种真正的实践判断;只有这一种判断,才是与指导行动有关的。我们是否只把这一类判断才称之为"价值"(这在我看来,是正当的),这是一件小事;但是我们必须承认这种差别,因为这是理解在价值与指导行动之间有何关系的关键,这是一件重要的事情。

以价值观念为指导的因素既适用于一切其他的地方,也适用于科学方面。因为在一切科学事业中,经常有一连串的判断:如"值得把这些事实当作证据或与料;最好试一下这个实验;最好进行一下那种观察;最好接受这样一个假设;最好进行这种演算"等等。

"嗜好"(taste)一词也许和任意的爱恶联系得太密切了,以至于不能表达价值判断的性质。如果我们用这个字眼来说明一种既有修养而又主动的欣赏状态,那么就可以说:无论价值在理智方面、美感方面或道德方面,只要在有价值的地方,主要的问题就是如何形成嗜好。比较直接的判断(我们称为机悟或直觉)并不是在反省探究之先就有的,而是富于思想的经验所积累的产物。专精于某一种嗜好,这既是经常运用思考的结果,也是经常运用思考的报酬。如果"争论"意味着包含有反省探究的讨论,那么我们对于嗜好不但不是没有争论的,而且正是值得争论的东西。就"嗜好"一词最好的意义而言,乃是累积的经验结果,使我们可以明智地去欣赏喜好和享有的真实价值。只有在一个人所判断为可享有和可想望的事物中,才能完全把他自己揭示出来。运用这种判断是在用冲动、机会、盲目的习惯和自我的利益去统治一个人的信仰以外唯一的一条出路。到底什么是我们在美感上可以赞赏的;什么是在理智上可以接受的;什么是在道德上可以赞许的,我们应该构成一种有修养的和在运用上效果好的判断或嗜好。这是经验琐事为人类所提出的最崇高的任务。

如果我们思考人们所爱好或曾经爱好过的东西所由产生的条件及其后果的话,我们对于这些所爱好的事物所作的命题,在我们进行价值判断的时候,是具
210 有工具价值的。这些命题本身是不作任何主张的;它们并不要求人们后来采取什么态度和动作;它们并不自称具有任何指导性的权威。如果一个人爱好某一事物,他就爱好它,这一点是没有任何争论的,虽然说出我们所爱好的到底是什

么并不像通常所设想的那样容易。在另一方面，对于我们所要想望的或所要享受的东西所下的判断却要求未来采取行动；它不仅具有事实上的性质，而且具有法理上的性质。经常的经验指明：爱好和享受是有各种不同的类型的，而且有许多这类爱好和享受是为反省判断所申斥的。通过自我解说和“合理化”的途径，享受使我们倾向于肯定所享受的事物就是一种价值。对于这种有效性的肯定，增添了这件事实的权威性。因而我们就断定这个对象有存在的权利，而且有权利要求我们采取行动来促进它的存在。

我们还可以把关于价值的理论的地位和实验探究兴起以前人类关于自然对象的观念的理论作进一步的类比。感觉主义关于思维的根源与标准的理论在一种反动的方式之下，激起了超验主义关于先验观念的理论。因为感觉主义完全不能说明所观察的对象中客观的联系、条理和整齐。同样，任何把被爱好这一单纯的事实和被爱好的对象所具有的价值等同起来的学说都不能在需要指导的时候对行为进行指导，因而使人们自动地断言说：在实有中永远存在有价值而这种价值乃是一切判断的标准和一切行动所应达到的目的。如果我们不接受关于思维的操作性的理论，就要在两种理论之间摇摆不定：一种理论，为了要保持价值判断的客观性，便把这种价值判断和经验与自然分隔开了；而另一种理论，为了保留价值判断的具体的和人生的意义，把这种价值判断归结成单纯是对我们自己的感情的陈述。

甚至最坚决拥护那种把享受和价值等同起来的人也不会贸然断言：因为我们曾经一度喜欢过某一种东西，就会继续地喜欢它；他们不得不承认：有些嗜好是要经过培养的。从逻辑上讲来，并没有理由引入培养这个观念；喜欢就是喜欢，而一切都是一样地好。如果享受就是价值，价值判断就不能调节喜爱所采取的形式；它不能调节它自己的条件。想望、意向以及行动便得不到指导了，而调 211
节它们形成的问题却是现实生活中最主要的问题了。总而言之，价值固然是内在地与爱好联系着的，但它不是与一切爱好联系着的；它所联系的喜爱，乃是在检验过爱好的对象所依赖的关系之后曾经为判断所许可的爱好。凡偶然的喜爱是自然发生的一种爱好，人们既不知它是怎样产生的，也不知它将产生什么结果。在这种偶然的爱好和因为人们判断它是值得人们占有而加以追求的爱好之间的差别，正是偶然的享受和有价值因而要求人们采取一定的态度与行为的享受之间的差别。

采取另一种出路的理性主义派的理论为了想提供指导而诉诸永恒不变的模式，但是无论如何，这派理论也未曾提供这种指导。科学家无法把某种建议的理论中的盖然真理和绝对真理与常住实有的标准加以比较，从而来决定这种建议理论中的盖然真理。他必须依赖在一定的条件所进行的一定的操作——必须依赖方法。虽然我们懂得一位建筑师是根据他对于实际条件和需要的知识来构成一个理想的，但是我们不能想象，在建筑一座房屋时，一位建筑师能从一个笼统的理想中得到一些什么助益。有人认为，在先在的实有中就有一种十全十美的理想，但是这种理想也不能指导一位画家去创作一幅特殊的艺术作品。我们认为，实际上有我们所要寻求的善和所要尽的义务——这二者都是具体的事情，而道德中所谓绝对的完善只是把这种看法加以概括地具体化罢了。在这一方面的缺点，并不只是消极的。我深信，只要我们考察一下历史，便会知道：这些一般性的和远离实际的价值体系，只要它能为社会上所已有的制度和教条服务，便会实际上具有足够的和接近具体情境的内容，以指导我们的行动。具体性是具有了，但是那些腐朽的和需要批评的某些流行的标准却被维护着而不让人们去加以探究。

当价值理论不能在理智上帮助我们构成足以指导行为的有关价值的观念与信仰时，人们就一定会另谋他法来弥补这个缺陷。如果人们缺乏智慧的方法，偏见、直接环境的压力和人的利益与阶级的利益、传统风俗、具有偶然历史根源的
212 制度却并不缺乏，而且它们将取智慧之地位而代之。因此，这便导致我们的一个主要命题：*价值判断就是关于经验对象的条件与结果的判断，就是对于我们的想望、情感和享受的形成应该起调节作用的判断*。因为凡决定我们的想望、情感和享受的形成的东西，决定着我们个人行为和社会行为的主要进程。

至于到底什么是有价值的，我们应该考虑存在于我们所喜爱和所享有的东西中的联系，从而形成我们的判断。对于这句话，如果有人听来觉得有点奇怪的话，答案是不难求得的。当我们还未曾进行这样的探究时，享受（如果我们愿意用这个名词的话，我们也可以把它称为价值）是偶然发生的；这种享受是“自然”所赋予的，而不是由于艺术构造成功的。和在定性存在状态之下的自然对象一样，这种享受至多只能为了在理性领域内求得精进提供材料而已。我们所感觉到的理智对象离开这些对象的实际情况很远，同样，一种良善的感觉或优美的感觉离开事实上的善也是很远的。如果我们一方面承认：只有当我们极其审慎地

选择和安排有指导的操作时，才能获得关于自然对象的真理；而在另一方面却认为：价值是真正能够为单纯爱好这一事实来决定的，这似乎会使我们处于一种不足为信的地位。生活中一切困惑的境况，归根到底都是由于我们真正难以形成关于情境的价值的判断，归根到底都是诸善之间的冲突。只有独断主义者才把严重的道德冲突当作某种显然是坏的东西和公认是好的东西之间所发生的冲突，而且认为只有在这两者之间进行选择的人的意志中才有一种不确定的状态。大多数重要的冲突都是在现在使人满意或已经使人满意的事物之间的冲突，而不是善与恶之间的冲突。而且有人认为，我们能够一劳永逸地一般地制造一张价值等级表、一种目录表，按照价值的上升或下降来排列各种价值。这无非是掩饰我们无法具体构成智慧判断的无能罢了。否则，就是想利用一种好听的名词来尊重习惯的好尚和成见。

除了对偶然发生的满足状态进行界说、归类和系统化以外，还有一条出路是借助这些满足状态所由发生的关系来对它们进行判断。如果我们知道爱好、想望和享受等动作之所由产生的条件，就能知道这种动作的后果。所想望的和可想望的、所赞赏的和可赞赏的，这两者之间的差别正在这一点上发生效验了。试 213
看“那个东西已经被吃了”这个命题和“那个东西是可吃的”这个判断之间的差别。前一句话除了所陈述的内容以外，并不包括关于任何关系的知识；然而，只有当我们认识到此物与别物的交互作用，足以使我们能够预见有机体吸收此物后将发生什么效果时，才能判断说此物是可吃的。

如果有人假定事物能够在不与其他事物联系之下被人认知，这就把认知和单纯占有知觉中或感觉中的对象等同起来了，因此，也就失去了分辨所知对象的特点的关键。把某种直接呈现的性质看作呈现此一性质的全部事物，是无用的，乃至是愚蠢的。当性质是热的、流动的或沉重的等等时，它不足以构成事物的整体；当性质是令人喜爱的或为人所享有的等等时，它也不是事物的整体。这些性质也是某些条件所产生的效果，是具有因果联系的过程的结尾。它们是人们所要研究的东西；它们引起人们对它们的探究和判断。我们愈能确定更多的联系和交互作用，对于这个所研究的对象便愈有所认知。思维即对于这些联系的寻求。由于我们采取有指导的操作后所经验到的热和我们偶然经验到而不知其怎样产生的热，是有着十分不同的意义的。关于享受，也是如此。当我们洞察关系从而指导行为时所产生的这种享受，便由于经验它们的方法而具有意义和效用。

这种享受是不会令人后悔的：它们没有引起苦的回味。即使在直接的享受之中，也有一种效用之感、权威之感，加强了这种享受。期望去保存有价值的对象和单纯地想去保存这种享受的感觉，是截然不同的。

所以，以上所述并不意味着，价值是脱离我们实际所享受为好的东西而独立存在的。发现一个事物是可享受的，这是一种所谓“增添的”享受(a plus enjoyment)。我们知道，以科学对象为知觉对象的敌对物或代替者是愚蠢的，因为前者是介乎
214 不定情境和已定的情境、在较大控制条件之下所经验的情境之间的东西。同样，对于一个经验对象的价值所下的判断，可以帮助我们去欣赏现实的对象。但是，认为一切偶然使人满意的对象，与一切其他对象一样，都同样是价值的说法，和认为一切知觉对象与一切其他的对象一样，都是具有同样的认识力量的说法，是十分类似的。没有知觉，就没有知识；但是，只有当所知觉的对象是联系着的操作所产生的后果时，它们才为人所认知。没有满足，就没有价值，但是把一种满足转变成一种价值，却还需要满足一定的条件。

这样一个时候将会来临，这时候，我们会觉得奇怪：我们在这个时代会这样努力用尽一切可用的方法来形成关于物理事物的观念，形成关于那些与人生远不相关的事物的观念，而对于涉及我们最深刻利害关系的对象所具有的性质，却满足于一些偶然的信仰；当我们考虑到构成自然对象的观念时是小心谨慎的，但是在我们构成关于价值的观念时却是武断的，否则就是受直接的条件所驱使的。有一种流行的看法(这种看法如果不是明显提出的，也是可以推论出来的)认为：对于价值，我们已经知道得很清楚了，所缺少的乃是按照它们价值的秩序来培养这些价值的意志。事实上，我们最欠缺的并不是对已知的善采取行动的意志，而是认知什么是善的这种意志。

我们有可能在某种程度之下调节有价值的享受的发生，这并不是一个梦想。例如，在工业中的工艺和艺术(在一定的限度内)可以用来说明实现这种可能性。人们想望要有超过自然界本身所提供给他们的热度、光亮，以及运输和交通的速度。人们不是靠喧嚷着享受这些东西和鼓吹着它们的可想望性而是靠研究体现它们的条件来获得这些东西的。人们始而获得了关于关系的知识，继而有能力去产生这种关系，而最后得到享受便是理所当然的事情了。不过，还有一句老话：享受这些事物，认为是善，并不保证这些事物只会带来善的后果。据说，柏拉图曾经指出：尽管医生知道医道和演说家知道劝说，但这个人是否应该被医治或

是否应该按照演说家的意见加以说服，还没有最后的答案。这里便发生了传统 215 所谓比较低级艺术价值和真正人本艺术的比较高级价值之间的区别了。

关于比较低级艺术的价值，人们并不假定说：没有明确的操作性的知识，就能占有和享受它们。关于这种比较低级艺术的价值程度，是可以根据我们努力控制它们发生的条件的程度来加以衡量的。关于比较高级的人本艺术，人们却假定说，它们的存在是任何诚实的人所不能怀疑的；在启示或良心中，在别人的教诲或直接的感觉中，它们都是清晰无疑的。人们并不是以我们为这些价值而采取的行动来作为衡量事物对我们的价值程度的标准；反之，他们认为，困难在于劝说人们根据已知为善的标准去采取行动。他们认为，关于条件和后果的知识与关于重大价值的判断丝毫无关，虽然在试想谨慎地去实现这种价值时它是不无用处的。结果，公认为次要的和带技术性的价值是在适当的控制之下存在着的，而那些所谓至高无上的价值却是服从于冲动、习俗和武断权威的摆布的。

这种在较高级类型的价值和较低级类型的价值之间的区别，本身还是一件尚待查究的事情。为什么要把物理的与物质的善和理想的与“精神的”善严格地区分开来呢？这个问题从根本上涉及物质和理想整个的二元论。把一件东西说成是“物质”或“物质的”，实际上并没有贬斥它的意思。如果我们正确地应用这种说法，它只是指明：有关的事物乃是某些其他事物存在的一个条件或手段。而且，贬斥有效验的手段实际上就是轻视誉为理想的和精神的那些东西。因为如果我们能够把“理想的”和“精神的”这些名词真正应用到具体方面的话，这些名词是指合意地符合了一些条件，珍惜地具备了一些手段的东西而言。如果我们把物质的善和理想的善严格地加以区分，那么就使理想的善丧失了它对人类行为有效的支持，而把应该视为手段的东西视为目的本身了。因为既然人类没有相当的健康和财产就无法生活下去，那么除非把健康和财产这一类东西也当作 216 所谓至高无上的善的一些组成部分，否则我们将会把它们当作一些孤立的价值和目的了。

决定人类经验发生的那些关系，尤其当我们把社会联系也考虑在内时，较之决定所谓物理事件的那些关系要广泛和复杂得多；决定物理事件的关系是我们经过选择采取一定操作所产生的结果。因为这个理由，我们知道如星辰之类遥远的对象，比我们知道自己的身心这一类事物更为清楚些。我们忘了，关于星辰，我们有无数事物是不知道的；可以说，我们所谓星辰的东西，本身乃是有意和被迫地从许多实际存在所具有的特点中加以删减的结果。如果把我们关于星辰的知识应用于人事方面，而且把我们全部关于星辰的知识都拿出来，我们所具有的知识并不算很多，也不算很重要。因此，关于人类和社会的真正知识，就不免远远落后于物理的知识了。

但是，我们不能根据这种差别来把这两种知识截然划分开来，也不能用来说明为什么我们很少利用实验方法来构成关于人类在其特有的社会关系中的利害关系的观念和信仰。对于这种划分，宗教和哲学要负一定的责任。它们把一个在范围较狭的关系和范围较广、较为丰满的关系之间的区别转变成两类性质不同的区别了：把一类称为物质的，而把另一类称为心理的和道德的。它们毫无理由地自己担负起这样一个使命，广泛宣传这种区分是必要的，而且在潜移默化中使人轻视物质的东西，认为它在本性和价值上都是低劣的。在形式哲学中逐渐消失了那种专门的和固定的内容，但是这种哲学却以一种浅薄而具有生命力的形式深入那些不知其底细的人们的心目之中。当这种广泛散播的和可以说是气体式的发散物在普通人的内心中重新凝结起来的时候，它们就形成了一堆坚实的和难以改变的成见。

如果我们采纳了实验的理论，不仅把它当作一种单纯的理论，而且把它当作
217 我们每一个人所具有的一种习惯态度，那么在我们个人的和社会的行为艺术方面实际上会受到一些什么影响呢？即使给我们足够的时间，我们也不可能十分详细地回答这个问题，犹如人们不能预告他们采用实验法会在知识方面产生什么后果一样。实验法的本义就是一切要通过试验。但是关于这种影响的一般线索，我们可以在时间允许的限度内加以概述。

原来，人们根据是否符合先在对象的情况来构成他们关于价值的观念和判断，而我们现在要在对事物所产生的后果的认识的指导之下来构成可享受的对象；这个变化是从回顾过去变为瞻望未来的一个转变。我从来不认为：无论个人的和社会的过去经验是不重要的。因为如果没有过去的经验，我们既不能构成关于享受对象的条件的观念，也不能估计到我们尊重它们和爱好它们时所产生的后果。但过去经验的重要意义就在于使我们有理智的工具去判断这些事情。过去的经验是一种工具，而不是最后的事物。对我们所爱好和所享受的东西加以反省，是必要的。但是，只有当这种享受能够回过头来对它们自己加以控制的时候；只有当我们在我们回忆它们的过程中尽可能地对于我们之所以爱好这类

事物的原因和我们爱好它之后所产生的后果构成最好的判断时,才能从反省中得知这些事物的价值。

我们并不是要抛弃过去所经验到的享受以及对它们的回忆,而只是要抛弃这样一种想法,即认为过去所经验到的享受是进一步应该享受什么的裁决者。现在,人们的确找到了过去的这个裁决者;不过,对于在过去到底什么是有权威的东西这一点,则有各种不同的解释。从名义上讲来,最有影响的一种见解无疑就是那种认为我们曾经一度有过神灵启示,或者认为我们曾经一度生活过一种完美生活的想法。依靠先例;依靠过去,特别在法律上所创造的制度;依靠由于未经检验的习俗所传递给我们的道德规范;依靠未经批判过的传统等等,都是其他形式的依赖权威。这丝毫并不暗示说,我们能够脱离习俗和既有的制度。脱节之后,无疑地就会产生混乱的结果。但是,这样的脱节并没有什么危险。人类在政体和教育方面过于保守,所以这种危险的想法不会成为现实。真正的危险在于:新产生的条件的力量会外在和机械地产生分裂的现象——这才是一个永远存在的危险。坚持旧标准使足以应付新条件的保守主义,增加而不是减轻了 218
这种危险。现在所需要的是要用智慧去检验历代继承下来的制度和习俗实际上所产生的后果,以便用智慧去考虑:为了产生不同后果,人们应该采取怎样的方法来有意地改变过去由制度与习俗所产生的后果。

这就是把实验法从专门的物理经验领域转移到比较广泛的人生领域来的重要意义。当我们形成关于不与人生直接相关的事物的信仰时,我们信赖实验法。结果,在道德的、政治的和经济的事务中,我们却不信赖这种方法。在美术方面,已经有了许多变化的痕迹。这种变化常是人类其他的态度方面将有变化的征兆和预兆。但是一般地讲来,在社会事务中,在所谓具有永久的和最后的价值的事业中,主动地采用实验法的观念,在大多数人看来就是要废弃一切标准和具有调节作用的权威。但是从原则上讲来,实验法并不意味着杂乱无章的盲动,而意味着用观念和知识去指导行动。这个争论的问题是一个实际的问题。是不是已经存在着这种观念和知识,容许我们在社会利益和社会事务方面有效地利用实验法呢?

如果我们废弃了熟悉的和传统上珍视的价值,不把它们当作我们具有指导作用的标准,调节作用又将从何而来呢?绝大部分来自自然科学的发现。因为分隔知行的结果之一,就是不让科学知识去指导行为——只有在贬斥为低级的工艺领域内是例外。当然，人类自由价值的对象所依赖的条件十分复杂，这是一个巨大的障碍。而且，如果我们说已经具备了足够的科学知识，足以十分广泛地调节我们的价值判断，这句话过于乐观了一些。但是，我们有许多知识还未曾试图去加以利用，而且如果不试图比较系统地利用这些知识，就不会知道从道德和人事利用的观点上看来，我们的科学还有哪些重要的漏洞。

因为道德家们通常在自然科学领域和道德行为之间划上一道鸿沟。但是，
219 有一种道德，它是依赖后果构成其价值判断的；这种道德必须最紧密地依靠科学结论。因为科学就是使我们联系前因与后果的那种关于变化关系的知识。人们在习惯上认为，自然科学的题材没有形成道德标准与理想的作用，因而道德家们时常把道德局限于一个狭隘的范围以内，把善恶的行为同有关的健康与力量、事业与教育以及一切与情欲相联系的事务等比较广泛的行为范围分隔开来了。同一态度把科学局限于一个专门范围以内，不过，它是在一个相反的方向而已。例如在战争和商业方面，这种态度便是无意识地鼓励人们只在有利于个人利益和阶级利益的范围以内才利用科学知识。

把实验的习惯应用于一切实践的事务中去，还产生了另一个巨大的差别，即铲除了通常称为主观主义、最好称为自我主义的根源。主观的态度比从标明为主观主义的哲学那里所推论到的，流传得还要广泛一些。这种主观的态度也蔓延到实在论的哲学之中，而且有时比在其他哲学派别中更厉害些。不过，那种尊崇和享受最后价值的哲学家们看不出这一点罢了。因为在主张事先的存在是衡量思想与知识的标准的学说看来，对于实在的东西，我们的思想不能有丝毫的变动。于是，我们的思想便只能影响自己对于实在的态度。

这样经常强调改变我们自己而不注意改变我们在其中生活的这个世界，在我看来，就是"主观主义"中值得我们反对的东西的实质。即使柏拉图的实在论，也犯这个毛病；它宣道式地坚持教人观照本质境界在内心所产生的变化而轻视行动，把它当作短暂的和低下的——只是由于有机存在的必要而作出的让步。凡以改变心灵的办法来代替改变自然和社会对象从而改变实际所经验到的善的办法的理论，则更是逃避存在——这种缩入自我的情况就是主观唯我论的核心。
220 典型的例子也许就是宗教中的来世，而宗教所关心的主要的是如何拯救个人的灵魂。可是在审美主义中和蛰居在象牙之塔的情况中，也可以找到来世。

这丝毫也不意味着，改变个人的态度，改变"主体"的性向，并不重要。反之，

在任何改变环境条件的企图中，都包括这一类的改变。但是，把改变自我当作一个目的来加以培养和珍视，和把改变自我当作一个手段，通过行动来改变客观条件，这两者是截然不同的。中世纪亚里士多德学派认为，在观照中享有最后实有，就能得到一种最高的快乐；这个信念对于有些人很有吸引力，为他们树立了一个理想；它显示出一种细致的享受。当有些人在努力创造一个较好的日常经验世界的过程中失败而感觉到失望的时候，这一种主张是投合他们的心意的。撇开神学的意义不谈，当社会条件十分困难、实际努力似乎无望时，这种主张肯定会复生的。但是，近代思想所显然具有的主观主义，如果和古代的思想比较一下，或是旧主张在新条件之下的发展，或只是在专门方面还具有点重要意义而已。中世纪对于这个主张的翻版至少还有一个伟大的社会制度在积极地支持着它，人们可以借助这种社会制度达到一种心境，为他们最后享受永恒的实有作好准备。那时，这种主张还具有一定的坚度和深度而这是近代理论所没有的，近代思想仅从情绪的或玄想的程序上，或以任何不需要改变客观存在，不需要在经验上更可靠地获得价值对象的办法来达到这个结果。

关于把现在在科学实践中所体现出来的原理，移用于价值领域内所会造成的革命，我们还不能详细陈述；企图这样做，便是与我们行而后知和行有后果而后得知的根本观念相违背的。但是，这个革命确会把我们的注意和精力从主观方面转移到客观方面来。人们会把自己当作活动者而不是目的；当我们在经验中享受到转变着的活动的果实时，才能见到目的。近代思想的主观性表现在：人们已经发现了在产生对象的性质与价值时，个人的有机的和习得的反应所起的
造因作用；就这一点而论，这表示我们已经有可能具有决定性地前进一步。它使 221
我们掌握了某些控制经验对象发生的条件，从而为我们提供了一种起调节作用的工具。但是，如果有人彻底否认：我们所经验到的、所知觉到的和所享受到的事物在任何方式之下都是有赖于它与人类自我的交互作用的，这种否认容易引起人们的抱怨。在决定我们所知觉和所享受的事物时，个人的和主观的反应具有一定的作用；否认这一点的那些理论的错误，或者在于过分夸大了这一组织因素的作用，把它说成是唯一的条件了（如主观唯心主义）——或者在于把它当作最后的东西而不是把它和知识一起当作指导进一步行动的工具。

由于把实验法从物理学移用于人事方面所产生的第三个重要的变化是有关于标准、原则、规范的重要性的问题，随着这种转移，我们就会把标准、原则、规范

以及关于善的一切信条、信念等等当作假设。它们不再是固定不变的东西；我们会把它们当作理智的工具，有待施行后的后果来加以验证和肯定（甚至于改变）。它们再不装作是一些最后的东西了——那是独断主义的终极根源。使人惊奇而纳闷的，是人类徒然花费了如许的精力（以血肉和精神为武器），为宗教、道德和政治的信条的真理而战斗；而不肯花费一些精力，努力实行这些信条从而验证它们。过去有人认为，信仰和判断可以是内在的真理和权威（所谓内在是指独立于它用作指导原则时所产生的结果），而且随着这种想法而来的是不容异端和狂热盲信。把标准、原则、规范等当作假设的这种变化，就会破除这种不容异端和狂热盲信的情况。这种转变不仅意味着，人们应该负责实行他公认他所信仰的东西；这还是一种旧的说法。它还要求更进一步。任何信仰本身都是试验性质的，都是假设性质的；我们不仅要实行信仰，而且要参照它所具有的指导行动的作用来构成信仰。因此，信仰不是我们偶然从世界上拾起来，然后严格遵守的一件最后的东西。当我们认识到信仰是一种工具，仅仅是一种工具、一种具有指导作用的工具时，我们将来在构成信仰时的精心谨慎，当不亚于今日工艺领域中制造精密工具时的精心谨慎。人们已不再以由于忠诚而接受和肯定某种信仰与“原理”
222 而自豪，反而以之为可耻，正如不讲证据，徒以尊重牛顿或赫尔姆荷兹等人而赞同某一种理论，一样可耻。

如果一个人停下来，考虑一下这件事情，人们竟会以忠于“法则”、原则、标准、理想为一种固有的美德来用以说明正义，这不是有些奇怪吗？这些“法则”、原则、标准、理想似乎在依靠人们对它们固执坚持的依附性来补救其中所隐藏着的某种软弱之感。一个道德的法则，也像一个物理学上的法则一样，并不是无论如何都必须贸然加以信誓和固执的；它是在特殊条件呈现出来时应该采取何种反应的一个公式。它的正确性和恰当性是靠实行它以后的结果来加以验证的。它是否有权威，最后要看我们必须对付的情境是不是不可避免的，而不是依赖它自己的内在本性（正如一个工具为人们所重视的程度，是以它所提供的需要的程度为转移的）。科学上曾有一度认为，为了避免杂乱无章，唯一的出路就是执着于一些经验对象以外的标准。但是当人们抛弃了这种看法的时候，知识就渐次增进，并且人们运用着在具体动作与对象中所发现的线索和验证。以后果为验证，较之以固定的一般规则为验证，更要严正些。而且以后果为验证，使我们获得了经常的发展；因为当我们试行新的动作时，便经验到了新的结果，至于把理想和模式当作常住不变的东西，其本身就否认了有发展和改进的可能性。

在社会和人文科目方面采用实验的思维方法的结果，会引起各种不同的变化；把这些变化概括起来说，也许就是把*方法和手段*提高到前人单独给予目的的那个重要地位上去了。人们曾经把手段当作是卑下的，而把有用的东西当作是下贱的。人们把手段当作一些不好的关系而保留下来的，而不是内在地欢迎它们。“理想”一词的真意，当在手段和目的的分离中得之。“理想”是遥远的和高不可攀的，它们太高贵和太华美了；如果实现它们，就会使它们受到玷污。它们的作用就是模模糊糊地引起“愿望”，而非激励和指导人们努力在实际存在中去加以实现。“理想”是在一种不明确的方式之下翱翔于实际景象之外；它们是曾经一度具有意义的，和曾经统治过人生一切细节的，是神圣实在界中正在消逝着 223
的幽灵。

因为漠视手段而使斗志麻痹的程度，是不可能正确估计的。从逻辑上讲来，不考虑手段就表示是不严肃地对待目的，这是自明之理。这似乎是说，一个人公开声称他要专心致志于绘画，但是却轻视画布、刷子和颜料；一个人公开声称他喜爱音乐，但是他有一个条件，就是不要有发音器或其他乐器发出声音来。一个技艺好的工人，是以他爱惜工具、热心于改善技术而闻名的。赞扬艺术的目的而牺牲其手段，可以认为是完全不诚实，甚至是病态的表现。脱离了手段的目的乃是一种在感情上的放纵，或者如果真有这种情况，也是偶然之事。“理想”之所以不能在行动中发生实效，显然就是因为目的和手段应并重而未并重。

公开提出理想而不同等地关心实现理想的工具和技术，这在形式上讲来，是自相矛盾的；这一点比较容易指出，但是这种把目的和手段分开的信仰如何渗入人生，产生腐蚀毒害的结果的具体方式，则很不容易体会得到。目的与手段的分开，乃是传统上理论与实践的分离在现实生活中表达它自己的一种形式。这也说明了为什么在维护人类的幸福方面，艺术是比较无能的。情感上的留恋和主观的赞颂代替了行动。因为没有工具和具有工具作用的动作，就没有艺术。但是，这也解释了为什么在实际行为中那种在名义上被视为低下的、物质的和卑贱的事情，却使我们感到兴趣和注意而花费了我们如许的精力。人们在表示忠诚地尊敬过“理想”之后，便觉得轻松了，于是就专心致力于比较直接而迫切的事务了。

一般来说，人们对物质上的舒适、安逸、财富，以及由于竞争而得来的成功的

关注，通常会受到谴责，因为他们应该注意目的但却去注意手段了，或者说，因为
224 他们把实际上只应当作手段的东西而当作目的看待了。许多人批评了经济利益和行动在目前生活中所占的地位，他们抱怨说，人们让低下的目的篡夺了高尚的理想价值的地位。然而，麻烦的最后根源却在于：一些道德和精神的“领袖们”传播说：人们可以离开“物质的”手段（把物质和手段当作是同义语）来培养理想的目的。他们谴责人们不该把思想和精力用于手段而应该用于目的，但是我们却应该谴责他们，因为他们并没有教导其追随者把物质的和经济的活动实在地当作手段。他们不愿意根据唯一能使价值实现的实际条件和操作去构成关于价值的概念。

实际的需要是迫切的。在一般大众看来，实际需要是带有强制性的。而且，一般地讲来，人们是来行动的而不是来讲理论的。理想的目的既然十分遥远而又与需要注意的直接迫切的条件少有联系，那么，人们为理想的目的作了一些口头上的宣传之后，便自然而然地去从事那些直接迫切的事情了。如果在手头上的一只鸟的价值抵得过在邻树上的两只鸟，那么在手头上的一桩现实的事情的价值便抵得过许多遥远而看不见和不可接近的理想。人们举起了理想的旗帜，然后却向着具体条件所提示和嘉奖的方向前进。

有意的虚伪和欺骗是很少的。但是，如果认为行动和情操在人性的构造中就是内在地结合在一起的，这种说法并没有事实证明。统一是努力达成的结果。态度和反应的分裂、兴趣的分化，是很容易习得的。这种习得的分裂深入人心，正因为这是在无意之间习得的，是从习惯上适应于条件的。脱离了具体行动和造作的理论是空洞无用的；而脱离了理论的实践，也只是直接抓住了当时条件所允许的机会和享受而没有理论（知识和观念）的指导。理论与实践的关系不只是一个理论问题；它是一个理论问题，但也是人生中最实际的问题。因为这个问题要考察智慧怎样指导行动而行动又怎样可以由于不断洞察意义而获得的后果；
225 所谓洞察意义，就是清晰地了解有价值的价值和在经验对象中保证获得价值的手段。一般地构成理想，在情操上去赞扬它们，是容易的；但是，人们却没有负起专心思考和审慎行动的责任。有闲阶级以及那些喜欢抽象谈理的人们（在这些人看来，这是一种愉快的沉溺），大多数爱好培育散播许多理想和目标，而这许多理想和目标都是与实现它们的条件脱离的。然后，另有一些在社会上有权有势的人们以体现者和保卫者自居，保护着教会和国家中的理想目的。由于他们是

这些最高目的的保卫者，便获得了一种特权和权威，掩饰着他们为了最粗鲁和最狭隘的物质目的所采取的行动。

工业生活的现况就似乎是手段与目的两相脱离的一个好例。亚里士多德曾经主张把经济学和理想的目的（不论是道德的或是有组织的社会生活的理想目的）分隔开来。他说，某些事物是个人或社会的有价值的生活所应有的条件但不是它的构成部分。人类的经济生活是要满足需要的；它是属于这种性质的。人们有需要而需要是必须满足的。但是，需要只是幸福生活的先决条件而不是其内在因素。大多数哲学家们没有像他这样坦白，也许也没有像他这样合乎逻辑。但是，总而言之，他们都认为经济学是比道德学或政治学低一等的。然而，人类的男女老少实际所过的生活、他们所遭遇到的机会、他们所能享受到的价值、他们的教育、他们在一切艺术和科学事物中所分享到的东西等等主要是由经济条件决定的。所以，一个忽视经济条件的道德体系只能是一个遥远空洞的道德体系。

由于人们没有把工业生活当作实现社会和文化价值的手段，工业生活也就相应地野蛮化了。无怪乎在经济生活被排斥于高级价值的境界以外之后，便有人采取报复的手段，宣称经济生活是社会上唯一的实在且主张一切制度与行为均由物质决定，从而否认了道德和政治具有任何因果调节的作用。

有人对经济学家们说，他们的题材纯是属于物质方面的。这时候，他们自然 226
想到：他们只有完全不涉及人类特有的价值，才能是"科学的"。于是，他们把物质的需要、满足需要的努力，甚至在工业活动中高度发展了的、受科学所调节的技术凑合起来，形成了一个完备而封闭的领域。如果有人在这个领域内也论及社会目的和价值，那是通过外在附加的办法引入的，主要是带劝告性质的。有人说，经济生活决定着人类获得具体价值的条件；对于这种说法，我们可以承认，也可以不承认。我们承认也好，不承认也好，那种把经济生活当作用来获得人类所共有和共享的重要价值的手段的说法却令人感到陌生和无用。在许多人看来，不把道德上的目的和经济生活的工作机器联系起来就不能使道德上的目的发生力量的这种说法，好像是玷辱了道德上的价值和义务的清白似的。

我们以上仅仅略示了一下分隔理论和实践在社会和道德方面所产生的影响。这种影响很多，也很广泛。因此，如果对它们作一番适当的研究，就要涉及道德学、经济学和政治学的全部领域。如果说这些影响事实上都是人们离开行动，专门从思想和知识上寻求确定性的直接后果，那么，这种说法是不公允的。因为我们知道，这种确定性的寻求本身就是现实情况的反映结果。但是，我们可以正确地断言说：在宗教与哲学中，这样寻求确定性的结果却强化了原来产生这种寻求的条件。而且，在生命危险之中运用智慧行动以外的其他方法，只靠感情和思想的方法去寻求安全和慰藉，这是在人们缺乏现实的控制手段、艺术还没有发达的时候才开始的。因此，这在历史上有相当的理由，但在今天就不存在这种理由了。现在第一个值得我们思考的问题（从其广度和深度而言，都配称为是一个哲学问题），就是如何有助于把一切以知行分隔为基础的信仰加以改造，如何发展一个符合现有知识和控制自然事物的各种设施的操作论的体系。

我们曾经不止一次地看到，近代哲学曾经聚精会神地企图解决一个问题，即如何使得在指导人生中具有权威的信仰与价值和自然科学中的结论相适应。真
227 正而强烈的争论之点，并不在于大多数哲学家究竟注意这两方面的哪一方面。这个争论之点既不在于如何调和物理的和理想的或精神的境界，也不在于如何调和理论的理性和实践的理性的“范畴”。这个争论之点在于它们把执行的手段和理想的兴趣孤立分开了，而这种孤立分开的情况又是在把理论和实践分开的影响之下所产生的。因此，从性质上讲来，这就使得物质的和精神的东西两者分开了。所以，这个问题的答案只能在行动中去寻找，因为在行动中，物质的与经济的生活现象与支配情意之忠诚的目的是并行不悖的；而且在行动中，目的和理想是根据现实经验情境的可能性来构成的。虽然我们不能单独在“思想”中去寻找答案，但具有操作性质的思维却可以促进我们去解答这个问题，因为这种具有操作性质的思维是按照我们可能采取的行动来构成和界说观念的，而且是把科学的结论当作工具来利用的。詹姆斯曾经说过：向前看而不向后看，看这个世界和人生将会变成一个什么样子而不看它已经变成了一个什么样子，这是“权威宝座”的更迭。当詹姆士这样说的时候，他是适度的。

在早些时候的讨论中，我们曾经偶然地谈到，当代经验主义派的价值哲学把价值和实际所享受的事物等同起来而不顾及这些价值所依赖的条件，其严重的缺点在于它对我们当前社会经验的情况进行陈述并从而加以推崇。在以上的各章之中，我们也许把主要的注意力放在各派哲学理论的方法和陈述上去了。但是，这些陈述只在形式上是专门性的。就它们的根源、内容和重要性方面而言，这些陈述乃是具体人类经验的某些情况或某些方面的反映。把理论与实践分隔

的这种理论有其实际的根源和重大的实际后果，同样，把价值和人们实际所享受的东西等同起来而不问其如何享受和享受什么的经验主义的理论，也是从形式上对目前社会情境的一个方面而且是一个不恰意的方面所进行的陈述。

我们虽然在讨论中较多地注意了另一个派别的哲学理论，这派哲学理论主张具有调节性和权威性的标准是在超验的价值中寻得的，但是我们却并未忽视这一事实：实际上，大多数人大部分的活动都是用来争取实际情况所允许的这种 228
享受的。事实上，他们的精力和他们的享受都是在控制之下的；不过，它们是受外在条件所控制的而不是受智慧的判断和行动所控制的。如果哲学对人们的思想和动作真有什么影响的话，那么，流行最广的经验主义的理论把价值和兴趣对象等同起来，从而为上述那种状况进行辩护，这不能不说是一件严重的事情。放在我们面前、有待于我们理智择定的价值理论从来就只有两种：一种把我们送入一个永恒不变的价值领域；另一种使我们获得实际的享受。在这种情况之下，那种把价值和作为在智慧指导下的活动成果的诸善等同起来的实验的经验主义加以陈述，即使是理论上的陈述，也是具有实践意义的。

11. 哥白尼式的革命

229 康德自称他在哲学中进行了一次哥白尼式的革命，因为他是从认知的主体去看待世界以及我们对于这个世界的认识的。在许多批评者看来，这种使所知的世界依赖于能知的心灵组织的努力似乎是回复到十足的托勒密体系（an ultra-Ptolemaic）。但是，根据康德对哥白尼的理解看来，哥白尼曾经从所知觉的天体运动与能知觉的主体的关系中去解释这些所知觉的天体运动，从而说明了一些天文学上的现象，而不是把这些所知觉的运动当作被知觉的事物本身所固有的。从我们的感知上看来，太阳是围绕着地球旋转的，这种现象之所以产生是由于人类观察的条件而不是太阳本身的运动。康德不顾这样改变了的观点会产生什么后果，决定把这一方面当作哥白尼方法的特征。他认为，他可以推广哥白尼方法的这一方面并把有关的事实归结为认知中人类主体的组织，借以扫清许许多多哲学方面的困难。

结果是托勒密式的而不是哥白尼式的，这并不足以为奇。事实上，康德的所谓革命，不过是使早已隐藏在古典传统思想中的东西明显化罢了。用文字表达出来，这种古典的思想断言说：知识是由宇宙的客观组织决定的。但是，只有在它首先假定了宇宙本身是按照理性的模型而组织成功的这种主张之后，才这样断言的。哲学家们首先构成了一个理性的自然体系，然后借用其中的一些特点来指明他们对于自然的认识的特点。事实上，康德乃是唤起人们来注意这种借用的情况；而且他坚持这种借用的材料之所以可信，不是由于神灵，而是由于人类的理性。他的“革命”是从神权走向人权的过渡，除了这一点以外，他只是明白
230 地承认，哲学家们在他以前从古典哲学一脉相承之下所无意地主张过的东西。

因为这种传统思想的根本假设是:理智和自然结构是内在地相符的——斯宾诺莎曾经明确地陈述过这个原理。在康德的时代,这种理性主义中所隐藏的困难便已经十分明显了。康德想要维持这个根本的观念而把理智的中心转放在认知主体的人的身上,从而来补救这个根本观念所隐藏着的困难。这种举动在某些人的心目中所引起的激动,是由于这种转变而不是由于他们对于自然组织中理性的功能有什么怀疑。

康德也曾偶然论及伽利略的实验方法,用以说明思想如何在实际上起着指导作用,因而对象之所以被认知,实由于它符合一个先在的概念,即符合先在概念所详细规定的东西。实验性质的认识方法正好与这种情况是相反的;我们若把这两种情况加以对比,便可以弄清楚康德论及伽利略实验法的情况了。不错,实验过程乃是根据一种指导观念进行的。但是在决定所知对象时,观念所起的作用和康德理论中所赋予观念的功能是大有差别的,正像哥白尼体系和托勒密体系之间的差别一样。因为在实验中的观念是试验性质的,是有条件的,而不是具有严密的决定性的。它对于所要采取的行动具有控制的作用,而操作的后果却又决定着这个指导观念的价值;指导观念并不固定对象的性质。

而且,在实验中,一切事情都是光明磊落的和公开进行的。每一步骤都是外表的,都是可以观察得到的。总是事先有一种特定的事物状态;有一种特定的运用物理工具和符号工具的操作,而这种操作是被公开地陈列和报道着的。当我们结论说:关于对象的某一判断是有效的时候,达到这一结论的整个过程都是外表的。任何人都可以一步一步地重复这个过程。因此,任何人都能自己判断关于这个对象所得到的结论是否算正确的知识,其中是否还有什么漏洞和歪曲的地方。而且,整个过程和其他存在的过程是同时并进着的。其中有一个时间顺序,正如任何艺术中具有的时间顺序那样明确,例如由棉花原料纺织成为棉布的过程,是由梳棉、纺纱以至于织布机上的操作所组成。一系列可以公开观察、可 231
以公开报道的明确操作,使科学的认知不同于在内心过程中所进行的认知,后者只能是由内省得到或由假定的前提加以辩证法的推论得到的。

因此,康德以思想去决定对象的想法和实验中以思想去决定对象的情况不仅不相符合,而且是相反对的。康德的知觉和概念的形式都不是假设性质的,或有条件的。它们是一致和成功地工作着;它们不需要用后果对它们加以区别性的验证。康德设定这些概念形式的理由,是为了保证获得普遍性和必然性,而不是为了获得假设性和盖然性。在康德的机制中，没有任何外表的、可以观察到和有时间性或历史性的东西。这个机制是在幕后进行工作的。只有结果是观察得到的，而且只有一个严密辩证推理的过程使他可以断言有他那一套形式和范畴的存在。这些形式和范畴都是不能够观察得到的东西，正如近代科学发展所必须事先拒绝的那些神秘的形式和本质是我们所不能观察得到的一样。

这番申述并非专对康德而言的。因为我们已经说过，他只是对旧的关于心灵的理论以及关于认知中心灵活动的旧见解作了一番新的解释，而没有提出一个崭新的理论来。但是，既然碰巧他是“哥白尼式的革命”一词的首倡者，那么，他的哲学便成了一个适宜的出发点，从而去考虑如何真正地把关于心灵、理性、概念和心理过程的传统观念颠倒过来。我们在以前各讲当中，已经涉及这个革命的各个方面。我们已经知道了，在科学探究的实际事业中已经怎样废弃知与行、理论与实践之间的对立状况，人们怎样借助动作来进行认知。我们已经知道了，靠纯心理的方法在认识上寻求绝对的确定性的办法业已被废弃，代之而起的是靠主动调节条件的方法来寻求具有高度概率的安全性。我们已经考虑过了一些明确的步骤，用以调节变化，获得安全，而不是从不可变化的东西中去求得绝对的确定性。我们已经注意到，这样转变的结果也把判断的标准从依据前件转
232 变为依据后果，从无生气地依赖过去转变为有意识地创造未来。

如果这样颠倒过来的变化，从其意义的深度和广度而言，还不能与哥白尼的革命相比拟，我就不知道我们将在什么地方再找到这样一种变化，或者这种变化究竟会是一个什么样子。旧的中心是心灵，它是用一套本身完善的力量进行认知的，而且只是作用于一种本身同样完善的事先存在的外在材料上的。新的中心是自然进程中所发生的变化不定的交互作用，而这个自然进程并不是固定和完善的，而是可以通过有意操作的中介导致各种不同的新的结果的。正如地球或太阳并不是一个普遍而必然的参考系的绝对中心一样，自我或世界、灵魂或自然（即当作孤立而本身完善的东西理解的自然）都不是这个中心。在交互作用着的许多部分之间，有一个运动着的整体；每当努力向着某一个特殊的方向改变这些交互作用着的各个部分时，就会有一个中心浮现出来。

这种颠倒过来的转变有许多的方面，而这些方面是互相联系着的。我们不能说某一方面比别一方面更重要些。但是，有一种变化特别突出。心灵不再是从外边静观世界和在自足观照的快乐中得到至上满足的旁观者。心灵是自然以

内，成为自然本身前进过程中的一个部分。心灵之所以是心灵，是因为变化已经是在指导的方式之下发生的，而且产生了一种从疑难混乱转为清晰、解决和安定这样指向一个明确方向的运动。从外边旁观式的认知，到前进不息的世界活剧中的积极参加者，是一个历史的转变；这个历史转变，我们业已追溯过它的沿革。

就哲学方面而言，这样从影响知者而不影响世界的认知转变为使世界发生有指导的变化的认知所引起的第一个直接的效果，就是完全废弃了所谓主知主义的错误。这种错误在于它认为：知识是衡量实在的尺度，是普遍存在的。关于在实验性认知有任何重要进展之前所形成的哲学，我们可以说，它们明确地区分 233
了两个世界：在一个世界中，人类思考着和认知着；而在另一个世界中，人类生活着和行动着。就人类的需要以及需要所产生的动作而言，人曾是世界的一部分，无论他情愿或不情愿，他总是和这个世界同呼吸、共命运的；他冒着世界荣枯之险，受着不规则和不可预见的变化的支配。他在这个世界中，对这个世界采取动作，因而过着其尘世的生活，有时遭到失败，有时又得到成功。他也受着世界的影响，有时被导致预料之外的光荣，有时又因为失去其恩宠而受到压抑。

人类既不能对抗这个他所生活其中的世界，便想出某种方法来和整个宇宙寻求妥协。从宗教的起源看来，宗教就是这种寻求妥协的表现。后来，有少数安闲富有、得免于世界磨难的人们发现了思考与探究的乐趣。他们乃断定说：他们以及他们的身体和与身体相联系着的心理过程都是生活在这个世界之内的，而有理性的思想却可以使人们超越于这个世界之上。当人们与自然的险恶作斗争、受到自然的蹂躏、夺取自然资源以求生存的时候，他们是自然的一部分。但是在认识方面，真正的知识是理性的；它的对象具有普遍性和常住性；人们是不受这个变幻不定的世界所威胁的。人们超出了这个物欲横流、必须劳作的境界。人们既然超出了这个感觉和时限的世界，便与神灵（即清静完善的心灵）发生了理性的感通。人们成了最后实在境界的真正参与者。由于他们有了知识，便超出于机会和变化的世界之外，而优游于完善不变实有的境界之内了。

哲学家和科学家们离开和超出行动的生活而对认知的生活加以赞颂，而这种赞颂若无外在的援助，能够影响平常人至如何程度，现在还说不上来。但是，外援却来临了。基督教会的神学家们用适应于他们的宗教目的的方式，采纳了这种看法。完善而最后的实在是上帝；认知上帝，便是永恒的快乐。人所生活和行动于其中的世界，乃是一个折磨人、试探人、为人获得较好的命运求验证和

234 作准备的世界。这些传统哲学的要素便借助于故事、仪式等千千万万的方式并以引起情绪与想象的符号渗入了平常人的心目之中。

如果有人认为以上所说已完全说明把认知及其对象从实践行动及其对象中提升出来的全部情况，这种看法是片面的。最有力的原因，还是因为行动世界里有困苦、残酷和悲惨的挫折。如果行动世界里没有残忍和失败的情况，就不会有在较高的知识境界中去寻求庇护的动机。我们容易比较“自然地”从困苦、残酷和悲惨的挫折等罪恶，联想到我们行动于其中的世界是一个有变化的领域。变化，这样一般的事实，被人们绝对化了，而且被认为是我们直接生活于其中的这个世界所有一切的烦恼和缺陷的根源。说到底，善良和优美在一个变化的世界中也是不安定的；只有在一个固定不变的本质领域中，善才能是安全可靠的。当人们断言罪恶的根源在于变化领域的内在缺陷时，人类的愚昧无能和麻木不仁便不负产生这些罪恶的责任了。所剩下唯一的一条路就只有改变我们自己的态度和性向，使我们的灵魂从这个可以消逝的世界转向永恒实有的境界。从这一观点看来，宗教所言和伟大的传统哲学所言显然是同一个意思。

这还不是全部的故事。十分奇怪，提升知识，使之超乎行动之上，还有确定的在实际方面的理由。每当人们实际上获得知识的时候，随着他们有了控制的能力而具有一定程度的安全。把价值作为衡量实在性的尺度，是一种自然的倾向。既然知识是一种经验方式，它使我们掌握了控制我们以别种方式和经验对象打交道的关键，知识便具有了一种中心地位。如果有人说一件事物即离开知识而被经验到的东西，这种说法并没有使我们得到任何实践上的指示。如果一个人得了伤寒病，他就得了伤寒病；他无需寻索或打听它。但是，要认识伤寒病，就要去加以寻索——从思想上或从理智上看来，这个伤寒病就是我们所认知它的那个样子。因为当人们认知它的时候，那些具有它时的各种现象（直接的经验）就有了条理；我们至少有了所谓悟性这样一种控制力；而且由于我们有了悟性，也就有了比较主动控制的可能性。其他的经验既然也各自有它们自己的表
235 现，我们也就没有必要去追问它们是什么东西了。只有当一个存在物的性质发生了疑问而我们又必须去追问它时，对于实在的观念才有意识地呈现出来。所以，只有我们关于存在的思想，才是与认知关联着的。至于其他经验事物的方式，十分明显地存在着，因而我们就没有把存在和这些经验方式联系在一起加以思考了。

总之,不管怎样解释,那种把认识当作衡量其他经验方式中所发现的实在的尺度的看法,乃是哲学中传播最广的一个前提。这种把实在和被认知等同起来的情况,在唯心主义的理论中得到了明白的陈述。如果我们回想一下草木在春风中摆动,以及水波在阳光下闪烁的景致,就会想到:在科学家对于这些事物的思想中,他们把在知觉和直接享受中有意义的性质都删除了,仅剩下用数学公式加以说明的某些物理常数了。于是,通过有贡献的思维或意识动作,用心灵把科学所提出的这个可怕的骷髅重新装饰起来,不是很自然的吗?于是,除非我们能够指出数学关系本身也是一种逻辑的思维结构,否则,能知的心便被视为全部架构的组织创造者了。实在论派的理论,反对把能知的心当作所知事物之根源的主张。但是,他们主张,实在和被知的东西是局部相等的;不过,他们是从对象方面而不是从主观方面来看这个等式的。知识是把握或观看实在"本身",而情绪和情感则是对付那种由有感情和有欲望的主体所提供的外来因素所感染了的实在。在认识论方面,唯心主义者和实在论者同样都假定:在所经验到的事物中,只有知识才是和实在关联着的。

一个哥白尼式的变革的意义就在于:我们并不需要把知识当作唯一能够把握实在的东西。我们所经验到的这个世界,就是一个实在的世界。但是,我们所经验到的这个世界在它的原始状态上,并不是我们所认知的世界,并不是我们所理解的世界;而且从理智上说来,并不是融贯而可靠的。认知活动包含许多操作手续,而这些操作手续使所经验的对象具有了形式,从而使我们可以有把握地经验到事物前进时所依赖的各种关系。认知标志着实在已经有了一番过渡性的改
变和重新安排。认知是具有媒介性和工具性的,它处于对存在的一种比较偶然 236
的经验和一种比较确定的经验之间。认知者是在存在世界以内的;他的有实验性质的认知活动标志着:一种存在和另一种存在正在交互作用着。不过,这种交互作用和其他存在的交互作用之间有一个重要的差别。这种差别不是在自然以内、作为自然之一部分的东西和另一些发生于自然以外的东西之间的差别,而是在一种受控制的变化进程和不受控制的变化进程之间的差别。在知识中,原因变成了手段而效果变成了后果,因而事物有了意义。所认知的对象是经过有意的重新安排和重新处理过的事前的对象,也是以它所产生的改造的效果来验证其价值的事后的对象。认知的对象是经过实验思维之火所锻炼出来的,正如精炼的金属是从矿物原料中所提炼出来的一样。它是同一个对象,不过是起了变

化的同一个对象，正如一个人在他的脾气经过一番磨炼之后，既是同一个人，也是不同的一个人。

于是，知识并没有包括世界的全部。知识的范围和所经验到的存在的范围并不是等同的，而这一事实既不能说是知识的缺陷，也不能说是知识的失败。这只是表明知识严格地从事于它自己的职务——把紊乱不定的情境转变成更加在控制之下和更加有意义的情境。并不是所有一切的存在都要求被人类所认知，当然也不要得到思维的允许才能存在。但是，当有些存在被经验到的时候，便要求思维在它们的进程中去指导它们，使它们成为有条理的和美好的东西，从而引起人们的崇拜、赞许和欣赏。知识为达到这样新的安排而提供了唯一的手段。经验世界的各个部分一经重新安排，便具有了更明朗和更整饬的意义，而它们的意义可以久经时间的蚀啮而变得更加可靠。认识的问题就是发明如何从事这种重新安排的方法的问题。这个问题是永无止境、永远向前的；一个有问题的情境解决了，另一个有问题的情境又起而代之了。经常的收获并不是接近于一个具有普遍性的解决，而只是渐次改进了方法和丰富了所经验的对象。

237 人作为一个自然的生物，像质量和分子一样是运动着的；他和动物一样地生活着，有饮食、斗争、恐惧和繁殖。当他生活着的时候，在他的行动中，有些行动产生了理解而有些事物发生了意义，因为这些东西成为互相间的记号了；成为期望和回想的手段、对于未来的准备和对于过去的东西的赞美了。活动具有了理想的性质。引力和斥力变成了对优美东西的爱好和对丑恶东西的憎恶。这种活动寻求和创造着一个人们可以在里面安全生活的世界。希望与恐惧、欲望与厌恶和认知与思维一样，都是对事物的真正反应。我们的感情通过理解加以启发以后，便和认知一样，是我们真正深入了解自然意义的器官，而且会更加充实和亲切。这种和事物深刻而丰富的沟通，只能是思想以及思想所获得的知识所产生的结果；实现自然的潜在意义的艺术还要求有超然和抽象这样一种中间的和过渡的状态。认知所具有的这样一种比较冷酷而不亲切的交互作用，把我们的感情和享受所迷恋的那种性质和价值暂时搁置不论。但是，如果我们要把欲望和好尚都变成稳妥的、有条理的、可靠的、具有意义的事情，知识便是我们的希望与恐惧、爱与憎的不可缺少的中介。

赞颂知识，认为知识是通往实在唯一的途径，这种想法既未立即受到摧折，也未一劳永逸地受到排除。但是，它难以无限制地被保留下去。智慧思想的习惯传播愈广，则依靠避免智慧的检查而享有权力的那种既定利益和社会制度愈不足以为敌；简言之，智慧思想的习惯愈成为理所当然之事，就似乎愈没有必要给予知识以那种唯一垄断的地位。知识将因其成果而受人重视，不因知识当它还是一种新兴事业时为人们所赋予的那种特性而受人重视。“物以稀为贵”这个平常的道理，与我们唯独尊重知识的这件事情有着密切的联系。不明智的欲望和冲动太多了，墨守成规的行动太多了，为别人武断的权力所专横独断的事情太多了，总之，未经知识所启示的事情太多了；因而，无怪乎人们在思想中把行动和知识彼此分隔开了；无怪乎人们把知识当作是唯一能够对付实在的存在的东西 238
了。知识在社会生活中什么时候才会自然化，我不知道这一点。但是，当知识为人们所习惯的时候，我们就会把知识在研究自然与社会事物中的工具作用而不是其垄断地位视为理所当然之事而无需我上面所提出的那些论证了。不过在目前，实验方法的发展还只是预示着这样一个哥白尼式革命有成功的可能性。

无论什么时候，任何人只要一谈到知识（尤其是科学）与我们的道德的、艺术的和宗教的兴趣的关系，便会遭遇两个危险。一方面是努力利用科学知识去证明道德与宗教的信仰，或者在它们流行的某些特别形式中这样做，或者在人们觉得具有启发性与安慰性的某种模模糊糊的方式中这样做。另一方面，哲学家们降低知识的重要性和必要性，使道德和宗教的教义得到不可争辩的权势。先入为主的思想，会使人们从以上两种意义中的一种意义来解释我们的主张。如果如此，我们便可以声明说：我们从未有一句话是轻视科学的；我们所批评的乃是一种关于心灵的哲学与习惯，人们曾经根据这样的哲学和习惯从一些错误的理由上去珍视知识。这样消极的陈述，还没有说明我们全部的立场。知识是具有工具性的。但是，我们全书讨论的主旨却在于颂扬器具、工具、手段，使这些东西和目的与后果具有同等的价值，因为没有工具和手段，目的与后果就是偶然性的、杂乱的和不稳定的。因为所知的对象乃是知识的对象，所以把它称为一种手段，不是轻视这些对象而是欣赏它们。

只要人继续是一个人，情感、欲望、意向和选择就总是有的；所以，只要人继续是一个人，就总是要有关于价值的观念、判断和信仰的。如果有人企图一般地去证明价值的存在，这是最笨不过的事了；价值总是继续存在着的。凡是不可避免的东西，就无需去证明其存在。但是，我们本性的这些表现却需要人们的指导；而只有通过知识，人们才有可能进行指导。当我们本性的这些表现受到了知识的影响时，这些表现本身（在它们有指导的活动中）便构成了作用着的智慧。
239 因此，就某些特殊的价值信仰、某些特殊的道德与宗教的观念与信念而言，我们主张的要点就在于指明：这些信仰、观念与信念都需要用我们手头最好的知识去加以验证和修正。本书讨论的精神决不是为了替它们保留一个孤立的地位，使它们不受新知识的影响，不管这种影响是多么的分散。

被认知的对象和具有价值的对象之间的关系，乃是现实与可能之间的关系。所谓“现实”，包括既有的条件；所谓“可能”，是指一种现在尚不存在但可因现实条件的应用而使其存在的目的或后果。因此，“可能”就其对任何既有的情境而言，乃是寻求这个情境的一种理想；从操作论的定义（即用行动去说明思维）的立场出发，理想和可能是意义相同的两个观念。观念（idea）与理想（ideal）不仅某些字母相同（指英文字而言——译者），而且有共同的内容。一个观念，就其理智的内容而言，就是设想某些存在的东西将会变成一个什么样子。当我站在火的面前，我就说，这火是多么烫；这是用一个命题来报道一个已经为我所感觉到的性质。当我在远处看见某一事物而没有感知的接触时，我判断说它一定是烫的；“烫”在这里是表达一个后果，即我在推论说：如果我走近它的旁边，我就会经验到“烫”这样一个后果；它表明一种实际在经验中存在的东西所具有的一种可能性。这个事例是一件小事，但它却表明了任何宾词（不管是性质或关系）表达一个观念而不是表达一个所感知的特征时的情况。这并不是一种所谓感觉和另一种所谓影像的心理状态之间的差别。这是一种为我们所已经经验到的东西和可能为我们经验到的东西之间的差别。如果我们都同意把“理想”一词中的赞美意味撇开不要，而把它当作现实的反面，那么，观念所指的可能性即为存在的理想方面。

现实和理想之间有无联系的问题，乃是哲学上形而上学方面的中心问题，正像存在和观念之间的关系乃是哲学上认识论方面的中心问题一样。这两方面问题的汇合处，就是现实和可能的关系问题。这两方面问题之所以产生，是因为我们要用智慧去调节行为而有采取行动之必要。陈述一个真正的观念或理想，就
240 是主张我们可以改变现有的状况，使它获得一种具有特殊特性的形式。这一句话，就其涉及一个观念、涉及认识方面而言，使我们回想到上面我们把观念当作指示操作及其后果的东西的那种说法。在这里，我们所关心的是它对“理想”所发生的影响。

在现实与理想的关系这一根本问题上，古典哲学总是企图证明：理想已是而且永远是实在所具有的一种性质。寻求认识上的绝对确定性乃进而成为寻求与最后实有合而为一的一种理想。人们既未能信赖世界，又未能信赖他们自己来实现作为自然之可能性的价值和性质。拙劣无能的感觉和规避责任的欲念两相结合，使人们渴望有一种理想的或理性的东西，把它当作我们事前就占有了现实，并把它当作我们遇到困难时可以在情绪上依赖的东西。

有人认为，现实和理想事先本来就是等同的，但这个假定产生了许多至今尚未解决的问题。这个假定是产生罪恶问题的根源。这种罪恶不仅从道德的意义而言，而且指缺陷与错乱、不定与错误，以及一切背离完善的情况而言。如果这个宇宙本身就是一个理想的宇宙，那么，我们所经验到的这个宇宙又为什么会有这么许多完全不理想的东西呢？为了要解答这个问题，人们总是迫不得已地谈到有背离完善实有的情况——谈到有某种堕落的情况，而本体界与现象界的区别、实在与表现的区别就是由于这种堕落。这种主张有许多解释。最简单而不一定最为哲学家们所赞赏的一个说法，就是“人类的堕落”这个观念。按纽曼主教的说法，这种堕落意味着万物是在天地开辟之初的灾难中创成的。我并不想讨论这些说法，评论其长短是非。我只想指明：在唯心主义名义下的各派哲学，都想运用各种方法从宇宙论、本体论或认识论各方面来证明实在与理想是同一的，同时又引入一些有限制性的说明，解释为什么两者最后又不是一回事。

把世界理想化有三种方法。有一种理想化的方法是通过纯理智的和逻辑的
过程进行的，在这个过程中，人们企图单用推论来证明这个世界具有满足我们最 241
高愿望的特性。人们还有一种情绪上强烈欣赏的刹那，这时候，由于自我与周围世界互相愉快地结合在一起而对存在有一种美感与和谐的经验，直接满足了我们想望的一切。然后，还有一种理想化的方法是通过思想指导下的行动进行的，譬如在美术作品中，以及一切贯穿着爱的关怀的人类关系中所表现出来的那样。第一种方法是各派哲学所采用的。第二种方法，当那一刹那延续的时候，是最为引人注意的。它树立了一种标准，帮助我们去衡量关于可能性的那些观念，而这种可能性是通过智慧的努力才实现的。但是，它的对象却依赖于未来的运气，因而是靠不住的。第三种方法就是审慎寻求价值安全的方法，这种价值是我们在怡然自得时自然享受到的。

在幸运的时候，人们会完全确切地享受到对象，这一事实证明自然是可以产

生那种被我们当作理想的对象的。因此，自然为体现理想提供了可能的材料。如果我可以用一句老话来说，那么，自然是可以理想化的。自然是可以通过操作来加以改善的。这个过程并不是被动的。自然为人们提供了手段和材料，使我们判断为具有最高性质的价值可以在存在中具体体现出来，不过，这并非总是自然如此的，而是由于人们探索自然所引起的反应。人类是否运用自然所供应的材料，以及他为了什么目的而运用它，这些都要依靠人类的选择。

我们的理想主义并不满足于运用辩证的方法来证明：实有是完善的和常住不变的；是某种高尚力量所具有的特性，或者是一种本质。人类这样在情绪上所得到的满足和鼓励，并不足以代替为了指导我们的行动而设计出来的理想。在愉快的一刹那间，虽然我们得到了我们所崇拜、赞许和尊重的对象；但是，真、美、善形容这个世界的可靠性和范围则要看我们自己由于爱好和向往那样一个世界而从事活动的方式如何而定的。我们所喜爱、所赞赏、所尊重的事物，唯心主义哲学家们视为最高实有特征的事物，都是真正的自然因素。但是，如果没有基于
242 了解条件的审慎行动来进行帮助和支持，这些事物便都是暂时和不稳定的，而且享受这些事物的人数是少量而有限的。

有些哲学派别曾经试图证明，现实和理想在最后实有中是固定统一的。有些宗教信仰便深受这种哲学的影响。这些宗教信仰的兴趣，在于劝人去过一种忠于所谓善的东西的生活；而宗教的这种兴趣，是和一种关于历史起源的信念联系着的。宗教也被牵涉在研究实体的形而上学之中，注定接受了某种开天辟地的说法。宗教也曾被认为是一种说明自然世界结构的学说而与科学敌对起来，从而参加了一场与科学的战斗，并终于为科学所战败。宗教还在天文学、地质学、生物学方面，以及人类学、文学批评和历史方面作过一些主张。随着科学在这些领域的进展，宗教发觉自己陷入一系列的冲突、调和、适应和溃退之中。

把宗教态度当作人们对存在的可能性的一种感觉，并把宗教态度当作献身于实现这种可能性的事业的一种态度，而不是接受当前既定的现实，这样便使宗教逐渐从这些不必要的学术上的纠纷中摆脱出来。但是，宗教诚信者们很少注意到：宗教之所以一再与科学发现发生冲突，其理由不在于某一特殊的教条，而在于它和有些哲学体系联合在一起。他们主张：优越而值得我们献身的东西是不是实在的和有多大的力量，要看我们能否证明它是事先存在的，因而如果我们不能像证明日月星辰是存在的那样，证明完善的理想是存在的，那么，这种完善

的理想便不能对我们提出任何要求。

如果没有这样一个根本的假设，科学与宗教之间就不可能有任何冲突。当我们说这句话的时候，人们便企图把科学结论和特别的宗教主张调和起来，而在这样的企图流传开来以后，不幸的是，有人会认为他们可以提出一个万灵的调和药方。但是，这决不是我说这句话的意思。这句话的意思是说：宗教态度对于任何事实方面的信仰（无论是物理方面的、社会方面的或形而上学方面的信仰），都应该不作任何主张。宗教态度应该把这一类事情留给其他领域的研究者们去研究。宗教态度也不要用一些关于价值的固定信仰去代替上述那些关于事实方面的信仰，而只相信发现现实的各种可能性以及实现这些可能性的努力才是有价值的。实际存在方面的发现，会改变人类对于目的、意向和善的信仰内容。但 243
是，这种发现不会也不能改变这一事实：即我们可以把我们的感情和忠诚指向寓于所发现的现实中的可能性。致力于创造未来而不再死抓住关于过去的命题不放，作孤注一掷这样一种力行的理想主义便成为不可战胜的了。当我们申说美丽的东西是值得赞赏和珍爱的时候，这种申说并不依靠我们能够证明那些对于过去艺术史的陈述。正义是值得尊重的，这并不依靠我们能够证明有一个正义的实有事先存在着。

如果宗教和这种理想主义结合在一起，这种宗教将具有何种形式，或者说，如果宗教不再在衰弱危难之际去寻求确定性（而这是一直决定着宗教的历史的和制度的生活的），这对宗教将会产生什么后果，这是不可能确切而完备地表白出来的。但是，这种变化的精神中的某些特点是可以指出的。一个重大的变化就是使宗教摆脱了那种防守辩解的立场，而这种立场是宗教信仰为了辩护它们关于历史和物理自然的主张而在实际上所不得不采取的；因为宗教，由于纠缠在这些问题之中，而势必经常遇到与科学发生冲突的危险。由于辩护这个迟早必须废弃的立场，人们花费了不少精力，而现在这种精力将被解放出来，用来进行积极的活动，以求实现现实生活中所潜在的可能性。更重要的变化，是人们将从一切在不同于现在生活条件的条件下所构成的教条中解放出来而倾向于把知识的结果用于建设方面。

如果科学对于实践行动所给予的刺激和支持不再限于工商业以及仅仅所谓“世俗”的事务中，那么，科学所将产生的那种改善的状况是不可能估计的。只要科学进展的实际重要性仍然还限于这些活动，那么，在宗教所表示的价值和日常生活所关心的迫切事务之间的二元论将会继续保持下去。这一道鸿沟将会继续不断地扩大而这样扩大的结果，从过去的历史看来，不至于牺牲凡人俗事所占领的领土。反之，理想的兴趣将会被迫后退到一个越来越有限制的阵地之内。

244 主张本质的境界乃是一个独立潜存的实有境界的一派哲学也强调说，这是一个包括许多可能性的境界；它提出这个境界，以备作为宗教景仰的真正对象。但是，从定义上讲来，这些可能性都是抽象的和渺茫的。它们和我们所具体经验到的自然对象和社会对象是没有任何关系或交往的。这不免会使我们得到这样一个印象：关于这样一个境界的见解，不过只是把现实存在自有其可能性的这一事实用一种笼统的方式加以实体化罢了。但是，无论如何，献身于这样一种渺茫而不可摸触的可能性只是保留宗教传统中的“来世”而已；不过，这个“来世”又不是被认为存在的一个世界。这种来世之想，乃是一个避难之所，而不是一个资源之地。只有当我们取消了本质和存在之间的分离情况的时候，只有当我们把本质当作要在具体经验对象中借行动来体现的可能性的时候，这种来世之想才能在指导生活的关系中发生效力。想用绕圈子的办法去求得具体经验对象，将是一无所得的。

如果宗教信仰是和自然和生活的可能性联系着的，那么，当宗教信仰在专心追求理想的时候，就会表现出它对现实的虔诚。它不会因为现实中有缺点和艰苦而发牢骚。它会重视和尊重实现可能性的手段和具体体现理想的事物（如果理想要有所体现的话）。愿望和努力本身并不是目的，愿望和努力本身分隔开来也没有价值，而只有把它们当作重新改组存在物以求获得公认的意义的手段时，它们才有价值。自然和社会本身以内就包含有理想可能性的设计，以及实现这些可能性的操作手续。人们可以不像斯宾诺莎的所谓理智之爱那样，把自然界崇拜为神灵。但是，自然界（包括人类在内）虽有缺点和不完满之处，却可以成为理想、可能性，以及为了理想、可能性而产生的愿望的源泉和一切既得善良的最后的寄托之所，从而激起人们真心诚意的虔诚。

我并不想涉及宗教心理学的领域，即不想涉及宗教经验中所包含的个人态度。但是，我们没有人能够否认，例如施莱尔马赫（Schleiermacher）所坚持的那种依赖感已十分接近这个问题的核心了。这种依赖感由于不同的文化状态的关
245 系，有着许多不同的形式。这种依赖感曾经表现为一种卑怯的恐惧；也曾经表现在极端残忍的行动以冀取悦于我们所依靠的神力之中；也曾经在那些自以为特

别接近神权而具有代表这种神权采取行动的权威的人们身上，表现为激烈狂热的一种不容异端的态度。这种依赖感也曾经表现在高贵的谦逊和不可压抑的热忱之中。历史表明，这种依赖感并没有一条预定的表现它自己的道路。

理想的善就是有待实现的存在的可能性，而我们的宗教态度就是和接受这种理想的善联系着的。关于这种宗教态度，我们有一句话可以有把握说的。我们的努力至多是瞻望着未来而永远不会达到确定性的。概率的教导既适用于科学的实验操作，也适用于一切活动形式，而且情况甚至更为悲惨一些。前面我们已经谈过不少关于控制和调节的话，但是控制和调节绝不意味着结果是确定的，虽然除非我们在生活的各方面去试用实验的方法，否则就不会知道这种控制和调节将会给我们多大的安全。在其他实践活动的形式方面，较之在认知方面，我们的未知范围还更加广阔些，因为这些其他的实践活动更为深入未来，其意义更为重大而更加不可控制。那种在变化中寻求安全，而不是寻求与固定物相联系的确定性的哥白尼式的革命，更加激起人们的依赖感。

而且，这种宗教态度会改变它的主要性质。在道德传统中，最深远的一种传统就是认为道德上的罪恶（不同于可以挽回的错误）起源于骄傲，而骄傲就是孤僻。这种骄傲的态度有许多不同的形式。有些人自命为具有最完满的依赖感；在这些人之中，有时显著地在这些人之中，有这种骄傲的态度。热诚虔信的骄傲是最危险的一种骄傲形式。还有学者相轻的骄傲，也有以财产和权势而骄傲的。还有一些人自以为懂得了上帝明显表达的意志，这也是一种骄傲，这种骄傲是最富于排他性的了。这种骄傲心便产生了一种排他性的团体，而这种团体又由于它与一种自命为具有精神垄断权的制度发生联系而得到了发展和维持。凡是有这种骄傲心的人们便自以为是神灵的特别代表，而且在神灵的名义之下成为统治别人的权威。

这种骄傲的结果，乃使教会在历史上孤立于其他社会制度之外。这种孤立
分隔的情况，好像否认一切交互作用和互相依赖的情况一样，把那些自命为与理 246
想和精神具有特别联系的人们的权力仅限于一些特别的方面。由于其他的人类结合方式都被贬低到了一个低下的地位和作用，这就使人类这些结合的团体不担负起自己应负的责任。这就是自然与精神分隔从而把现实和可能两相孤立的二元论的许多结果中最严重的一个后果了。如果我们承认人的意图和努力都不是最后的，而是顺从着未定未来不确定状态的，于是养成了这种依赖感，而这种

依赖感使人们普遍和共同地要有所依赖。这样，人们就不会再有那种根据人生活动来区别人的骄傲精神和孤僻态度的那种最腐败的形式。如果人们感觉到他们都要共同参与在存在的这种不可避免的不确定状态之中，就会使他们具有一种同命运、共努力的感觉。人们是不会爱他们的敌人的，除非他们之间不再是敌对的。现实和理想的对立，精神和自然之间的对立，是一切敌对中最深刻和最有害的敌对状态的根源。

以上所述，既好像忽视了那些深入人心的传统的力量，又好像忽视了体现这种传统的既定制度的力量。然而，我所做的事情，只是要指出有一种变化的可能性。这并不妨碍我们去认识实现这种变化的实际困难。在这些困难中，有一个方面是适合在这里来讨论一下的。我们最好研究一下：这些困难对于哲学未来的任务将发生什么影响。有一派哲学要用理性的方法去证明，理想是固定的和事先确定的，并把知识与高级的活动同一切形式的实践活动严格区分开来，而这种哲学便继续地阻碍着我们去实现我们所指出的那种可能性。要缩小哲学理论的实际效果或夸大它们的实际效果，都是很容易的。直接地讲来，哲学理论的实际效果并不是很大的。但是，如果我们把哲学理论当作人类已有的习惯和态度在理智上的陈述和辩护，那么，它的影响便是巨大的。习惯的惰性是很大的，而
247 且当这种惰性被一种具体体现在制度中的哲学加以强化的时候，就会大到成为维持当前各种权威之间以及从属关系之间所产生的那种混乱和冲突状态的一个因素。

于是，最后谈一谈哲学是适时的了。好像宗教一样，哲学曾经和自然科学发生过冲突，至少从 17 世纪以后，哲学就逐渐和自然科学分道扬镳了。它们分裂的主要原因，是哲学担负起了认知实在的功能。这样便使得哲学成为科学的竞争者，而不是补充者了。这就迫使哲学要求获得一种比自然科学更为根本的知识。因此，哲学(至少在其比较有系统的形式之下)就感觉得有责任来修改科学结论，证明科学所言非其真意，甚或证明这些科学结论只能应用于现象世界而不能应用哲学所指向的最后实在。唯心主义哲学企图从考察知识的条件方面来证明，只有心灵才是唯一的实体。唯心主义哲学实际上是说，既然物质本身就是心理的，那么，如果物理知识只承认物质，那又有什么关系呢？唯心主义一经证明了理想总是真实的以后，便推卸了它企图去解释现实的任务(这个任务如果是低贱些，但却是有用的)，借这种解释便可以使价值的范围变得更为广泛和可靠

一些。

在科学本身，一般的观念、假设是必要的。它们有着必不可少的用处。观念、假设启发人的新的观点；习惯使我们闭塞，使我们看不清现实状况和未来的变化，而观念、假设却使我们从习惯的束缚中解放出来。观念、假设指导着我们的操作，揭示新的真理和新的可能性。它们使我们不受直接环境和狭隘范围的限制。当我们不发挥我们的想象力或在想象中不敢利用观念、假设的时候，我们的知识也就发生动摇了。科学每一巨大的进步，无不源于新的大胆想象。有些概念经过实验的考验并已经获得成功，因而，被我们视为当然之理而加以运用。这些运用有效的概念在从前却是一种思辨的假设。

假设的广度和深度是没有限制的。有些假设的范围是狭隘而专门的，但有些假设却和经验一样的广泛。哲学总是认为，它本身是具有普遍性的。如果哲学把这种普遍性和构成有指导作用的假设联系在一起，而不笼统地装作认识了 248
普遍的实有，它对于普遍性的这个要求是可以完满做到的。当假设由实际的需要所提出，由既得的知识所防护，并由这些假设所引起的操作所产生的后果所验证时，这种假设就是有结果的，这是不在话下的。否则，想象便化为幻想，成为空中楼阁了。

现代生活的特征就是在语言、信仰和意向方面的混乱，因而最迫切需要的乃是比较广泛而概括的观念，用来指导人生。现在，人类关于存在的实际结构和过程的知识已经发达到一个阶段，使想利用知识的哲学获得了指导和支持。在哲学解除了它保护实在、价值和理想的责任之后，是会找到一个新的生命的。就科学去说明科学的意义，亦即就现实的知识去说明科学的意义，这可以留给科学去做了。就科学广泛地为人类所利用这一点来说明科学的意义；就科学在为可靠价值的可能性服务这一点来说明科学的意义，这还是一片荒地，亟待开发。废弃对绝对而永恒的实在与价值的寻求，看来似乎是一种牺牲。但是，废弃这一寻求乃是从事更富于生命力的事业的先决条件。当哲学寻求以社会生活为基础、为大家所共享的价值时，它只会有善意者的帮助而不会有对手的。

在这种情况之下，哲学和科学便不是反对的了。哲学乃是科学结论和社会以及个人行动方式之间的联络官，筹划和努力实现一切可以达到的可能性。哲学也与宗教一样，既然要在实现中鼓舞培植理想可能性的感觉，那么，它就要不断地为科学可能的发现所校正。每一新的发现，总是为人类提供了一个新的机会。这样一种哲学，在它的面前就会有一个广阔的批评天地。但是，哲学的这种批评的心灵却须排除偏见、私利、习俗，以及来自反乎人类目的的制度的权威对人类所施行的统治。人类的想象力是具有创造性的，因为它能指出现实知识所
249 揭露出来的新的可能性和设计在人类日常经验中实现这些可能性的方法。上述哲学的这个消极功能，只是人类想象力的创造性工作的反面工作而已。

哲学时常抱有这样一个理想，想把知识完全统一起来。但是，知识就其本性而言，是分析性的和判别性的。不过，知识已经达到了广大的综合性，达到了笼统的概括。但是，这种综合、概括启发了新的研究问题，开辟了新的探究领域；过渡到比较详尽和各种各样的知识。在知识的进步中所包含的多方面的发现，启发了新的观点和方法。这个事实就驳斥了那种认为可以在理智的基础上完全把知识综合起来的想法。专门知识单纯的增进，永远不会创造出一个构成理智整体的奇迹。不过，把科学的专门结果统一起来的需要是仍然存在的，而哲学在满足这个需要方面应该作出它自己的贡献。

然而，这种需要不是科学内在所固有的，而是实践上的和人本的；科学只要能够层出不穷地发现新的问题和有新的发现，就心满意足了。在广泛的社会领域中，人类的行动需要指导，而这就真正要求把科学的结论统一起来。当科学结论对于指导人生的意义被揭示出来时，这些科学结论便被组织起来了。而科学探究丰富多彩的结果之所以是无组织的、散漫的和杂乱的原因，也就在这一点上了。天文学家、生物学家、化学家在他们自己的领域以内，至少在一段时间以内，可以得到一些系统的整体。但是，当涉及这些专门的结论对于指导社会生活的意义时，我们便跳出了专门的圈子，感觉到有些困惑了。显然是由于我们有这样一个缺陷，而不是由于别的什么原因，传统和武断的权威才有力量。人类过去从来没有这样一堆五花八门的知识，而且对于他的知识的意义、他的知识所将引起的行动和后果，在过去也从来没有像今天这样困惑不定。

如果我们对于知识对理想以及一般价值的信仰所发生的意义有任何同意的看法的话，那么，我们的生活便有着统一性的特征而不会有在各种冲突着的目标和标准之间的矛盾和精神涣散的特征。在广大和自由的社会领域内，实践行动的需要会使我们的专门知识统一起来；而专门知识又会使控制行为的价值判断
250 确实可靠。如果我们已经取得了这种同意，就表示近代生活业已达到成熟的地步，可以了解它本身在理智运动中的重要意义。近代生活便会在它自己的兴趣

和活动中，发现一些指导它自己事务的有权威的方法；而这种有权威的指导，人们在彷徨于腐朽的传统和偶然冲动的支配时是找不到的。

这种情境说明了当代哲学的重要职责。这个重要的职责就是要寻找和揭露障碍的所在；要批判阻塞通道的心理习惯；要专心思考合乎现代生活的各种需要；要就科学结论对于人生各方面的目的和价值的信仰所发生的后果来解释科学的这些结论。要想发展一个思想体系以担当起这个职责，不是一件容易的事情；只有慢慢地，依靠大家的同心协力，才能做到这一点。我在本书里曾经试图概略地指出我们所要完成的这个任务的性质，并且提出手头完成这个任务的某些资源。

吉福德自然神学讲座大纲

《确定性的寻求》：关于知行关系的研究

摘要

第一讲　信仰与哲学的冲突——科学结论与关于价值的信仰之间的不一致；哲学部门；自发的和系统化的哲学。 253

第二讲　信仰、危险和安全——信仰最初是实践的；它的危险；追求可靠性；原始宗教；联系到哲学在希腊的起源。

第三讲　确定性的哲学——哲学寻求最终确定性的不同方式；笛卡尔式；康德；后康德主义；斯宾塞；当代实在论。

第四讲　哲学和实验——西方定义知识的方式；实验作为行动；科学革命；伽利略对古典传统的影响；数据和对象。

第五讲　操作和有效观念——“操作的思想”；牛顿体系中的非实验要素；物质和本质；操作定义的效果；科学对象作为被衡量的变化关系；根据结果而非在先的事物来定义的有效性。

第六讲　观念和操作方向——符号在解放行动中的重要性；对采取行动的预见；假设和实验；本质和共相指示了可能的操作。

第七讲　自然、理智和行动——通过引向行动来理解自然；牛顿体系的谬误；不确定性，偶然性和个别性；法则和历史；理智、手段和目的。

第八讲　孤立的哲学——思考和观察；连续性和个别性；含混的意义；感觉主义，理性
254 主义，康德主义，所有孤立要素在实验的认知中有机联系起来；知识中的同一和等同；
一般结论。

第九讲　价值和行动——价值控制；跟知识的互动；科学效果；摆脱习惯和过去的束缚；重视未来；作为一种人类成就的理想化；手段和目的的关系；改变了的社会艺术观；经济、道德和政治。

第十讲　可能的和现实的——可能的和理想的；抽象和具体的可能性；宗教和存在的可能性；信念和信仰；理想的和道德的秩序；人类构成的责任。

第一版页码线索

以往的学术研究通常参照美版的《确定性的追求》——要么是 1929 年的明顿-鲍 255
尔奇出版公司的，要么是 1960 年 G·P·普特南出版公司出版、带摩羯座标志的。下表列出了美版页码与当前版本的页码对照。冒号前面显示的是 1929—1960 版的页码，冒号后面显示的是当前版本的相应页码。

3:3
4:3 - 4
5:4 - 5
6:5 - 6
7:6 - 7
8:7
9:7 - 8
10:8 - 9
11:9 - 10
12:10 - 11
13:11
14:11 - 12
15:12 - 13
16:13 - 14
17:14 - 15
18:15
19:15 - 16
20:16 - 17
21:17 - 18
22:18 - 19
23:19
24:19 - 20
25:20
26:21
27:21 - 22
28:22 - 23
29:23 - 24
30:24
31:25
32:25 - 26
33:26 - 27
34:27 - 28
35:28 - 29
36:29
37:29 - 30
38:30 - 31
39:31 - 32
40:32 - 33
41:33
42:33 - 34
43:34 - 35
44:35 - 36
45:36 - 37
46:37
47:37 - 38
48:38 - 39
49:40
50:40 - 41
51:41 - 42
52:42 - 43
53:43 - 44
54:44
55:44 - 45
56:45 - 46
57:46 - 47
58:47 - 48
59:48
60:48 - 49
61:49 - 50
62:50 - 51
63:51 - 52
64:52
65:52 - 53
66:53 - 54

67:54-55
68:55-56
69:56
70:56-57
256 71:57-58
72:58-59
73:59
74:60
75:60-61
76:61-62
77:62-63
78:63-64
79:64
80:64-65
81:65-66
82:66-67
83:67
84:67-68
85:68-69
86:69-70
87:70-71
88:71
89:71-72
90:72-73
91:73-74
92:74
93:75
94:75-76
95:76-77
96:77-78
97:78
98:78-79
99:79-80
100:80-81
101:81-82
102:82-83
103:83
104:83-84
105:84-85
106:85-86
107:86
108:87
109:87-88
110:88-89
111:89-90
112:90-91
113:91-92
114:92
115:92-93
116:93-94
117:94-95
118:95
119:95-96
120:96-97
121:97-98
122:98-99
123:99
124:99-100
125:100-101
126:101-102
127:102-103
128:103
129:103-104
130:104-105
131:105-106
132:106
133:107
134:107-108
135:108-109
136:109-110
137:110
138:110-111
139:111
140:112
141:112-113
142:113-114
143:114-115
144:115-116
145:116
146:116-117
147:117-118
148:118-119
149:119-120
150:120
151:120-121
152:121-122
153:122-123
154:123-124
155:124
156:124-125
157:125-126
158:126-127
159:127-128
160:128
161:128-129
162:129-130
163:130-131
164:131
165:131-132
166:132-133
167:133-134
168:134-135
169:135
170:136
171:136-137
172:137-138
173:138-139
174:139
175:139-140
176:140-141
177:141-142
178:142-143
179:143
180:143-144
181:144-145
182:145-146
183:146-147
184:147
185:147-148
186:148-149
187:149-150
188:150
189:150-151
190:151-152

191:152－153
192:153－154
193:154
194:154－155
195:156
196:156－157
197:157－158
198:158－159
199:159
200:159－160
201:160－161
202:161－162
203:162－163
204:163
205:163－164
206:164－165
207:165－166
208:166－167
209:167
210:167－168
211:168－169
212:169－170
213:170－171
214:171
215:171－172
216:172－173
217:173－174
218:174
219:174－175
220:175－176
221:176－177
222:177
223:178
224:178－179
225:179－180
226:180－181
227:181－182
228:182
229:182－183
230:183－184
231:184－185
232:185－186
233:186
234:186－187
235:187－188
236:188－189
237:189－190
238:190
239:190－191
240:191－192
241:192－193
242:193－194
243:194
244:194－195
245:195－196
246:196－197
247:197
248:198
249:198－199
250:199－200
251:200－201
252:201－202
253:202
254:203
255:203－204
256:204－205
257:205－206
258:206
259:206－207
260:207－208
261:208－209
262:209－210
263:210
264:210－211
265:211－212
266:212－213
267:213
268:213－214
269:214－215
270:215－216
271:216－217
272:217
273:217－218
274:218－219
275:219－220
276:220－221
277:221
278:221－222
279:222－223
280:223－224
281:224－225
282:225
283:225－226
284:226－227
285:227－228
286:228
287:229
288:229－230
289:230－231
290:231－232
291:232－233
292:233
293:233－234
294:234－235
295:235－236
296:236－237
297:237
298:237－238
299:238－239
300:239－240
301:240
302:240－241
303:241－242
304:242－243
305:243－244 *257*
306:244
307:244－245
308:245－246
309:246－247
310:247－248
311:248
312:248－249
313:249－250

文本研究资料

文本注释

下面的注释以当前版本的页码和行数为线索，指出文本所作的勘误。 *261*

8.10　action］　由于本书的副标题是“关于知行关系的研究”(*A Study of the Relation of Knowledge an Action*)，而且杜威所用“action”是单数，特别是全书中在与“knowledge”并列时(例如：7.35)；而且20.1的“actions”在第五次印刷时已改为“action”，8.10中也就改正过来。

20.27　a search］　在其上有他亲笔签名和密密麻麻批注过的一个首印本中(杜威文集，特别收藏南伊利诺伊大学，莫里斯图书馆)，杜威在“search”前面加了一个插入符号和一个“a”。这个修改和下一个同样修改都没有出现在第五次印刷中，因此在这里是首次采用。

20.27　in place of］　在他的首印本中，杜威划掉了“for”，在其上写上“in place of”。这个改动未见于第五版，而首次收录于当前版本。不过，杜威并没有另加一个“a”或“or”来让句子对称。除了这两个改动，他还在划掉的“for”下面写了一个“transpose”。虽然我们不清楚他是何意，但猜想他大概是想调换一下两种“寻求”的位置，把句子改成下面这样：

> 然后我们将考虑，用通过实践的手段寻求安全的方法来代替通过认识的手段寻求绝对的确定性的方法，将对我们控制行为，特别是在行为的社会方面的价值作出判断的问题，产生什么影响。

同样的句子也出现在28.36－29.2和226.20－22。对于通过认识的手段寻求确定性带来什么样的社会影响，是杜威整本书中讨论的主题，例如在201.3－28谈到对教育的影响。

262 24.3 in value] 英版对“to value”所作的介词改动，作为必要的上下文更正，在这里也采纳了。杜威或许是一时疏忽写成“to”，因为“inferior to”是更常用的短语，或许他在修订此句时忘记了改介词。

29.4 mere] 这里也采纳了英版把“more”改成“mere”这一微小而必要的改动，因为只提到某种活动，而非很多种活动。注意前面一句中的“*行动*（斜体为杜威所加）方法的完善”，以及接下来142.14的“只有行动”。

94.19 spatial∧] 这里接受了英版对此处逗号的删除，因为这对于区分“空间的广袤”和“时间的延展”来说是必要的。

107.4 changes] 此处的“change”被改为复数，因为这一句需要复数来指“每个关联的对子”，类似的用词见106.14.22。

113.38 incontrovertible] 在他的第一次印刷本中，杜威给错误的“inconvertible”加上括号和下划线，并在边上画了个“×”。

191.33 perceived—] 此版采纳了第五次印刷所作的两处标点符号更正中的头一个，即把“perceived”后面的逗号改为破折号。结尾的破折号引出了描述“形式”的子句，有助于阐明主句。由于这类改正没有习惯性地用于整个修订过的第五版——以朴实风格的——它差不多就是杜威自己改的。虽然他在他用的本子上没标出来，但确实在前一句的“table”下面划了线（那句的第二个“table”），并在旁边划上竖线，这说明他是仔细看过这一段的。

215.31 are] 杜威在他的第一次印刷本中，标出了他想要置换的语词。

237.24 going] 在他的第一次印刷本中，杜威在“gong”中间加了一个插入符号和“i”，还在边上标了一个插入符号和“i”。

245.31 family,] 第五次印刷所作的两处标点符号更正中的第二个，是在“family”后面加了一个逗号；这个逗号把“家庭”和“财富”的概念分开了，因此具有实质性意义，而且显然是作者加的。

文本说明

“您在哲学问题上的兴趣，令我希望您接受吉福德讲座的邀请，在 1928—1929 年 263
间来这所大学作讲座。”爱丁堡大学校长、艾尔弗雷德·尤因(Alfred Ewing)爵士于 1928 年 3 月 12 日给杜威的信中说。[①] 在 11 天后收到的回信中，杜威说：“我十分荣幸地接受 1928—1929 年吉福德讲座的邀请。”[②]由此，杜威开始了他的《确定性的寻求》之旅。在此之前，只有两个美国人作过吉福德讲座，一个是威廉·詹姆斯(《宗教经验种种》，1901—1902 年，在爱丁堡大学)；一个是乔赛亚·罗伊斯(Josiah Royce)(《世界与个体》，1899—1900 年，在阿伯丁大学)。

尤因在邀请中描述演讲的主题，解释了“捐赠人给出的自由度是如何广阔。我们借此来邀请各种类型和气质的思想家”。亚当·吉福德设立信托并规定了条件。吉福德勋爵在 1885 年 8 月 21 日的遗嘱中，在解释设立这个讲座的目的是“尽可能地联系苏格兰的大学”以促进“对上帝之真知识”的研究之后，接着写道：

> 指定的讲演人不需要接受任何测试，……他们可以具有任何宗教信仰或思想方式，或者有时也可以没有宗教信仰，可以是所谓的怀疑论者、无神论者或自由思想家。只要邀请方能全心全意地确保受邀者是值得尊敬的人士，是真正的
> 思想家、真理的热爱者和奋力探求者……我希望讲演人能把他们的主题当作一 264

① 尤因致杜威，1928 年 3 月 12 日，爱丁堡大学，苏格兰爱丁堡。杜威研究中心要感谢乔治·戴奎真(George Dykhuizen)提供信的复印件。

② 杜威致尤因，1928 年 3 月 23 日，爱丁堡大学。

个严肃的自然科学问题来对待。①

这个始于1888年的讲座被委托给苏格兰的四所大学来管理：阿伯丁大学、爱丁堡大学、格拉斯哥大学和安德鲁大学。

至于讲座题目是“吉福德自然神学讲座”而引起的广泛误解，有埃德加·谢菲尔德·布莱曼(Edgar Sheffield Brightman)的评论为证：

> 约翰·杜威被宣布为吉福德讲演人，引起了人们极大的兴趣和高度的期望。令人暗暗称奇的是，杜威从未对宗教表示过明显的兴趣，竟然愿意接受这个邀请；不过，这个邀请给予美国最伟大的哲学家这一点是不足为奇的。②

杜威的讲演，用一本期刊上的话来说，“比起近年来一些著名物理学家所作的讲演，与宗教的关系还大一些”③。

尤因在邀请中略述了讲座的时间安排：通常在一个学年的任何时间里作十次讲座，最好是春季学期(1月8日到3月21日)。杜威在接受邀请的信中表示：“如果日期比你定的春季学期再晚一点，我就更满意了。”他同时又去电报说：“只要四五月份就可以。”④

在1928年3月28日到5月7日之间，杜威和大学秘书弗莱明(W. A. Fleming)一起排定了十场讲演的时间表：夏季学期前五周的每周三和周五(1929年4月17日到5月17日)。⑤ 哥伦比亚大学校长尼古拉斯·莫里·巴特勒(Nicholas Murray
265 Butler)批准了杜威的请假：“祝贺你获得下一年的吉福德讲座邀请。你可以请假，但我们也可以作些安排，以便你还可以拿春季学期的一半薪水。”⑥

---

① 杰索普(T. E. Jessop)：《大卫·休谟和从哈奇森到贝尔福勋爵的苏格兰哲学名人录》(*A Bibliography of David Hume and of Scottish Philosophy from Francis Hutcheson to Lord Balfour*)，纽约：拉塞尔和拉塞尔，1966年，第185页。

② 《宗教教育》(*Religious Education*)，第25期(1930年1月)，第74页。

③ 《神学研究期刊》(*Journal of Theological Studies*)，第32期(1930年10月)，第81页。

④ 杜威致尤因，电报收到的日期是1928年3月24日，爱丁堡大学。

⑤ 弗莱明致杜威，1928年3月28日；杜威致弗莱明，1928年4月10日；弗莱明致杜威，1928年4月26日；杜威致弗莱明，1928年5月7日，爱丁堡大学。

⑥ 巴特勒致杜威，1928年4月18日，杜威文集，卡本代尔：南伊利诺伊大学莫里斯图书馆，特别收藏。

对弗莱明在1928年4月26日信中所提的要求，杜威在5月7日回复道："只要我一定下题目就发给你。"可是，演讲开始前的一个月，弗莱明发电报给杜威："你能现在就把吉福德讲座的题目发给我吗？"[①]从杜威那里收到的电报内容是："题目为停止寻求确定性。"[②]

在第二次要题目时，弗莱明写道："为这个讲座课程准备教学大纲的一个惯常有用的策略是：给出每次讲座一个高度浓缩的概要，概要在讲座的最初两三天里发给听众。我附上了以前课程的大纲。"杜威回复说："我会照你附件的样子准备一个浓缩的概要，并在开讲前寄给你。"[③]这个讲座大纲出现在本卷的第253—254页，紧接在《确定性的寻求》的正文后面。

1929年3月14日，杜威坐船到伦敦，在那里呆了一个月，4月15日前往爱丁堡。在爱丁堡的五个星期里，他住在夏洛特广场的罗克希博格酒店。在那里，他还被聘为苏格兰教育研究所(the Educational Institute of Scotland)荣誉研究员。[④]

杜威演讲的时间是下午5点，地点在大学音乐教室。《苏格兰人》这样描述4月17日周三首次演讲的听众情况："大厅里座无虚席，后面的平台上也挤满了站着的人。许多人未能挤进大厅，只好站在门口的阶梯上，尽管在那里未必能听清多少。"[⑤]到了第八场演讲，杜威形容他的听讲者是"一群不错的听众，数量不多但质量颇高，主

---

① 弗莱明致杜威，1929年3月18日，爱丁堡大学。

② 杜威致弗莱明，电报收到时间为1929年3月29日，爱丁堡大学。

③ 杜威致弗莱明，1929年3月29日，爱丁堡大学。

④ 报道见《苏格兰人》(爱丁堡)，1929年5月6日，第12页。

⑤《苏格兰人》，1929年4月18日，第7页。每次演讲的报道都毫无例外地登载在第二天的《苏格兰人》和《格拉斯哥先驱报》上。大学通告宣布每次演讲的广告都会刊登在《苏格兰人》上，下面是这两家报纸所有报道的目录：讲演一(4月17日，星期三)，在1929年4月18日《苏格兰人》第7页和《格拉斯哥先驱报》第3页上；讲演二(4月19日，星期五)，在1929年4月20日《苏格兰人》第15页和《格拉斯哥先驱报》第3页上；讲演三(4月24日，星期三)，在1929年4月25日《苏格兰人》第12页和《格拉斯哥先驱报》第12页上；讲演四(4月26日，星期五)，在1929年4月27日《苏格兰人》第11页上；讲演五(5月1日，星期三)，在1929年5月2日《苏格兰人》第10页和《格拉斯哥先驱报》第9页上；讲演六(5月3日，星期五)，在1929年5月4日《格拉斯哥先驱报》第9页上；讲演七(5月8日，星期三)，在1929年5月9日《苏格兰人》第13页和《格拉斯哥先驱报》第13页上；讲演八(5月10日，星期五)，在1929年5月11日《苏格兰人》第10页和《格拉斯哥先驱报》第3页上；讲演九(5月15日，星期三)，在1929年5月16日《苏格兰人》第12页和《格拉斯哥先驱报》第9页上；讲演十(5月17日，星期五)，在1929年5月18日《苏格兰人》第16页和《格拉斯哥先驱报》第13页上。杜威显然为报纸准备了材料，因为在弗莱明1929年3月18日向杜威要讲座大纲的信中提到："为媒体报道准备一个摘要，也是值得的。"报道与杜威所写摘要的相似性，说明杜威照着弗莱明的请求做了。不过，《苏格兰人》的报道还补充了一些记者额外提供的材料。

266 要是成年人，没多少学生”。①

最后一次讲演结束时，新上任的大学校长、可敬的威廉姆·P·帕特森(William P. Paterson)先生感谢杜威对实用主义作了“一个充分而清晰的表述”，“让人们不再感到惊讶：为何这个学说会被一个在几世纪里征服了广袤的美洲新大陆，使之服务于人并十分讲求实效的国家所吸收和发展”。帕特森对杜威“驾驭困难材料的游刃有余”和“清晰准确的语言天赋”表示赞赏。②

讲座一结束，杜威立刻赶往伦敦，接着在法兰克福与悉尼·胡克见面，到维也纳看望他的女儿露西，在圣安德鲁大学的学位典礼上接受法学荣誉博士的学位。7月的大部分时间，他在卡尔斯班度过，8月20日返回纽约市。

267 在给悉尼·胡克的信中，杜威袒露了他的讲座构思和一般的写作习惯。他在1929年1月4日的信中说：

> 开头十分困难，一连起草了四五个很糟的开头，讲演稿却只字未写。到后来总算动笔了，却毫无头绪，写了超过一个讲座篇幅以上的草稿，却还不知道主题是什么，甚至连题目都没有。总算有些进展了，我想我要把题目叫做“确定性的寻求”，一个对理论与实践之关系的研究。首先研究科学和实践价值判断，然后转向对哲学史的诠释，这样主题也最终浮现出来了。我不知道这是否有点像个大杂烩，因为也保留了前面两个开头的一些想法，但在磕磕绊绊这么多次后能有些进展，还是很令人鼓舞的。抱歉我未能采纳我们讨论过多次的东西。我不是以为这个题目意味深长，但在历史方面，它是对企图获得理论确定性的哲学的一种批判。③

从杜威的专业角度来讲，他不“以为这个题目意味深长”。不过，有趣的是：他一

---

① 杜威致胡克，1929年5月10日。胡克/杜威文集，卡本代尔：南伊利诺伊大学，莫里斯图书馆，特别馆藏。

② 《苏格兰人》，1929年5月18日，第16页。杜威作为一位特殊的美国代表，解释一种独特的美国哲学。这个观点也被其他几位评论者提到，包括：埃尔文·埃德曼(Irwin Edman)，《纽约晚邮报》(*New York Evening*)，1929年10月19日，第10页；维克托·S·尤拉斯(Victor S. Yarros)，《公开法庭》(*Open Court*)，第44期(1930年8月)，第499页；乔治·博厄斯(George Boas)，《研讨会》(*Symposium*)，第1期(1930年4月)，第263页；霍华德·威廉斯(Howard Y. Williams)还比较了詹姆斯和罗伊斯，认为前者是“贵族气的哈佛教授”，后者是“民主派的哥伦比亚学者”[《明日世界》(*World Tomorrow*)，第13期(1930年2月)，第89页]。

③ 杜威致胡克，1929年1月4日，胡克/杜威文集。

直保留着原来的题目，只在小标题上略作改动。

在这封信中，杜威详细地描述了他在每个讲座上的进展：第一个，第二个，第三个，“整个引言部分”，都已完成或接近完成；“第四个要致力于怀疑的思想与知识的关系（还没有写，也没有轮廓）；第五个，从当前（最新）物理学的倾向来看知识的结构；接下来的一次或两次讲座讨论实践判断本身……后面几次会考虑科学方法和结果对我们的道德和政治信念的影响，尽管我还不清楚在哪些方面上有影响”。

显然，他打算加强表述的科学性。杜威继续说：“我在第五章上比较弱；我准备从
爱丁顿的新作《物理世界的性质》以及布里奇曼[①]，还有巴瑞的《思想之科学习惯》中 268
得到帮助；后一本，我认真读过并深受启发，这本书应该得到比目前更多的关注。”杜威总是把讲座说成某一章并不令人奇怪，因为他已经签了出版合同，而且他以前的著作都是在讲座的基础上写成的。

2月份，杜威向胡克解释说，另外两个工作迫使他不得不把讲座暂放一个月：两个演说和《经验与自然》的修订版（“一月份我都忙于这个，根本没碰吉福德讲座。”）杜威继续说：“我跳过了思考和认知与确定性之关系的一章，因为感到在这方面很有把握……但是，我必须插一章关于心理对象与牛顿的物理对象的二元对应……接着一章是科学和基于效果之价值的关系，无论发生什么意料外的事情，我都不能再中断了。”[②]

> 至于讲座的准备，一方面比离开纽约时更糟——或者不相上下——我已完
> 成了第三讲和第四讲的一半，但在船上发觉必须重写前三章；陷在里面很长时 269
> 间，前天晚上才写完了。而且，我发现差不多把想说的都按条理说出来了。如此

---

① 珀西·威廉·布里奇曼（Percy Williams Bridgman）后来写信感谢杜威的《确定性的寻求》。他说，读此书，使他“获得了极大满足；事实上，这是我尝试阅读的少数哲学书中唯一能同意并部分地理解的作品”。不过，布里奇曼接着说：“有一个问题我想跟你讨论，这个问题在你对迫使人们接受海森堡不确定性原理的物理事实的意义解释那里。你在‘理智的自然化’一章处理过这个问题。在第210页上，你说，在这些新的事实面前，自然始终是清楚的和可理解的，尽管人们的反应更可能是急于得出相反的结论。在你提到的、我发表在《哈珀斯杂志》上的论文中，我的确提出了相反的主张。我想，在这里稍微展开一下我的意思……如果我们对海森堡原理的理解是正确的，在本质上就不能控制或预测一个声音（咔嚓）。我把这种状况描述为不清楚的或不可理解的，这正是我对这类词的定义。当然，你可以在不同意义上使用这些词；但是从上下文看你的定义，与我的差不多。也许你没有充分理解物理状况，或者不接受它……在我看来，这个状况的意蕴超出了你的著作要处理的范围；也许某一天，你会专门写一本书来处理这个问题。”（1929年11月6日，杜威文集）。

② 杜威致胡克，1929年2月12日，胡克/杜威文集。

一来，我就可以回过头来重写前几讲。我不介意重写，因为我想我已经把要点搞清楚了，有了主题就可以讲，而不会有大的出入。当然，为了出版，还要全部写下来。我好像在对自己的理论举例论证，可是直到完成以前，我还不知道要做什么。不过，现在主要是一个清晰表述即实际上如何正确安排的问题。我给出了许多未曾料想而且令人吃惊的东西。①

杜威一边讲演，一边继续写讲稿。他在第八次讲座那天写信给胡克："我努力工作，以使我的讲演成形——只是一直在重写，我总是觉得没有把它们酝酿好。"②

根据杜威给胡克的信、他的进度安排以及报纸报道，就可以勾勒出他如何把十次讲座重新编排为十一章的线索。"导论性的"讲座 1—3，在做了一些重新编排后，仍然作为"导论性的"1—3 章。③ 讲座 4—8 大致相应于第 4—8 章，讲座 9 显然扩充为第 9 和 10 章，讲座 10 则成为第十一章。④ 杜威深思熟虑地重新组织了材料，扩展了科学讨论。一些口头讲演的印迹还保留着，例如在 231. 29 提到"前面的讲座"，在 271. 2,6 提到"时间"。

最后一次讲座与书出版的时间相隔不到五个月，相对来说比较短。比如，与 1922 年 12 月的凯洛斯讲座(Carus Lectures)和 1925 年成书的《经验与自然》间隔的时间相比的话。

270 《确定性的寻求》在杜威 70 岁生日的前 9 天，即 1929 年 10 月 11 日发行。该书迅即赢得广泛的评论，在大众以及学术刊物上都获得了普遍的认可。⑤《纽约晚邮报》

---

① 杜威致胡克，1929 年 4 月 7 日，胡克/杜威文集。

② 杜威致胡克，1929 年 5 月 10 日，胡克/杜威文集。

③ 杜威在给胡克的信(1929 年 1 月 4 日)中用的"导论"一词，也出现在《确定性的寻求》第三章。在报纸摘要中，杜威写道："前三章将……致力于讨论历史上理论和实践相割裂的方式。"(同样的词也出现在 1929 年 4 月 18 日《苏格兰人》第 7 页和《格拉斯哥先驱报》第 3 页对讲座一的报道中)。

④ "杜威教授指出了，从认知的实验方法中得出的结论一旦被哲学和一般思想所接受，将会带来一场堪比天文学中的哥白尼革命的变革。"(同样的话，也出现在 1929 年 5 月 18 日《苏格兰人》第 16 页和《格拉斯哥先驱报》第 13 页对讲座十的报道中)。

⑤ 以下的评论发表在：London periodicals and the *Expository Times* used the British edition (London: George Allen and Unwin, 1930): *A. L. A. Booklist* 26 (January 1930): 144; *American Association of University Women Journal* 23 (January 1930): 103 (Kathryn McHale); *Among Our Books* 35 (January 1930): 5; *Book Review Digest* (1929): 248; *Boston Evening Transcript*, 16 November 1929, p. 3 (E. N.); *Canadian Forum* 10 (March 1930): 214 - 216 (G. S. Brett); *Christian Century* 47 (8 January 1930): 48 - 49 (Ewart Edmund Turner); *Columbia Varsity* 11 (January 1930): 27 - 28 (J. G.); *Congregational Quarterly* (London) 8 (1930): 508 - (转下页)

10 月 19 日(杜威生日的前夜)以通栏标题"约翰·杜威在哲学上的哥白尼革命"来庆祝它的出版;杜威的长期追随者、埃尔文·埃德曼以这样的话来作为其评论的结语:"杜威从未如此清晰诚挚地阐述过他对活生生的、负责任的哲学的信仰。他给我们和 271
他自己奉上了一份美好的生日礼物。"①

评论者盛赞杜威的著作;许多人发现,他对哲学的历史纵览令人着迷。鲍伊德·H·博德(Boyd H. Bode)认为,杜威的新进路提供了"一种新逻辑的基础、一种新的价值理论、科学与宗教之关系的一种新阐释……这本书挑战了我们传统的思维方式"②。席勒(F. C. S. Schiller)称:"对此书在国内激发的持久热烈讨论,唯有敬仰而已。"③

不过,在大量评论中,拉尔夫·巴顿·佩里(Ralph Barton Perry)的评论既表达

(接上页)509 (E. J. Price); *Contemporary Review* (London) 138 (November 1930): 663 - 664 (J. S. L.); *Current History* 31 (January 1930): 821 - 822 (S. B.); *Ecclesiastical Review* 84 (March 1931): 309 - 310 (Francis Augustine Walsh); *Expository Times* (Edinburgh) 41 (October 1929 - September 1930): 542 - 543; *Forum* 83 (March 1930): XIV, XVI, XVIII (Irwin Edman); *Harvard Theological Review* 23 (July 1930): 213 - 233 (Julius Seelye Bixler); *Hibbert Journal* (London) 29 (October 1930 - July 1931): 174 - 181 (J. H. Muirhead); *International Journal of Ethics* 40 (April 1930): 425 - 433 (Clarence Edwin Ayres); *Journal of Higher Education* 1 (March 1930): 179 - 180 (Boyd H. Bode); *Journal of Philosophical Studies* (London) 5 (1930): 448 - 451 (H. H. Price); *Journal of Philosophy* 27 (2 January 1930): 14 - 25 (Clarence Irving Lewis); *Journal of Theological Studies* (London) 32 (October 1930): 81 - 84; *Mental Hygiene* 14 (April 1930): 472 - 475 (Thomas Vernor Smith); *Methodist Review* 113 (March-April 1930): 307 - 308 (Oscar L. Joseph); ibid. (September 1930): 724 - 734 (John Wright Buckham); *Mind* (London), n. s., 39 (July 1930): 372 - 375 (F. C. S. Schiller); *Monist* 40 (July 1930): 483; *Nation* 130 (22 January 1930): 100 - 101 (Henry Hazlitt); *New Era* (London) 11 (April 1930): 116 (Godfrey Thomson); *New Republic* 64 (3 September 1930): 77 - 79 (Kenneth Burke); *New Statesman* (London) 34 (15 March 1930): 748; *New World Monthly* 1 (January - February 1930): 69 - 73 (Horace M. Kallen); *New York Evening Post*, 19 October 1929, p. 10 (Irwin Edman); *New York Herald Tribune Books*, 20 October 1929, p. 3 (Joseph Wood Krutch); *New York Times Book Review*, 20 October 1929, pp. 5, 36 (Percy Hutchison); *New York World Book World*, 27 October 1929, p. 10 (C. Hartley Grattan); *Open Court* 44 (August 1930): 499 - 501 (Victor S. Yarros); *Philosophical Review* 40 (January 1931): 79 - 89 (Max Carl Otto); *Religious Education* 25 (January 1930): 71 - 73 (Thomas Vernor Smith), 74 - 76 (Edgar Sheffield Brightman), 76 - 79 (Frank N. Freeman); *Saturday Review of Literature* 6 (21 December 1929): 585 (Ralph Barton Perry); *Spectator Literary Supplement* (London) 144 (12 April 1930): 619 (C. E. M. Joad); *Symposium* 1 (April 1930): 263 - 268 (George Boas); *Time* 14 (2 December 1929): 56; *Times Literary Supplement* (London), 17 April 1930, p. 328; *World Tomorrow* 13 (February 1930): 89 - 90 (Howard Y. Williams).

① 《纽约晚邮报》,1929 年 10 月 19 日,第 10 页。

② 《高等教育杂志》(*Journal of Higher Education*),1930 年 3 月,第 179—180 页。

③ 《心灵》(*Mind*),(伦敦),新丛刊,第 39 期(1930 年 7 月),第 374 页。

了个人的盛赞，也包含了专业的批评。他说，杜威的书

> 拥有一切其作者具备的卓越迷人的特质。它机敏友善，给家常的道理一副新鲜的面貌。它与时俱进而不陈腐，仁慈而不感伤，警世而不傲慢，在清晰性和说服力上超过了杜威教授以往的著作。不过，他再次阐述他的信条时，不可避免地引起人们再一次的反对，那些旧的反对理由似乎仍未被驳倒……不得不说作者的理论伦理(theoretical ethics)是无法令人满意的，而一种诉诸后果的哲学更有义务提供一种理论伦理，当然不否认他的实践伦理令人叹服。①

许多一向反对工具主义的神学杂志也赞扬了杜威的作品。爱德华·埃德蒙·特纳(Ewart Edmund Turner)在《基督世纪》(*Christian Century*)中的意见颇为典型，他说："杜威的人本主义把哲学还原为技术，他对历史上宗教的个人偏见都是令人遗憾的。但是，我们衷心地感谢他对实际可操作性的呼吁，他对世界中无限可能性的感知，他对善的存在的信念。所有这些他用来传播关于工作和实验的粗鄙福音的东西，都成
272 了通往最美善之物的入口。"②约翰·怀特·布克汉姆(John Wright Buckham)均衡了《确定性的追求》中的三种"激烈"批判，但称赞"它对我们所生活的时代鞭辟入里的批评和热诚的理想化、它的伦理和科学视野，以及它向当今哲学发出挑战的气概"。③

在《确定性的寻求》一致被认为重要的同时，评论者对它在杜威经典中所占的地位持有不同的意见。一些人把它与《经验与自然》相比，布莱特曼(Edgar Sheffield Brightman)发现它的地位"远高于"前面的著作，但马克斯·奥托(Max C. Otto)不这么认为；约瑟夫·伍德·克鲁奇(Joseph Wood Krutch)和席勒认为，它是对前面作品的一个补充。④ 对路易斯(C. I. Lewis)来说，《确定性的寻求》"比此前任何著作都完

---

① 《星期六文学评论》(*Saturday Review of Literature*)，第6期(1929年12月21日)，第585页。

② 《基督世纪》，第47期(1930年1月8日)，第49页。

③ 《卫理公会评论》(*Methodist Review*)，第113期(1930年9月)，第729页。

④ 布莱特曼，《宗教教育》(*Religious Education*)，第25期(1930年1月)，第74页；奥托，《哲学评论》(*Philosophical Review*)，第40页，(1931年1月)：第81页；克勒奇，《纽约先驱论坛报书刊》(*New York Herald Tribune Books*)，第20期(1929年10月)，第3页；席勒，《心灵》，第372页。杜威1925年修订版的《经验与自然》，纽约：W·W·诺顿出版公司，1929年(《杜威晚期著作》，第1卷，乔·安·博伊兹顿编，卡本代尔：南伊利诺伊大学出版社，1981年)和同时出版的另外两本书：《教育科学的来源》(*The Sources of a Science of Education*)，纽约：贺瑞斯·利夫莱特出版公司，1929年，以及《人物与事件》(*Characters and Events*)，约瑟夫·拉特纳编，纽约：亨利·霍尔特出版公司，1929年，常常被拿来相提并论。

整、全面地阐述了作者的观点，而且在某些观点上作出了更清晰的表述”①。艾耶尔(C. E. Ayres)的意见则较为含糊：

> 《确定性的寻求》绝非杜威先生对其早期信念的重述，而是他对一个不仅在其体系中，而且在整个当代思想中都如此重要的问题，首次坚决发动的前沿进攻。至于杜威先生是否作出了同样重要的回答还是可以质疑的，但至少他提出了工具主义的基本原则。②

在《哲学评论》中，奥托讨论了杜威的目的和专业共同体的可能回应：杜威想要“一举粉碎‘古典哲学传统的主要堡垒’……以至于人们不知道是应该赞赏其尝试的
大胆，它携带的知识和经验、运用的策略，还是赞赏其攻击的勇猛无情”。奥托没有试 273
着把它的“破坏性质”“降到最低”；他继续说，“就本书使用的方法和传播的学说而言，估计不会赢得专业人士的衷心赞许”③。

杜威对专业批评的反应，从他给瓦尔特·李普曼(Walter Lippmann)的信中看得出来：“你能为我最后这本书写点东西，真是太好了。整个来说，我从像你这样不从事哲学专业工作的人的评论中，得到了更多的满足，也确实感到安慰。这是至少从我一些同事的反应中得不到的。”④

据《一元论者》(*Monist*)说：“杜威在这里首次充分利用科学方法的意蕴来支持他的工具主义。”⑤实际上，很多评论透露出对这些意蕴的不安；对《确定性的寻求》的多数批评，都针对杜威对科学的过分重视。肯尼斯·伯克(Kenneth Burke)质疑把科学方法用于“一种价值批评”，“……我们如何能检验一种价值的成功？”⑥在克勒奇看来，“科学始终以新工具的发明为目的……却没有任何手段能决定更多的力和更大速度本身是可欲的”；他断定，杜威的哲学“只有在一种根本的乐观主义的支持下才是可

---

① 《哲学杂志》(*Journal of Philosophy*)，第27卷(1930年1月2日)，第14页。

② 《国际伦理学》(*International Journal of Ethics*)，第40期(1930年4月)，第425页。

③ 《哲学评论》，第79期，第84页。埃德曼也分享了奥托的观点：“它无疑会激发一大批哲学家解读出哲学是属于人的——在起源和后果上都是属于人的”[《论坛》(*Forum*)，第83期(1930年3月)，第16页]。

④ 杜威致李普曼，1930年1月14日，李普曼文集，耶鲁大学图书馆，纽黑文。

⑤ 《一元论者》，第40期(1930年7月)，第483页。

⑥ 《新共和》，第64期(1930年9月3日)，第78页。

接受的，这种乐观主义假定，只要事情有机会去充分发展，就一定能发展到最好”[1]。在《哈佛神学评论》(*Harvard Theological Review*)中，朱里斯·西利·比克斯勒(Julis Seelye Bixler)认为：“在杜威把科学当成真知的类型并表示认识论问题变得无关紧要时，他忽视了传统哲学一直关注的某些问题。”[2]

274 奥托对杜威对于科学的态度，也表示了疑虑。杜威写信感谢奥托在书还未付梓之前就寄来评论的副本，他在信中解释说：“我也许应当在科学与物理学这个主题上解释得更清楚些。但是，我从未想过要把物理学当成一种模型……”[3]也许是为了答复在这个主题上遭到的一致批评，杜威写信给奥托说：“罪责在我——我说过……夸大科学观念的话，以及为了在科学与哲学的历史斗争中赢得听众，我在不同场合夸大其词地谈论所谓严密科学的专业特性，因此最终在一定程度上应当归咎于我。”[4]

杜威回应了他的老朋友奥托提出的其他一些指责。奥托在评论中批评杜威的疏忽和犹疑：

> 这种犹疑也出现在作者的其他著作中，造成的后果是读者普遍以为他的看法就是：人生的目标就是往前走，不必特别走到那里(上帝不许!)，只要不停地走就行。一想到有多少人没有咀嚼其精义就囫囵吞枣地咽下这些话，我就不免希望这个学说不要公开以避免误解。[5]

杜威回信给奥托：

> 如你所暗示的，这个工作有待众人合力完成，或者必须由众人合力完成。我没有更高的野心，只想为出身或教养在更适宜氛围下的年轻人清理场地，以便你说我没做成的事，他们能够做成。我不会假装我做成了。因此，至少把我的保留

---

① 《纽约先驱论坛报书刊》，第3页。

② 《哈佛神学评论》，第23期(1930年7月)，第219页。

③ 杜威致奥托，1930年10月1日，奥托文集，威斯康星州历史协会，威斯康星州麦迪逊市。据奥托说，杜威的讨论鼓励了“这样的结论：如果事物是它们所应是的东西，则所有的认知都将严格遵循物理学家建立的模型。如果这是他的学说的话，我认为是一个重要而不幸的学说……我希望有人让我相信在这个问题上，我误解了作者”(《哲学评论》，第85—86页)。

④ 杜威致奥托，1930年11月1日，奥托文集。

⑤ 《哲学评论》，第87页。

态度算作一个消极的美德。①

奥托回复说:“此时此刻我困扰的是:想指责你,不给你受到的批评以安慰,特别 275
是不对你的门徒说什么,因为他们许多人能背诵你的话却完全忽略了你的思想。……这本书越读越显得意味深长。我认为,它真是一个了不起的成就。”②杜威反击说:“你想指责我的,正是用问题来代替批评?我极其渴望被指责——或许是在那些还没有起到任何效果的原则上。”③

在1929年4月17日开始第一讲的前四个月,杜威就跟明顿-鲍尔奇出版公司签订了“一份暂名为吉福德讲座的工作”的合约④。《确定性的寻求》标志着杜威与这家创办于1924年的出版公司(由梅尔维尔·明顿和厄尔·H·鲍尔奇创办)的合作的开始。⑤ 这家年轻的公司后来与G·P·普特南公司合并为普特南出版公司,后者受到乔治·哈文·普特南之死和由此引发的G·P·普特南公司财务问题的打击。由明顿和鲍尔奇(普特南公司的前编辑)为经营多年但处于困境中的普特南公司提供管理和编辑人才。1932年,明顿成为公司总裁,鲍尔奇担任副总裁兼总编辑:1934年,明顿和鲍尔奇获得了普特南出版公司的控股权。该公司在1930年代早期以其企鹅标志出版了杜威的另三本著作——《新旧个人主义》、《哲学与文明》、《作为经验的艺术》。之后,又出版了杜威在1935年至1942年间的其他文集——《自由主义与社会行动》、《自由和文化》、《今日教育》和《德国哲学与政治》。

虽然杜威档案或出版公司的文件都没有保留《确定性的寻求》的手稿,以及关于 276
交付手稿的通信;但可以想象,杜威还是照他通常的做法,在文稿交给出版商之前,先让人重新打印了一遍。这次因为匆忙交付出版,几乎可以肯定,杜威没有时间重新修订打印稿。由于他直到8月中旬才返回美国,我们可以推测:杜威在国外时就把材料寄给了明顿-鲍尔奇出版公司。

---

① 杜威致奥托,1930年10月1日,奥托文集。

② 奥托致杜威,1930年10月11日,奥托文集。

③ 杜威致奥托,1930年10月15日,奥托文集。

④ 1928年12月12日签的文件副本,卡本代尔:南伊利诺伊大学杜威研究中心。

⑤ 欣慰于最初的销量,杜威在1930年3月20日写给亨利·霍尔特出版公司的理查德·H·桑顿(Richard H. Thornton)说:“明顿-鲍尔奇出版公司的《确定性的寻求》做得非常好(从10月份出版到3月1日之间就卖了8000册)。”浩特出版公司档案,普林斯顿大学图书馆。

杜威典型的做法是把打印稿留给某人来校对，找出打字错误。不过，在部分排版样稿和单页样稿边缘有他手写的索引项①（与第一次印刷本 A^1 对照，一直修订到不再改动为止），表明他确实使用了校样来准备索引，就与他处理以前的书稿一样。

纽约的明顿-鲍尔奇出版公司于 1929 年 10 月 11 日出了《确定性的寻求》的第一版，在 10 月 28 日登记的版权信息为 A14425。② 第一次印刷本在西门机器上对照版权保存本完成了校对，在证明无误后被用作当前的版本。

通过一项与明顿-鲍尔奇出版公司的合约安排，艾伦-昂温出版公司（George Alenn and Unwin）在伦敦发行了第二版，这一版只印了一次。③ 这个英国版本风格朴实，而且明显地是根据第一版编辑重订的，最早在 1930 年问世。对它的第一个评论，出现在 3 月 15 日的《新政治家》上（见中文版本卷第 220 页注⑤的评论目录）。英国版本在 1962 年绝版，版权归还给普特南公司。如此一来，美国版本（A）和英国版本（B）成了《确定性的寻求》在杜威生前发行过的两个版本。

A 版至少印刷了 6 次，其中 5 次的日期编号为：第一次印刷（A^1）标为 1929 年 10 月 11 日，第二次印刷（A^2）标为 1929 年 10 月，④第三次印刷（A^3）标为 1929 年 12 月，一次未标日期和数字的印刷，未标日期的第六次印刷（A^6）和未标日期的第七次印刷（A^7），这 7 次
277 印刷都出自同一套印版。B 版的印本和标注为 A 版的印本都藏于杜威研究中心；经过对大学和公共图书馆的多次询问，都未发现其他版本或出版公司标注过的其他印次。

G·P·普特南公司的生产卡记录显示，《确定性的寻求》在 1933 年印了 500 册，1938 年印了 500 册，1950 年印了 1000 册，1954 年印了 1000 册。⑤ 尽管卡上没有标记，但有理由推测：前三次印刷（A^{1-3}）都在 1929 年末，第四次印刷（A^4）在 1933 年，第

---

① 两个排版校样（数字 25 和 27，对应于原稿的第 87—90 页和第 93—97 页）和 58 个单页校样（第 42—44、48—50、54—62、78—86、90—101、180、186—91、198—203、231—39 页），大号手稿 1，南伊利诺伊大学莫里斯图书馆特别馆藏。

② 这个出版日期标记在两处：一处出现在 1957 年 10 月 2 日的弗雷德里克斯·杜威（Frederick A. Dewey）的 R 199959 版权续期注册中（华盛顿国会图书馆版权办公室）；一处出现在 1961 年 11 月 20 日国会图书馆版权办公室理查德·S·麦卡特耐（Richard S. MacCarteney）给乔·安·博伊兹顿的报告中（杜威研究中心）。版权日期印在国会图书馆版权保存本上。

③ 出自杜威文集中，G·P·普特南公司 1950 年 8 月 21 日给杜威的版税声明。该声明说，乔治·艾伦-昂温出版公司支付了 137.32 美元的版税。

④ 在有些 A^2 版的标题页上，标有“新共和版”的字样。在“新共和”的财务主管丹尼尔·马贝恩（Daniel Mabane）1929 年 10 月 17 日给杜威的信中说：“我想跟你的出版商商量，弄一个《确定性的寻求》的新共和版……你同意吗？”杜威显然同意了他的请求，于是有了新共和出版公司与明顿-鲍尔奇出版公司的合作。

⑤ G·P·普特南生产卡，杜威手稿 40，杜威藏品，南伊利诺伊大学莫里斯图书馆特别馆藏。

五次(A^5)在 1938 年,第六次(A^6)在 1950 年,①第七次(A^7)在 1954 年。

说明 1950 年印 1000 册的生产卡上,还记录了其他证据。厄尔·鲍尔奇一直是杜威在G·P·普特南公司的联系人;他于 1947 年退休后,维克尔森(Marie Wikerson)成为杜威的新联系人。后者在 1948 年写信给杜威说:

> 至于《确定性的寻求》,其版权仍然有效,印版也没有毁掉。我知道这本书再 278
> 过几个月就没有库存了,它已列在今年要尽早重印的书单上,我们还想再重印。②

实际上,G·P·普特南出版公司并没有着手 1948 年的印刷计划。1950 年,维克尔森重提此事:

> 如你所知,《确定性的寻求》在 1943 年已售罄。我们曾多次尝试再出这本书,但高额的生产费用使之无法实现。现在再回到这个话题上,我们打算加印 1000 本,但目前的版税是 15%,开印的话估计有亏损。所以,我写信给你,询问你是否愿意在这次印刷中接受 10%的版税,而非 15%。这样,就能让我们小赚一笔并保证此书的库存。虽然收到的订数不大,但还是有一些,因此我们非常希望保证它有货。

杜威在 10%上画了个圈,并在边上写上了"yes"③。

1960 年,G·P·普特南出版公司用前一次印刷的校对版 A^7,出了一版《确定性的寻求》,其平装本和供图书馆用的精装本封面上都印着它的摩羯座标志。

比较这五个标了数字的印版,我们会发现,A^{1-3} 是一致的,A^6 和 A^7 是一致的,后两版在下面这些方面与前几版不一样:

---

① 现存的书籍封套证明了 A^6 的 1950 年出版日期。封套背面在"约翰·杜威著作"的标题下所列的,除了《确定性的寻求》之外,还有明顿-鲍尔奇出版公司所有出版的杜威著作目录,包括《新旧个人主义》(1930)、《哲学与文明》(1931)、《作为经验的艺术》(1934)。在书套封盖里面,印着 G·P·普特南出版公司 1940 年为《今日教育》刊登的广告,广告语是这样开头的:"五十年来,杜威已经成为美国教育中进步力量的领导人。"A^7 的封套与 A^5 的一样,除了间距有些小的改动,以及把《艺术即经验》错写为《艺术即一种经验》。

② 维克尔森致杜威,1948 年 1 月 13 日,杜威文集。

③ 维克尔森致杜威,1950 年 1 月 20 日,杜威文集。杜威原来的合同约定先卖的 2500 本支付 12.5%版税,后面的都为 15%。

1. 书更小一些,大大压缩了底边(从 $1\frac{1}{2}$ 缩到 $1\frac{1}{4}$),侧边也缩小了一点,书变得更轻了。两个半页的标题页也取消了。

2. 标题页上 1929 年的出版日期删掉了。

3. 版权页上没有标印刷商。"J·J·雷特和艾芙公司,纽约"的字样出现在 A^{1-3}
279 上,也记录在 1933 年和 1938 年印刷的生产卡上,但在 1950 年和 1954 年版上没有。

除了这些区别,A^{6-7} 也有几处文本改动,大多数是更正。

在这五个标了数字的印版之外,另一印版也存在与 A^6 和 A^7 中显示的同样改动。尽管印次的数字或日期没有出现在版权页上,但下面的证据显示这个印次要么是 1933 年 A^4 的,要么是 1938 年 A^5 的。

1. 与 A^{1-3} 高度相同但较薄,比 A^6 和 A^7 则大得多。

2. 标题页上没有 1929 年的出版日期。

3. "J·J·雷特和艾芙公司,纽约"的字样出现在版权页上。

如果要在 1933 年或 1938 年中选一个作为这个未标记印版的日期的话,1938 年的可能性更大,其原因是:

1. G·P·普特南出版公司更有可能从 1938 年版而非 1933 年版的标题页中删掉"1929 年"。

2. 1938 年,G·P·普特南出版公司为庆祝其百年诞辰,重新发行了很多出过的书。看上去,这是一个更正印版的合适时机。

这个未标数字的印版因此被推断为 1938 年的 A^5,文本改动在其中首次出现。①

最后一个标数字的印版 A^7,在经过人工校对后,又在林德斯特兰德对比仪上与 A^1 和从 A^5 开始的改动(所有改动都第一次出现在 A^5 中)作了比照。杜威生前在 1938 年 A^5 中作过的 34 个改动被当前这个版本接受,大部分都是对直接错误的更正,其中三个是杜威在其 A^1 版的标注本中标记过的,见用于校勘的文本注释 113.38,215.31 和 237.24。

除更正了几个排版错误以外,A^5 还改正了几个实质性错误,改了三个人称和数不一致的动词(在 174.31,"is the"改为"are";在 189.31,"are"改为"am";在 193.1,
280 "are"改为"is"),两个复数改为单数(在 20.1,"actions"改为"action";在 242.14,

① 维克尔森在 1948 年 1 月 13 日的信中说到"印版还未毁掉",说明修订显然要早于 1950 年的 A^6;假如修订还没做的话,她就会在这里做些讨论。

"sciences"改为"science")。A^1 中其他几个排版错误也造成需要更正的实质性错误：A^5 在 16.8 把"world"改为"word"；在 20.1，"later"改为"latter"；在 79.2，"or"改为"of"；在 91.4，"having"改为"have"；在 206.25，"causual"改为"casual"；在 217.21，"now"改为"are"；在 229.2－3，"evolution"改为"revolution"；在 245.28，"has"改为"is"，还改了 197n.1. 的一个书名。A^5 改了两个介词(在 215.12－13，"in which"改为"to which"，在 219.23，"reverence of"改为"reverence for")，并把 194.3 的"all which"调为"which all"。

A^5 剩下的实质性修改属于作者增订而非直接更正的有下面这些：94.26 中的"如果有人提出反对"改为"如果遭到反对"；143.6－7 中的"由康德给出并为传统理论所共有的"改为"正如康德跟传统理论同样认为的"；214.37 中的"也许知道治愈"改为"知道如何治愈"；230.25 中的"后者"改为"指导性的观念"；240.30 中的"大多数哲学家"改为"许多哲学家"；245.7 中的"没有渠道"改为"没有一个渠道"。在删了 78.20 中重复的"that"的同时，大概是为了填补空格，杜威把"showed"改为"revealed"；同样的情况出现在 113.38，在"inconvertible"改为"incontrovertible"后，为了缩减字母位置，"because"改为"that"。

A^5 中的标点符号改动只有两处，因为它们是杜威作的，才被目前的版本接受下来；除了这两处外，整个 A^5 中在没有作过此类细微的改动。见供修改的文本注释 191.33 和 245.31。有几处 A^5 订正了错误，但忽略了在其他地方出现的同样错误。例如，A^5 在 160.40－161.1，将第一次出现的"indeterminancy"改为"indeterminacy"，但忽略了后面同样的六次错误拼写，这些在编辑时都修改了；在 253.26－27 的讲座大纲中，也有同样的错误。尽管 A^5 中 20.1 的"actions"改为"action"，但在 8.10 同样情况下所用的"actions"在这里首次被改过来。其他修订包括 44.21－22，79*n*.1，90*n*.1－2，90*n*.9，90*n*.10 和 116*n*.1 的书目信息；一个左引号从 122.36 变到 122.37；删去 281 44.21 的"the"；在 219.37 和 247.18，做了两个必要的主谓一致方面的订正；以及文本要求的五个实质性订正：187.5 的"casually"改为"causally"，188.21－22 的"experienced"改为"experience"，196.18 的"purposes"改为"purpose"，204.29 的"to"改为"and"，107.4 的"change"改为"changes"。

杜威在他的 A^1 本中标出、但 A^5 中未作的两个改动，也首次出现在这里；见 20.27 用于校勘的两个文本注释。在约翰·杜威文集的杜威个人藏书中，有四本《确定性的寻求》：两本 A^1(一个有亲笔签名)，一本 A^3，一本 A^6。只有 A^1 的亲笔签名本加了注释，除了杜威亲笔标出的订正外，他在第 7、8 和 9 章还作了很多划线和边注。

《确定性的寻求》B 版明显与 A^1 核对过，所有的改动都有记录。除了拼写和标点符号以平实的风格呈现以外[①],B版还作了许多其他改动。B版的编辑在处理句子结构上比杜威更加一丝不苟,在并列的和插入的短语后面都加上了后引号(在7.33－34的"experience"后面,在80.26的"process"后面,在154.7的"reality"后面,在166.21的"statement"后面,在186.9的"thought"后面);删去了把主词和动词分开的逗号(在8.40的"day"后面,在34.36的"activity"后面,在84.20的"retained"后面,在97.31的"other"后面,在99.18的"knowledge"后面,在179.22的"process"后面,在242.25的"devotion"后面);为了使主词和动词一致,14.27的"suggest"改为"suggests",24.25的"are to"改为"is to",52.4的"are"改为"is a",65.5的"obtains"改为"obtain",124.29的"are practical necessities"改为"is practical necessity",130.30的"are"改为"is",154.37的"have"改为"has",174.39的"depend"改为"depends",215.19的"are"改为"is",234.3的"its"改为"their"。没有证据显示杜威干预了B版的修改,这些改动也未被当前这个版本所接受。

尽管B版不是权威性的,但它却被作为许多必要修订首次出现的版本来引用。
282 例如,必须订正的印刷错误(69.40的"been"订正为"been made",94.29的"as/scribed"订正为"ascribed",176.33的"minerologist"订正为"mineralogist",222.2的"Helmholz"订正为"Helmholtz",234.40的"unecessary"订正为"unnecessary",241.36的"or"订正为"of");有两个人称和数的不一致需要订正(40.18的"stems"订正为"stem",128.22的"characterize"订正为"characterizes");在37.31和54.39作了两个必要的删除。B版在117.3和168.25,将"affected"改为"effected";在225.38,将"affecting"改为"effecting",这两处订正都放在了可供编辑采用的校勘中;24.3有一个介词的订正,在文本注释中指出了;29.4中"More"改为"Mere",也在文本注释中提到了。还有,125.24需要作一个拼写的订正。除了177.18需要加的一个句号外,B版只接受了三个标点符号的订正:在177.18的"correlations"后面,94.19的"spatial"后面和180.27的"latter"后面,拿掉逗号被认为是完全错了。

具有讽刺意味的是:虽然B版的错误远远少于A版,而且重排只造成五到六个

---

① 除了使用英式风格的拼写和标点符号以外,B版还给脚注的数字加了星号,分开了连字,给书名加斜体。B版也不厌其烦地给复合的名词和形容词从头到尾加上了连字符("horse-race"、"starting-point"、"sense-perception"、"common-sense"、"well-known"),有的时候则改变了词语的形式,例如:"longstanding"改为"long-standing","well nigh"改为"wellnigh","two-fold"改为"twofold"。

失误，一个评论者却说在多达十页上“发现了印刷错误”——“在一本如此重要的书上错误连篇”①。

也许是因为要急着赶在杜威 70 岁生日前付梓，造成了 A^1 版相当高的出错率。出错的模式也反映出杜威在手稿上的工作。他给悉尼·胡克的信中透露：他在写作和修订前几讲时花的时间更多；相应地，前几章的错误就很少。②

H. F. S.

① 普赖斯(E. J. Price)：《公理会季刊》(*Congregational Quarterly*)(伦敦)，第 8 期(1930 年)，第 509 页。

② 本卷的文本规范以弗雷德森·鲍尔斯(Fredson Bowers)的《文本的校勘原则和程序》为依据，《杜威晚期著作》，第 2 卷，第 407—418 页。

校勘表

283 所有引入范本(copy-text)的校勘,包括对实质性和偶然性错误的校勘都记录在下面,以下所述的形式上的修订除外。左方的页-行数字出自当前版本;除了每页页首的标题外,所有行都计算在内。左边方括号中的内容也是出自当前版本,方括号后面紧跟着的是校勘首次出处的缩略语。当校勘限于标点符号时,波浪线~代表括号前面出现的同样字词;下方的脱字符号∧表示缺失了一个标点符号。页-行数字前面的星号表示内容在文本附注中有讨论。

《确定性的寻求》的范本是第一次印刷的版权保存本(A,14425)(纽约:明顿-鲍尔奇出版公司,1929年)。除了在当前版本中首次作出的校勘之外,其他都来自明顿-鲍尔奇出版公司对唯一一个美版的第五次印刷(A^5),以及英版(B)(伦敦:艾伦-昂温出版公司,1930年),后者也被用作供编辑采用的修订首次出现的版本。符号W表示《著作》(Works)——当前版本的——并且第一次在这里使用。符号WS(著作来源)表示校勘是根据杜威本人引用的材料作出的,包括拼写、大写,有些时候是对他的著作来源的实质性修改(见"引文中的实质性改动",特别是94.12和94.4-5的著作来源校勘)。

全书作了下面一些形式上的或机械的改动:

1. 章节名删除了,阿拉伯数字置于章节标题前。
2. 大量数字连贯地用于一章内杜威的脚注。

284 3. 书或期刊名用斜体,文章和书的一节的名字放在引号内。

4. 连字一律分开。

以下的拼写一律被编辑统一为杜威的习惯用法,即方括号前面的用法:

centre(s)] center(s) 178.16, 232.6, 232.9, 232.14, 232.15, 232, 17
cooperate (all forms)] coöperate 32.19, 137.4, 140.7, 204.14, 250.14
coordinate] coördinate 116.3
meagre] meager 134.25
preeminently] preëminently 245.29
reenforced] reënforced 60.15
role(s)] rôle(s) 6.36, 46.28, 109.40, 112.11, 112.14, 140.35, 143.16, 144.17, 161.38, 162.22, 163.20, 195.35, 219.11, 238.4, 246.4

*8.10	action] W; actions
16.8	word] A^5; world
20.1	action] A^5; actions
20.1	latter] A^5; later
*20.27	a search] W; search
*20.27	in place of] W; for
*24.3	in value] B; to value
*29.4	Mere] B; More
29.34	inquiry] A^5; iquiry
37.31	men] B; the men
40.18	stem] B; stems
42.32	fail] WS; fall
44.21	*The*] W; the
44.21 - 22	*Understanding*] W; Human Understanding
54.39	desires] B; affections, desires
57.17	Middle Ages] W; middle ages
69.40	been made] B; been
72.14	sense-perception] W; sense-material
78.20	revealed that] A^5; showed that
79.2	impulse of] A^5; impulse or
79n.1	*Thought*] W; Mind
81.16 - 17	correlations‸] B; ~,
89.31	recognised] WS; recognized
89.32	recognise] WS; recognize
89.35	textbooks] WS; text-books
90n.1	Cambridge] W; London
90n.1 - 2	pp.254 - 255] W; p.255
90n.9	1878] W; 1881
90n.10	*Love,*] W; Love‸
91.4	have] A^5; having
93.27	phaenomena] WS; phenomena 285
93.27	hypothesis;] WS; ~‸
94.9	observ'd] WS; observed
94.11	Qualities] WS; qualities

94.11 Laws of Nature] WS; laws of nature
94.11 Truth] WS; truth
94.12 *Phaenomena*] WS; *phenomena*
*94.19 spatial‸] B; ～,
94.26 the objection were raised] A^5; some raised the objection
94.29 ascribed] B; as-/scribed
95.3 Nature of Things] WS; nature of things
95.4-5 *Nature*] WS; *nature*
95.5 Changes] WS; changes
95.5 Things] WS; things
95.6 Separations] WS; separations
95.6-7 Associations and Motions] MS; associations and motions
95.7 Particles] WS; particles
95.27-28 Beginning form'd Matter] WS; beginning formed matter
95.28 Particles] WS; particles
*107.4 changes] W; change
*113.38 incontrovertible] A^5; inconvertible
113.38 was that] A^5; was because
116n.1 1920] W; 1926
117.3 effected] B; affected
120.35 intentional] A^5; intentionl
122.26 aesthetic appreciation] WS; esthetic application
122.36 ‸in] W; "～
122.37 "gradually] W; ‸～
122.37-38 guess‸ work] WS; ～-/～
125.24 straightedge] B; straight edge
128.22 characterizes] B; characterize
128n.1 long-continued] WS; ～‸～
128n.7 Truth] WS; truth
143.6 as is] A^5; is
143.7 in common with] A^5; and is common to the
160.40-161.1 indeterminacy] A^5; indeterminancy
161.27, 162.14, 163.31, 164.16, 165.7, 166.31 indeterminacy] W; indeterminancy
163.10 king] WS; King
168.25 effected] B; affected
174.31 are] A^5; is the
176.33 mineralogist] B; minerologist
286 177.18 forms.] B; ～‸
180.27 latter‸] B; ～,
187.5 causally] W; casually
188.21-22 experience] W; experienced
189.31 am] A^5; are

* 191.33 perceived—] A^5; ~,

191.40 Aethereal] WS; Etherial

192.1 wave-lengths] WS; ~‸~

192.4 brain-centre] WS; brain‸ center

193.1 is] A^5; are

194.3 which all] A^5; all which

196.18 purpose] W; purposes

197n.1 *Evolution*] A^5; Universe

199.5 Science] WS; science

204.29 and beliefs] W; to beliefs

206.25 casual] A^5; causal

214.37 knows how to] A^5; may know to

215.12 - 13 to which] A^5; in which

* 215.31 are] A^5; aer

217.21 are recalled] A^5; now recalled

219.23 for] A^5; of

219.37 are] W; is

222.2 Helmholtz] B; Helmholz

226.38 effecting] B; affecting

229.2 - 3 revolution] A^5; evolution

230.25 directive idea does] A^5; latter does

234.40 unnecessary] B; unecessary

* 237.24 going] A^5; gong

240.30 many philosophers] A^5; most philosophers

241.36 of] B; or

242.14 science] A^5; sciences

245.7 there is no one] A^5; that there is no

245.28 is] A^5; has

* 245.31 family,] A^5; ~‸

247.18 Idealism] W; Idealisms

《吉福德自然神学讲座大纲》

Copy-text is the printed document, University of Edinburgh, Edinburgh, Scotland.

253.26 - 27 indeterminacy] W; indeterminancy

行末连字符列表

1. 范本表

287 以下是编辑给出的一些在范本的行末使用了连字符的可能的复合词：

3.28	superhuman	119.2	man-made
9.15 - 16	commonplace	130.20	self-identical
12.15	subject-matter	141.27	subject-matter
29.29	wholeheartedly	144.39 - 40	threadbare
53.20	self-guaranteed	151.12	redispose
53.34	guesswork	153.32 - 33	horse-drawn
55.5	self-denying	164.8	preexistent
55.18	subject-matter	169.36	precondition
57.20	subject-matter	188.4	subject-matter
66.34	subject-matter	208.17	everyday
74.30	all-important	219.19	widespread
80.3	subject-matter	230.27	aboveboard
87.23	un-ideal	232.27	one-way
97.13	so-called	237.25	widespread
104.34	non-qualitative		

2. 校勘文本表

在当前版本的副本中，被模棱两可地断开的可能的复合词中的行末连字符均未保留，除了以下这些：

5.13	whole-hearted	14.40	self-enclosed
7.3	self-sufficient	16.16	self-revolving

21.5	co-extensive	150.23	subject-matter
42.2	non-being	153.32	horse-drawn
44.19	non-rational	169.23	man-made
66.8	non-rational	173.25	*subject-matter*
71.34	sense-perception	184.12	quasi-physical
72.20	subject-matter	197.28	short-sections
98.19	sense-perception	223.5	so-called
117.11	mathematico-physical	232.24	on-going
137.30	sense-material	244.10	other-worldliness
146.31	non-inferential		

引文中的实质性异读

289 鉴于杜威对引文所作的实质性异读(substantive variant)非常重要,本版编者特设《引文中的实质性异读》列表。杜威引用文献的方式多种多样,包括从记忆性释义到一字不差的复制等各种方式;在有的地方,他引用了全文,在另外一些地方只提到了作者的姓名,有时甚至不作任何引文标注。除那些明显地强调或者是重提上文内容的引文之外,本版编者查出了书中所有标有引号内容的出处,核实了杜威的引用,并在必要的地方进行了校勘。本版本保留了杜威引用的所有文献原文的本来面貌,但《校勘表》中所列的引文除外。因此,请读者在使用本列表时参考《校勘表》。

虽然杜威与他同时代的其他学者一样,不太关注文章细节形式的精确性,但原稿中出现的许多引文修订很有可能并非出自杜威之手,而是在印刷过程中出现的。例如,通过对比杜威的引文与文献原文,本版编者发现,在原稿中,有些编辑和排字工人对杜威的引文和引文原文均进行了修改。鉴于此,编者在本版本中恢复了引用文献原文的拼写与大写,具体修订请见《校勘表》中标注"WS"的部分(WS指校勘来自杜威所用引文的原文)。同样,本版编者根据引文原文对于可能的排版错误或印刷错误所作的实质性或非实质性修订,也计入"WS"校勘部分。针对杜威常常在引用文献时改变或省略文献原文标点符号的情况,本版编者必要时在引文中恢复了原文的标点符号,详情请参见《校勘表》。

杜威引用文献时经常不标明对于文献原文内容的省略。鉴于此,本列表列出了杜威所省略的简短词汇;内有省略号的方括号"[...]"表示省略内容超过一句。此外,本版编者将引文原文中的斜体视为实质性异读,故将杜威省略的斜体和添加的斜体都一并纳入了列表。

至于杜威的引文与引文原文在单复数形式与时态等方面的区别，本列表则未予以记录。

若杜威的引文是对原文的翻译，此类引文统统纳入了《杜威的参考书目》，故未放入本列表中。

本列表的标注顺序依次如下：词条在本版本中所在的页码和行数、词条、方括号、词条在原稿中的词形、作者的姓氏、从《杜威的参考书目》中摘出的引文原文标题的缩写，以及词条在原稿中的页码和行数。其中最后三项，用圆括号括住。

42.31 The Church] she (Newman, *Lectures*, 199.21) 290
42.34 agony rather] agony, as far as temporal affliction goes, (Newman, *Lectures*, 199.24 - 25)
42.34 soul] soul, I will not say, should be lost, but (Newman, *Lectures*, 199.25 - 26)
42.35 venial] single venial (Newman, *Lectures*, 199.26)
79.3 dream] dreams (Barry, *Thought*, 249.7)
89.31 recognised] recognised as essential (Eddington, *World*, 254.29)
89.32 we] we actually (Eddington, *World*, 254.31)
89.32 - 33 actually confronted] confronted (Eddington, *World*, 254.31)
93.26 - 27 derived from] deduc'd from the (Newton, *Principles*, 2:392.25)
93.27 a hypothesis] an hypothesis (Newton, *Principles*, 2:392.26)
93.30 admit of] admit (Newton, *Principles*, 2:203.2)
93.31 degree] degrees, (Newton, *Principles*, 2:203.3)
93.32 experiments] our experiments (Newton, *Principles*, 2:203.5)
93.32 assumed] esteemed (Newton, *Principles*, 2:203.5)
93.37 other way] other-/ways (Newton, *Principles*, 2:203.15 - 16)
93.39 bodies that] that (Newton, *Principles*, 2:203.18)
94.6 are endued] endow'd (Newton, *Principles*, 2:203.29)
94.8 like] the like (Newton, *Principles*, 2:203.31)
94.9 that] which (Newton, *Principles*, 2:203.32)
94.11 Qualities] Qualities, supposed to result from the specifick Forms of Things, (Newton, *Opticks*, 376.32 - 33)
94.11 - 12 *appearing to us by phaenomena*] [*rom.*] (Newton, *Opticks*, 377.2 - 3) 291
95.4 - 5 *Nature may be lasting*] [*rom.*] (Newton, *Opicks*, 376.17 - 18)
95.28 impenetrable] impenetrable, moveable (Newton, *Opticks*, 375.31 - 32)
104.23 imparting] imparting knowledge as to (Eddington, *World*, 257.16)
104.23 responses] response (Eddington, *World*, 257.16)
105.16 completely determine] determine completely (Eddington, *World*, 257.21)

105.16 – 17 *its relation to its environment*] [*rom.*] (Eddington, *World*, 257.21 – 22)

116.10 require] thus require (Einstein, *Relativity*, 26.10)

116.11 a method] the method (Einstein, *Relativity*, 26.12)

116.11 *by*] by means of (Einstein, *Relativity*, 26.12)

116.11 – 12 *particular cases*] the present case, (Einstein, *Relativity*, 26.12 – 13)

116.12 the physicist] he (Einstein, *Relativity*, 26.13)

116.12 – 13 two events] both the lightning strokes (Einstein, *Relativity*, 26.14)

122.26 symmetrical] the beauty of symmetrical (Barry, *Thought*, 212.10)

122.27 tile figures] tile-patterns (Barry, *Thought*, 212.12)

122.33 of all they] of this occupation, as of all which they (Barry, *Thought*, 212.20)

122.39 except] excepting (Barry, *Thought*, 213.2)

128n.2 influence on] effect upon (Barry, *Thought*, 182.26)

128n.3 makes into] makes (Barry, *Thought*, 183.3)

128n.4 – 5 Absolute] Absolute which his (Barry, *Thought*, 183.5)

163.9 king but at least] king, [...] so that at least (Bridgman, "Science," 448.2.18 – 31)

163.10 light must] radiation must (Bridgman, "Science," 448.2.32)

163.11 observed] observed at all (Bridgman, "Science," 448.2.33 – 34)

163.12 the single] a single (Bridgman, "Science," 448.2.36)

167.18 is the] is the same as the (Spinoza, *Ethics*, 86.19 – 20)

192.4 optic] the optic (Eddington, *World*, 317.29)

198.31 dynamic] dynamical (Maxwell, *Papers*, 2:253.4)

198.36 might] may (Maxwell, *Papers*, 2:253.9)

199.7 – 8 probable] possible (Maxwell, *Papers*, 2:253.16)

199.9 contingency as] contingency (Maxwell, *Papers*, 2:253.17)

杜威的参考书目

下面是杜威在书中所引用文献的所有的出版信息。对于杜威给出了引文页码的文献，本版编者通过寻找引文来确定杜威所用的版本。对于杜威通过个人图书馆的馆藏书目(卡本代尔:南伊利诺伊大学，莫里斯图书馆，杜威文集)所作的引用，本版编者则通过这些馆藏书目来核实引文源自哪个版本。对于上述两种引文之外的引文，本版编者或根据出版地点和出版日期，或根据往来信件与其他资料中的证据，以及各个版本在杜威所处时代的普及性，从杜威可能使用的不同版本中选出他最有可能使用的版本。 292

Aristotle. *The Metaphysics of Aristotle*. Translated by John H. M'Mahon. London: George Bell and Sons, 1889.

Barry, Frederick. *The Scientific Habit of Thought*. New York: Columbia University Press, 1927.

Bergson, Henri. *Creative Evolution*. Translated by Arthur Mitchell. New York: Henry Holt and Co., 1911.

Berkeley, George. *A Treatise concerning the Principles of Human Knowledge*. In *The Works of George Berkeley*. London: Thomas Tegg and Son, 1837.

Bridgman, Percy Williams. *The Logic of Modern Physics*. New York: Macmillan Co., 1927.

——. "The New Vision of Science." *Harper's Magazine* 158 (March 1929): 443-451.

Eddington, Arthur Stanley. *The Nature of the Physical World*. New York: Macmillan Co.; Cambridge: At the University Press, 1929[c1928].

Einstein, Albert. *Relativity: The Special and General Theory*. Translated by Robert W. Lawson. New York: Henry Holt and Co., 1920.

Hegel, Georg Wilhelm Friedrich. *Philosophy of Right*. Translated by S. W. Dyde.

London: George Bell and Sons, 1896.

Heine, Heinrich. *Religion and Philosophy in Germany.* Translated by John Snodgrass. Boston and New York: Houghton, Mifflin and Co., 1882.

James, William. *Pragmatism: A New Name for Some Old Ways of Thinking.*
293 New York: Longmans, Green, and Co., 1907.

——. *The Principles of Psychology.* Vol. 1. New York: Henry Holt and Co., 1890.

Kant, Immanuel. *Critique of Judgement.* Translated by J. H. Bernard. 2d ed., rev. London: Macmillan and Co., 1914.

——. *Critique of Practical Reason.* Translated by Thomas Kingsmill Abbott. 3d ed. London: Longmans, Green, and Co., 1883.

——. *Critique of Pure Reason.* Translated by F. Max Müller. London: Macmillan and Co., 1881.

Laplace, Pierre Simon. *A Philosophical Essay on Probabilities.* Translated from the 6th French ed. by Frederick W. Truscott and Frederick L. Emory. New York: John Wiley and Sons, 1902.

Locke, John. *An Essay concerning Human Understanding.* In *The Works of John Locke,* 10th ed., vols. 1–3. London: J. Johnson, 1801.

Maxwell, J.C. *The Scientific Papers of James Clerk Maxwell.* Edited by W.D. Niven. Vol.2. Cambridge: At the University Press, 1890.

Mead, George Herbert. "Scientific Method and Individual Thinker." In *Creative Intelligence: Essays in the Pragmatic Attitude,* by John Dewey et al. New York: Henry Holt and Co., 1917.

Newman, John Henry. *Lectures on Certain Difficulties Felt by Anglicans in Submitting to the Catholic Church.* London: Burns and Lambert, 1850.

Newton, Isaac. *The Mathematical Principles of Natural Philosophy.* Translated by Andrew Motte. Vol.2 London: Benjamin Motte, 1729.

——. *Opticks: or, A Treatise of the Reflections, Refractions Inflections and Colours of Light.* 3d ed., rev. London: William and John Innys, 1721.

Noble, Edmund. *Purposive Evolution: The Link between Science and Religion.* New York: Henry Holt and Co., 1926.

Peirce, Charles S. "How to Make Our Ideas Clear." *Popular Science Monthly* 12 (January 1878): 286–302. Republished in *Chance, Love, and Logic,* edited by Morris R. Cohen. New York: Harcourt, Brace, and Co., 1923.

Spinoza, Benedict de. *The Ethics.* In *The Chief Works of Benedict de Spinoza,* translated by R.H.M. Elwes, vol.2. London: George Bell and Sons, 1884.

——. *Tractatus de Intellectus Emendatione.* In *Opera Quotquot Reperta Sunt,* recognoverunt. J. Van Vloten and J.P.N. Land, 3d ed., vol.1. Hagae Comitum: Martinum Nijhoff, 1914.

索 引[①]

Absolutes:绝对体

Barry on, 128*n*,巴里论绝对体;involved in formation of values, 207,211,价值形成中涉及的绝对体;of Newton, 115,116, 120,牛顿的绝对体

Abstraction:抽象

Dewey's use of, xii,杜威对抽象的使用;essences as, 244,本质作为抽象;in Greek philosophy, xiv; as mode of definition, 90*n*,抽象作为界说的方式;opposed to individual, 196,抽象相对个别;positive phase of, 132,抽象的积极的一面;as precondition of method, 173-174,175,190,237,抽象作为方法的先决条件;transition to, 123,125,127,过渡到抽象

Action, 44,58,85,行动;analysis of, xiii, xv分析行动;character of, 70,71,178, 179,181,183,184,185,187,190,195,行动的特征;direction of, 43,88-89,211, 230,249,行动的指导;effects change, 3-4,219-223,227,行动引起变化;function of, 26,82,107,237,239,241, 243,248,行动的功能;kinds of, 196, 200,201,237,行动的种类;methods of, 29,30,行动的方法;realm of, 6-7,18, 21,24,25,27,169,234,行动的范围;regulation of, 120-121,125-127,129, 133-135,行动的调节;relationship of, to knowledge, 155,164,170-172,224-225,226,行动与知识的关系;relationship of, to values, 35-36,207,210,215,行动与价值的关系;*See also* Operations,参见 Operations

Activity:活动

pure, 15,17,75,237,纯粹的活动

Actual:现实

defined, 239-240,242-244,246-248,被定义;Hegel on, 51,黑格尔论现实

Agnosticism, 154,不可知论

Analysis, 74,99,139,分析

Antecedents:先在

determine validity of ideas, 110,116,117, 132,133, 先在决定观念有效性;determine values, 206,211,217,219, 240,242,246,先在决定价值;knowledge as disclosure of, 18,56,58,150,151, 153,154,157,160,164,165,166,193, 196,232,236,知识当作对先在的揭示;role of, in science, 101,102,138,144, 147,186,200,219,230,科学中先在的作用

Appearances, 19,24,247,现象

Appreciation:欣赏

① 本索引的每个条目后所附的页码均为英文原版书页码,即本书边码。——译者

achievement of, 209,214,236,241,达到欣赏;objects of, 177,238,欣赏的对象
A priori 先验;*See* Reason,参见 Reason
Aristotle:亚里士多德
on bliss, 220,亚里士多德论快乐;on ends, 194, 225, 亚里士多德论目的; First Philosophy of, 12-13,亚里士多德的第一哲学;forms of, 74,亚里士多德的"形式";on knowledge, xv, 14,32,亚里士多德论知识; on reasoning, x, xxi, 145*n*,亚里士多德论推理;on social arts, 61,亚里士多德论社会艺术;species of, 130,亚里士多德的"类";on substance, 96,亚里士多德论实体
Arts, 15,21,76,218,艺术; compared with science, 61,128,165,艺术与科学相比较; gain security,3-4,7,8,69,艺术获得安全; in Greece, 73,122,203,希腊的艺术;ideals in, 211,214,艺术中的理想; liberal and mechanical, 37,60-61,65,214,215,文艺与工艺;methods of, 223,230,237,艺术的方法;significance of, 108,119,188,194,艺术的重要意义;social, 32,61,社会艺术;as values, 26,212,艺术作为价值
Authority, 76,110,245,权威;of Church, 203, 204,205,教会的权威;conflict of, 40-59, 247,权威间的冲突;imposition from, 155, 182,248,249,由权威强加;means of gaining, 200,201,获得权威的方法;from science, 157,科学的权威;for values, 210,215,217, 218,221,222,225,226,227,250,价值的权威. *See also* Control; Standards,参见 Control、Standards
Axioms, xix-xx,113,145*n*,公理

Barry, Frederick, 78-79,79*n*, 122-123, 128*n*,弗雷德里克·巴里
Behavior,行为. *See* Conduct,参见 Conduct
Beliefs:信仰
conflict with science, 76,85,86,信仰与科学的冲突;formation of, 209,211,信仰的形成;function of, 221-222,信仰的功能;integration of, with conduct, 200, 201-202,204,205,信仰与行为的统一;kinds of, 6, 11, 信仰的类型; vs. knowledge, 15,17,21,22,66,249,250,信仰相对于知识;pathology of, 109,181-182,信仰的病态; reconstruction of, 226,信仰的重建;validity of, 32,信仰的有效性
Bentham, Jeremy, 146,耶利米·边沁
Bergson, Henri, 73-74,亨利·柏格森
Berkeley, George, 98,113,乔治·贝克莱
Body:身体
inferiority of, 66,身体的低下;and mind, 184,233,身体与心灵
Bridgman, Percy W.:珀西·W·布里奇曼
Dewey praises, xii; on observation, 163, 布里奇曼论观察;on operations, xvii, 89 and *n*, 90*n*,布里奇曼论操作

Catholicism, 57,天主教
Causality, 127,因果关系
Certainty:确定性
generation of quest for, x, 5,7,16,17,18, 203,确定性的寻求的产生;Kant on, 49, 50,康德论确定性;means of attaining, 21,24,28,29,58,67,163,231,达到确定性的手段;nature of quest for, 176,185, 226,240,243,245,确定性的寻求的本质;realm of, 41,96,103,确定性的领域. *See also* Control; Security, 参见 Control、Security
Chance,机会;*See* Luck,参见 Luck
Change:变化、改变
correlation of, 103,104,105-106,107-108,158,197,198,219,变化间的相互关系;effecting of, 181,186,188,189,实现改变; as evil, 82,148,200,234,变化作为恶;importance of, to science, 67,68,

Data:与料
for problem, 79 - 82, 99, 107, 110, 139, 142 - 143, 147, 154, 158, 问题的与料
Deduction, 113, 131, 演绎
Definition:定义
function of, 113, 114, 200, 212, 定义的功能; of objects, 80, 89 - 90, 90*n*, 98, 对象的界说; of phenomena, 40, 现象的定义; process of, 101, 121, 145, 定义的过程
Democritus, 96, 德谟克利特
Demonstration 证明; *See* Proof; Test, 参见 Proof、Test
Dependence, 244 - 245, 246, 依赖
Descartes, René, 125, 勒内·笛卡尔;
defines natural existence, 113, 笛卡尔界说自然存在; defines quantity, 74, 笛卡尔界说数量; on knowledge, ix, xii, xv, xvi, xvii, xx, 46, 50, 笛卡尔论知识; on reconciling science and religion, 33 - 34, 笛卡尔调和科学和宗教; rivals Newton, 92, 93, 笛卡尔与牛顿竞争
Design, 73, 图案设计
Discovery:发现
in experimental method, 146 - 148, 实验方法中的发现
Discreteness, 101, 140 - 141, 185 - 188, 分散. *See also* Isolation 参见 Isolation
Dualism, 47, 243, 二元论; of activity, 25 - 26 活动的二元论; of material and ideal, 195, 215, 物质和理想的二元论; of nature and spirit, 42, 246, 自然与精神的二元论; of theory and practice, 11, 62, 理论与实践的二元论

Economics:经济
laws of, 169, 经济法则; perception of, 65, 207, 218, 224 - 227, 对经济的认知
Eddington, Arthur Stanley:亚瑟·斯坦利·艾丁顿
on ideas, xvii, 艾丁顿论观念; on operations, 89 - 90, 90*n*, 艾丁顿论操作; on perception, 191 - 192, 192*n*, 艾丁顿论知觉; on relations, 104 - 105, 艾丁顿论关系
Edinburgh, University of, vii, 爱丁堡大学
Education, 219, 教育; determined by economic conditions, 225, 教育受经济条件决定; Dewey's reputation in, vii, viii; effects of, 141, 217, 教育的效果; methods of, 32, 37, 201, 教育的方法
Einstein, Albert, 90*n*, 102, 115 - 116, 117, 阿尔伯特·爱因斯坦
Emotion:情绪
defined, 220, 235, 被定义; involved in response to uncertain, x, 3, 4, 179 - 180, 182, 情绪包含在对不确定的东西作的反应之中; supports tradition, 62, 234, 246, 情绪支持传统
Empiricism:经验主义
experimental, 90, 实验经验主义; failure of, 124 - 125, 经验主义的失败; nature of, 63, 经验主义的本质; of Newton, 92, 94, 114, 115, 牛顿的经验主义; of philosophy of experience, 86, 关于经验的哲学的经验主义; vs. rationalism, 204 - 205, 经验主义对理性主义; role of conceptions in, 112, 120, 126, 132, 133, 概念在经验主义中的作用; theory of knowledge in, xi, xiii, xviii - xx, xxii, 88, 141 - 142, 147, 166, 167, 经验主义的认识论; theory of values in, 206 - 208, 227 - 228, 经验主义的价值论; *See also* Sensational empiricism, 参见 Sensational empiricism
Ends:目的
of action, 189 - 191, 210, 行动的目的; attainment of, 106, 达到目的; beliefs about, 15, 29, 201, 243, 关于目的的信仰; defined, 14, 17, 30, 40 - 41, 43, 45, 47, 81, 120 - 123, 134, 180, 被定义;

Galileo, xv, 75 - 78,230,伽利略
Generalization, 100,108,121,174,197,249,概括
Gifford Lectures, vii - ix, xi, xvi, xviii, xxii,吉福德讲座
Goffman, Erving, xiii - xiv,欧文·戈夫曼
Good:善
beliefs about, 242 - 245,对于善的信仰内容;perception and attainment of, 30*n*, 42,43,82,203 - 228,善的认知与获得;realm of, 12,27 - 28,善的领域;Spinoza on, 44,斯宾诺莎论善. *See also* Ends; Values,参见 Ends、Values
Greek philosophy and science, 13, 14, 46, 203,希腊哲学和科学;
concept of good in, 45,希腊哲学和科学中善的概念;on experience, 21,22,23,希腊哲学和科学论经验;geometry in, 122 - 123,125,希腊哲学和科学中的几何学;on knowledge, xiv - xv, xvi, 17,24,40, 41,42,44,79,88,148,164,希腊哲学和科学论知识;metaphysics of, 96,97,希腊科学和哲学中的形而上学;on nature, 43,184,希腊哲学和科学论自然;on reason, 170,希腊科学和哲学论推理;role of observation in, 71 - 74,希腊科学和哲学中观察的作用

Habit:习惯
inertia of intellectual, 69,109,141,166, 183,190,209,224,246,247,250,理智习惯的惰性
Hartshorne, Charles, 199*n*,查尔斯·哈茨霍恩
Hebrew theology, 42 - 46,49,50,希伯来神学
Hegel, Georg Wilhelm Friedrich, 50 - 52,乔治·威廉·弗里德里克·黑格尔
Heidegger, Martin:马丁·海德格尔
compared with Dewey, ix, xii and *n*, xvii,海德格尔与杜威相比较
Heine, Heinrich, 48,海因里希·海涅
Heisenberg, Werner:韦纳·海森堡
on indeterminacy, ix, xi, xiv, xvi, xvii, 160 - 163,198,海森堡论不确定性
Helmholtz, Hermann Ludwig Ferdinand von, 131,222,赫尔曼·路德维希·费迪南·冯·赫尔姆荷兹
Hermagoras, xxi,赫玛戈拉斯
Heterogeneity and homogeneity:异质性和同质性
of experienced objects, 76,77,78,85,107,经验对象的异质性和同质性
History, xv, 242,历史; described, 196,197, 211,245,被描述的历史
Holy, 9 - 10,神圣的
"How to Make Our Ideas Clear" (Peirce), 90*n*,《如何弄清楚我们的观念》(皮尔士)
Hume, David:大卫·休谟
on mathematical truths, 125,休谟论数学真理;skepticism of, xix - xx, 113,休谟的怀疑论
Huygens, Christiaan, 78,克里斯蒂安·惠更斯
Hypostatization:实体化
significance of, 123,132,174,190,198, 211,244,实体化的重要意义;*See also* Substance,参见 Substance
Hypotheses, 86,假设;beliefs as, 221 - 222,信仰作为假设;concerning knowledge, 138,140,143,144,147,149,关于知识的假设;defined, 63,132,133,被定义;of Galileo, 77,伽利略的假设;of Kant, 231,康德的假设;necessity of, 247,248,假设的必要性;of Newton, 93,牛顿的假设;verification of, 152 - 153,155,证实假设

Idealism:唯心主义,理想主义
of action, 243,行动的理想主义;defined, 133,被定义;vs. empiricism, 142,唯心

主义相对于经验主义；error of，221，唯心主义的错误；generating conditions of，186，唯心主义的产生条件；heart of，27，唯心主义的核心思想；motif of，87，88，111，113，唯心主义的主旨；systems of，50 - 52，唯心主义体系；theory of knowledge in，xi，xxii，18，151，理想主义中的知识论；theory of real and ideal in，235，240，241，247，唯心主义中关于实在和理想的理论；values of，205 - 206，理想主义的价值

Idealization：理想化

three modes of，240 - 241，理想化的三种模式

Ideals：理想

formation of，86，119，134，205，211，219，理想的形成；function of，166，167，222 - 225，227，237，理想的功能；Hegel on，51，黑格尔论理想；nature of，63，130，131，215，220，理想的本性；as possibilities，239 - 245，248，理想作为可能性；as targets of skepticism，xx，"怀疑论"的矛头所指

Ideas，3，4，21，观念；denote possibilities，132 - 135，239 - 240，观念指示可能性；development of，86，87，88，91，98，155，183，214，观念的发展；directive office of，48，224，226，230，247，248，观念的指导职能；free，and mathematics，112 - 135，自由观念与数学观念；as operational，xvii - xviii，70，87 - 111，181，182，观念作为操作性；of Plato，74，柏拉图的"理念"；as source of knowledge，137 - 140，142，观念作为知识的根源；Spinoza on，167，斯宾诺莎论观念；theories of，92，210，观念的理论；validity of，103 - 104，109 - 110，112，154，观念有效性；*See also* Reflective thinking，参见 Reflective thinking

Identification：等同作用

theories of，145 - 148，150 - 151，等同作用的理论

Immediacy：直接性

of emotions，180，情绪的直接性；involved in forming values，209，214，形成价值中涉及的直接性；of knowledge，88，146，149，150，177，知识的直接性

Immutables，16，常住性；Newton on，114，牛顿论常住性；as object of knowledge，21 - 39，41，164 - 167，170，常住性作为知识对象；search for，72，248，对常住性的寻求；and values，211，常住性与价值；*See also* Change，参见 Change

Improvement of the Understanding，*The* (Spinoza)，44，《智性改进论》(斯宾诺莎)

Incompatibility，128，彼此不相容

Indemonstrables 不能证明；*See* Axioms；Immediacy，参见 Axioms、Immediacy

Indeterminacy，不确定性

principle of，ix，xv，xvi，160 - 166，198，不定原理；*See also* Contingency，参见 Contingency

Individuality：个别性

vs. abstract，109，197 - 200，个别性对抽象；nature of，117，130，136，147，163 - 167，172，174，187 - 189，192，个别性的性质

Industry：工业

improvement of methods in，68，100，173，201，214，243，工业中方法的改进；state of，5，61，64，65，225 - 226，工业的状况

Inference，推理；*See* Reflective thinking，参见 Reflective thinking

Instrumentalism，ix，30*n*，工具主义

Instrumentality：工具

action as，179，行动作为工具；conception as，90*n*，154，227，概念作为工具；effectiveness of，109，119，193，工具的有效性；experience as，188v191，217，经验作为工具；knowledge as，198，200，235，238，知识作为工具；law as，164，166，

168,法则作为工具;reflective thinking as, 174,175,177,反省思考作为工具; value judgment as, 214,价值判断作为工具. *See also* Tools,参见 Tools
Intellectualism, 46,175,主知主义
Intelligence:智慧
as directive force, xviii, 160, 166, 170 - 172,175,196,201,224,237,238,智慧作为指导力量;and nature, 156 - 177,智慧与自然;signification of, 178,187,211 - 212,智慧的重要意义
Interaction:交互作用
of beliefs, 29,信仰的交互作用; in experimental method, 120,130,142,实验方法中的交互作用;kinds of, xi, xvi, xvii; knowing as, 86,163,164,171,认知作为交互作用;in nature, 168,186 - 195,221,自然中的交互作用;necessary for knowledge, 64,162,232,236,为产生知识而必要的交互作用; Newton on, 115,牛顿论交互作用;results of, 196, 197,198,207,213,246,交互作用的结果;*See also* Operations; Relations,参见 Operations、Relations
Intuition, 113,146,149,209,直觉
Irrationality:非理性
of nature, 168,自然界的非理性
Isolation, 140,163,194,245 - 246,孤立;See also Discreteness,参见 Discreteness

James, William:威廉·詹姆斯
compared with Dewey, ix, xviii,詹姆斯与杜威相比较;as Gifford Lecturer, vii,作为吉福德讲演人;pragmatism of, 90*n*, 詹姆斯实用主义;on "seat of authority," 227,詹姆斯论"权威宝座";on universe, 167,190,詹姆斯论宇宙
Judgment:判断
of actions, 6,行动的判断;Aristotle on, xxi,亚里士多德论判断;defined, x, 88, 170,206 - 208,211 - 212,221,228,230,被定义;of ideas, 110,观念的判断;of knowledge, 183,知识的判断;of values, 207 - 214,217 - 219,238,249,价值的判断

Kant, Immanuel:伊曼努尔·康德
harmonization system of, 47 - 50,53,康德的调和的体系;on knowledge, xvi, xviii, 137 - 138,140,141,143,144,145,康德论知识;as precursor, xiii, 33,113, 229 - 231,康德作为先驱
Knowledge:知识
attainment of, 63 - 64,66 - 69,72,136 - 140,229,230,知识的获得;vs. belief, 15, 17, 21 - 24, 知识相对信仰; conception of, framed on experimental model, 76 - 77,86,103,110 - 111,200, 按照实验模型构成认识论; "epistemological" problem of, 96 - 98, 认识的"认识论上"的问题;Greek view of, 40,74,希腊观点中的知识;history of, 11,30 - 32,知识的发展史;Kant on, 48,康德论知识;as means of attaining security, 7,17,32,知识作为获得安全的手段;objects of, 17 - 18,40 - 59,67, 78 - 84,112,193,知识对象;office of, 14,28 - 30,65,81,144,218 - 219,224, 226, 235 - 239, 247, 知识的职能; relationship of, to action, 15 - 20,30 - 32,38 - 39,知识与行动的关系;results of, 52,106,107,知识的结果;as subject of Gifford Lectures, viii,知识作为吉福德讲座的主题; superiority of, 5 - 7,85, 125,246,知识的优越性;theories of, ix - xxii, 5,18 - 19,33 - 36,65,69,71,145 - 146,181,183,184,知识的理论;types of, 61,72,156 - 160,163,166,168,171, 172,176 - 177,知识的类型;ubiquity of, 85,105,143,175,193,232 - 235,237 -

Means:手段
data as, 80,与料作为手段;development of, 170,171,187,手段的发展;experience as, 123, 125, 189, 经验作为手段; in knowledge, 154,236,237,知识中的手段;perception of, 222 - 227,244,对手段的认知; in science, 230,科学中的手段; in social conditions, 106,220,247,社会条件中的手段;symbols as, 121,符号作为手段;*See also* Consequences,参见 Consequences
Measurement, 90*n*, 163, 192, 测量; of changes, 71, 81, 测量变化; development of, 122 - 124,测量的发展;importance of, 104 - 108,测量的重要性;temporal, 115 - 116,时间测量
Mechanism, xvii, 167,196 - 198,机械作用
Medieval philosophy, 220,中世纪哲学
Method:方法
development of, 172 - 173,方法的发展;of Dewey, ix,杜威的方法;intelligence as, 175 - 176,智慧作为方法;perfecting of, 29,236,249,改善方法;rationalistic and empirical, 204 - 205,理性主义与经验主义的方法;scientific, xvi, xviii, 57,182,科学方法;in social practice, 201,211,社会实践中的方法;supremacy of, 160, 178 - 202, 222, 方法至上; *See also* Experimental method, 参见 Experimental method
Metric measurements, 105, 108, 109, 158, 162,192,193,量度测量
Michelson-Morley experiment, 102, 116, 迈克尔逊-莫勒实验
Mill, John Stuart:约翰・斯图亚特・穆勒
logic of, 90*n*, 125,145*n*,穆勒的逻辑
Moore, G. E. , xiii, G・E・摩尔
Morals:道德
Aristotle on, xxi, 亚里士多德论道德; dogma in, 32,道德中的武断;Fichte on, 50,费希特论道德; guidance in, 157, 173,道德中的指导;perception of, 5,90, 200,240,245,对道德的认知;realm of, 15,25,26,31,道德的领域;relationship of knowledge to, 92,149,238,知识与道德的关系;relationship of, to philosophy, 48,49, 54, 道德与哲学的关系; vs. science, 34,81,道德对科学;significance of, 194,道德的重要性;values in, 206, 209,211,212,216 - 219,221 - 222,225, 226,道德中的价值
Motion:运动
Galileo on, 77,78,伽利略论运动;laws of, xv,运动定律;theories of, 102,107,114, 115,117,120,运动理论
Movement:运动
qualitative, 74,75,定性的运动

Nature:自然
control of, 3,8 - 9,69,80 - 82,84,232,自然的控制;as God, 45,自然作为上帝; Greek conception of, 43,73,希腊人的自然概念;intelligibility of, 22,36,44 - 47, 83,86,91,156,164,166 - 169,170 - 172, 176,238, 自然的可理解性; Newtonian conception of, 89,92,94 - 96,102,114, 牛顿的自然概念;philosophies of, xiv - xvi, 40 - 43, 77, 103, 108, 161, 184 - 186,194 - 198,204,229 - 230,223,233, 236,自然哲学;as source of possibilities, 52,212,237,240,241,244,自然作为可能性的根源;symbolism in, 123,自然中的符号使用
Nature of the Physical World, *The* (Eddington), 90*n*,《物理世界的性质》(艾丁顿)
Newman, John Henry, 42,240,约翰・亨利・纽曼
Newtonian philosophy:牛顿哲学
assumptions of, xv, xvi, xvii, 77,78,125, 130,148, 153, 185, 牛顿哲学的假设; deserts empiricism, 113 - 116,120,牛顿

哲学抛弃经验主义；discredited，89，161，163，164，167，169，无人相信的牛顿哲学；justification for，48，为牛顿哲学的辩解；replaces Greek science，79，164，牛顿哲学代替希腊科学；as scientific foundation，92－98，102－104，222，牛顿哲学作为科学基础
Nicomachean Ethics（Aristotle），xxi，《尼各马可伦理学》（亚里士多德）
Noble，Edmund，197*n*，埃德蒙德·诺布尔
Non-being：非有
defines realm of change，15－16，"非有"定义了变化的领域
Novelty，146，151，167，新奇
Number，103，124，127，193，数字

Objects：对象
conception of，90*n*，101，107－108，110，对象的概念；data substituted for，79－82，与料代替对象；judgments about，212－213，238，239，241，关于对象的判断；knowledge of，xii，xiii，xv，xvii，156，158－159，175－176，230－231，235，236，关于对象的知识；qualities of，98，99，102，104－105，191－192，207，210，214，对象的性质；*See also* Experience；Perception，参见 Experience、Perception
Observation：观察
method of，114－117，161，162，184，观察方法；role of，in knowing，xi，xiv－xviii，67，68，163－164，166，167，171，观察在认知活动中的作用；in science，139－142，149，193，230－231，科学中的观察
Operations，18－19，操作；consequences of，xi，110－111，113，116－120，132－134，168，207，211－214，216，230－232，235－236，241，244，247，248，操作后果；direction of，xvii－xviii，87－111passim，157，158，160，164，172，173，176，240，操作的指导；function of，68，100－101，137－139，142，144，147－151，153－155，181－183，185，189，192－194，198，199，操作的功能；origin of，95，99－100，操作的起源；types of，122－130，146，操作的类型
Opinion：意见
defined，xx，17，66，67，76，216，被定义

Participation：参与
in knowledge，163，195，232，参与认识；in social affairs，169，246，参与社会事务
Pathology：病态
of beliefs，181，信仰的病态
Pearson，Karl，xiii，卡尔·皮尔森
Peirce，Charles S.：查尔斯·S·皮尔士
compared with Dewey，ix，xviii，皮尔士与杜威相比较；on conceptions，90*n*，117，皮尔士论概念
Perception：知觉
interpretation of，xiii，xvii，229，231，235，知觉的解释；nature of，72，113，165，184，192，221，239，知觉的性质；role of，in knowledge，xxii，66，136，137，140－143，213，214，知觉在认识中的作用；subject-matter of，73，80，97，98，知觉的材料；*See also* Observation；Sense，参见 Observation、Sense
Peril：危险
attitude toward，3－20，62，对危险的态度；escape from，x，26，226，243，逃避危险；source of，27，67，178，187，194，危险的根源
Peripatetic philosophy，75，77，78，逍遥学派的哲学
Phenomena，48，49，118，193，现象；explanation of，73，74，77，78，80－82，113－116，148，205，现象的解释；laws of，161，165，现象的法则；nature of，83－84，240，现象的本性
Phenomenalism，154，现象主义
Philosophy：哲学

attitude of, toward knowledge and action, 4,5,7,11,12,16 - 20,136,140,149, 154,238,哲学对知识和行动的态度; attitude of, toward nature, 195,197, 198,哲学对自然的态度;Dewey's position in, ix, x, xix,杜威的哲学立场; history of, xix, 203,哲学史;impact of science on, ix, xvii, 76 - 77,103,111,科学对哲学的影响; metaphysical problem of, 239,哲学的形而上学问题; modern problem of, 20,21 - 39,40,53 - 55,58 - 59,83,85 - 86,105,156,163 - 164,175, 176,226 - 228; procedures of, 63 - 64, 69,哲学的过程;role of conceptions in, 87 - 89,112,113,117,120,概念在哲学中的作用;role of experience in, 66,79, 经验在哲学中的作用;theories of values in, 205 - 206,哲学中的价值论;as topic of Gifford Lectures, viii,哲学作为吉福德讲座的主题; true problem of, xviii, 37,61 - 62,134 - 135,201 - 202,204, 216,246 - 250,哲学的真正问题; *See also* Tradition, classic,参见 Tradition, classic

Physical:物理的
  defined, 17,52,98,149,173 - 176,190 - 193, 215, 被定义; *See also* Objects; Science,参见 Objects、Science

Plato:柏拉图
  ideal realm of, xx, 112, 120, 125, 145, 219,柏拉图的理想境界;on knowledge, ix, x, 214,柏拉图论知识;structure of, xxi, 13,74,柏拉图的结构

Politics (Aristotle), xxi,《政治学》(亚里士多德)

Politics:政治
  beliefs about, 5,136,200,207,218,221,政治信仰;realm of, 15,81,169,194,225, 226,政治的领域

Popper, Karl, xv,卡尔·波普尔

Possibility, xx,可能性;of control, 170,180, 220 - 221,控制的可能性; defined, 239 - 244,246 - 248,被定义;of operations, 124 - 131,操作的可能性;of values, 207,214,价值的可能性. *See also* Symbols, 参见 Symbols

Practice:实践
  depreciated, 4 - 5,7,11,14,16,22,24,28, 30 and *n*, 41,56,58,65,69,85,171,被轻视的实践; experimental method in, 219,实践中的实验方法;meaning of, 25 - 26,实践的意义;modes of, 203,实践方式;relationship of, to knowledge, ix, x, xiii, xvi, xvii, xix, 157,163,204,223 - 224,226,227,实践与知识的关系

Pragmatism:实用主义
  of Dewey, vii, viii, ix, xvii, xviii, xix, xxii,杜威的实用主义;essence of, xiii, 30*n*, 90*n*,实用主义的实质;of Peirce, 117,皮尔士的实用主义

Prejudice, 211,212,偏见

Pride, 245 - 246,骄傲

Primitive life:原始人类
  beliefs of, 10 - 11,原始人类的信仰; compared with modern, 8 - 9,81,原始人与现代人的对比;desire for knowledge of, 30,欲求关于原始人的知识; impotency of, 26,203,226,原始人类的无能状态

Probability:概率
  affected by indeterminacy principle, 162, 不定原理影响的概率; as nature of experience, 6,21,概率作为经验的本性; of security, 231,245,安全性的概率; theory of, 165,166,198 - 199,概率论

Problem:问题
  importance of, 67,80 - 84,98,99,107, 139,141,143,144,147,151,152,155, 200,问题的重要性;resolution of, 158, 159,172,173,176,178 - 189,194,195,

问题的解决
Proof, 98,247,证明;as ideal, xx, 113,133, 242,证明作为理想;of results of reflective thought, 88,90,145 and *n*, 146,147,反省思考的结果的证明
Psychology, 27,心理学;Dewey's use of, x, 杜威对心理学一词的使用;influenced by philosophy, xiii - xiv, xvi 受哲学的影响;of James, xviii 詹姆斯心理学;of religion, 244,宗教心理学;viewpoint of, viii,心理学观点
Purpose:目的
beliefs about, 203,204,205,目的的信仰;change of, 186,目的的改变;defined, 180 - 181,195,250,被定义;in nature, 196 - 197,200,201,自然中的目的;*See also* Ends,参见 Ends
Purposive Evolution (Noble), 197*n*,《目的的宇宙》(诺布尔)
Pyrrho, x, xix, xx,皮浪
Pythagoras, 74,毕达哥拉斯

Qualities:性质
control of, 110, 控制性质; in modern science, 43,99,105 - 106,127,239,近代科学中的性质;of nature, 73, 83, 84, 240,241,自然的性质;of perception, 72, 知觉性质;primary and secondary, 97, 98,第一性质与第二性质;relationship of, to values, 207,212 - 214,性质与价值的关系;secondary and tertiary, 191, 第二性质与第三性质;static, 101,静止的性质;subjectivity of, 185 - 191,220, 性质的主观性;*See also* Data; Esthetics, 参见 Data、Esthetics
Quantity, 74,108,数量
Quine Willard Van Orman, xviii,威拉德·冯·奥曼·蒯因

Rationalism:理性主义
vs. empiricism, 21,67,98,理性主义相对经验主义;logic of, 112 - 115,123 - 124, 132,133,204,205,理性主义的逻辑;of Newton, 167,牛顿的理性主义;role of sensory qualities in, 91,92,感觉性质在理性主义中的作用;theory of knowledge in, 137,144,理性主义中的认识论;theory of values in, 206,211,理性主义中的价值论;unsoundness of, 92,211,理性主义的不正确
Realism:实在论
doctrine of sense data in, 141,142,实在论中感觉与料的主张;vs. idealism, 235, 实在论对唯心论;nature of, 147,191, 219,实在论的性质;theory of knowledge in, xi, 18,53,实在论中的认识论;on values, 206,实在论论价值;*See also* Essences,参见 Essences
Reason:理性
debate about, x, xiii, xix - xxii 关于理性的争论;forming of, 14,40 - 43,理性的形成;function of, 21,22,28,43,88,90, 169 - 170,205,229 - 230,235,241,理性的功能;vs. moral authority, 47,49,理性对道德权威;as organ of knowing, 71, 72,136,140,154,理性作为认知的器官;perception of, 35,44,231,235,对理性的认知;theoretical and practical, 227,理论的理性与实践的理性
Recognition:再认识
as cognition, 148,作为认识的再认识
Reflective thinking:反省思考
develops values, 206,207,209,反省思考形成价值;as instrumental, 174 - 175,177, 反省思考作为工具的;quality of, 88, 112,117,反省思考的性质;role of, 97, 137,144 - 150,反省思考的作用
Relations:关系
discovery of, 67,74,82,84,144,235,关系的发现;of events, 114 - 117,事情的关

系;formal, 118,119,形式关系;of ideas, 124,观念的关系;vs. individuality, 189, 190,193,关系相对个别;knowledge of, 214,216,219,239,关于关系的知识; laws of, 164,165,关系法则;of means-consequence, 130,131,手段和后果的关系; measurement of, 100, 102, 104 - 107,关系的测量;necessary to value, 207,212 - 213,关系对价值是必要的;of objects, 123,129,172,173,175,对象的关系;of operations, 125,126,操作的关系;as scientific subject-matter, 74,197, 198,199,关系作为科学的题材; of subject and object, 97,主体与客体的关系

Relativity, theory of, 102,116,117,相对论

Religion:宗教

authority of, 52,宗教的权威;conflicts with science, 33 - 34,247,宗教与科学的冲突;guides conduct, 25,31,46,57, 86,宗教指导行为;on intelligibility of nature, 45,186,宗教论自然的可理解性;Kant's relationship to, 48,49,康德与宗教的关系;quality of, 128 and *n*, 186,188,194,200,203,205 - 207,216, 219 - 221,226,233,234,238,宗教的性质;of primitive man, 3,9 - 12,原始人类的宗教;redirection of, 242 - 248,宗教的转向;relationship of, to philosophy, 13, 42 - 44,54,61 - 62,宗教与哲学的关系; two realm scheme in, 47,76,186,在宗教中的两重领域思想体系

Rhetoric (Aristotle), xxi,《修辞学》(亚里士多德)

Rorty,Richard, xii*n*,理查德·罗蒂

Rosch, Eleanor, xiii,依莲娜·罗许

Russell, Bertrand:伯特兰·罗素

on language, xviii,论语言;on logic, xxi, 论逻辑;on sense data, xiii,论感觉与料

Santayana, George, 191,乔治·桑塔亚那

Satisfaction:满足

achievement of, 241,达到满足;defined, 207 - 208,被定义;relationship of, to values, 212,214,满足与价值的关系

Schleiermacher, Friedrich Daniel Ernst, 244,弗里德里希·丹尼尔·恩斯特·施莱尔马赫

Schneider, Herbert W., viii,赫伯特·施奈德

Science:科学

application of, 65,68 科学的应用;compared with arts, 61,165,科学与艺术相比较; conflicts with religion, 204, 206, 242, 243,247 科学与宗教冲突;criticized, xvi, 153,176,186,238,被批评;effect of modern, 32 - 38,159,169,219,248 - 250,现代科学的结果;history of, 71 - 76,80,141,199,科学史;perception of, 13 - 15,17,18,22,153,157,对科学的认知;philosophical foundation of, xiv - xvii, 89,92 - 93,95,97 - 103,105,110, 111,125,147 - 148,163,194,195,222, 科学的哲学基础;and the real, 173 - 177, 196, 198 - 200,科学与实在; relationship of, with philosophy, ix - xxii, 22 - 24,40,41,43 - 49,53,57,58, 235, 247,科学与哲学的关系; relationship of values to, 20,76,206, 209, 226, 227,价值与科学的关系; techniques of, 21 - 22,30,58 - 59,63 - 86,182,211,科学的技术;*See also* Experimental method; Problem,参见 Experimental method、Problem

Scientific Habit of Thought, The (Barry), 79*n*,《心灵之科学习惯》(巴里)

Scientific revolution:科学革命

impact of, 22,41,69,74 - 78,204,科学革命的影响;origin of, 72,117,206,科学革命的起源

标准的意义;of knowledge, 160,183,知识的标准;source of, 35,44,205,211,标准的根源; for values, 136,211,218,219,227,价值标准; *See also* Test,参见 Test
Structure, xxi, 242,结构;
in terms of function, 118-119,129-131,从功能的角度论结构
Style:风格
of Dewey, xi, xii,杜威的风格
Subjectivity:主观性
in classic logic, 171,古典逻辑中的主观性; Dewey opposes, xix, xxii,杜威反对主观性; of Kant, 49,229,康德的主观性;of modern thought, 185-186,191,193,196,206,219-221,223,近代思想的主观性
Substance, 242,实体;constitutes reality, 96,97,102,103,实体构成实在;in Newtonian system, 148,164,165,牛顿体系中的实体
Supernatural, 9-10,184,超自然
Symbols:符号
designate operations, 120-129,132,158,173,186,200,230,符号指示操作; religious, 234,宗教的符号

Taste, 26,209,210,趣味,嗜好
Technology:技术
consequences of, 61,65,技术的后果; methods of, xvi, 68,107,201,214,218,221,226,249,技术的方法
Test:验证
of beliefs, 221,222,239,信仰的验证;of essences, 129,本质的检验; for hypotheses, 152,231,247,248,假设的验证;of ideas, 90*n*, 91,92,103-104,109-112,132-133,142,147,观念的检验;of knowledge, 83,136,知识的验证; of operations, 100,128,149,150,操作的验证;of reflective thought, 88,210,反省思想的验证;of values, 236,239,价值的验证;*See also* Validity,参见 Validity
Theology:神学
identified with philosophy, 12,23,认为神学就是哲学;nature of, 42,61,186,220,神学的特征;as topic of Gifford Lectures, vii, viii,作为吉福德讲演的题目
Theory:理论
placed above action, 4-5,18,24,理论置于行动之上; in relation to practice, ix, xiv, xvi, xvii, 56,134,154,223-227,理论与实践的关系
This and the, 189-191,192,"这张"与"这种"
Thomas Aquinas, Saint, xxi,圣·托马斯·阿奎那
Thought:思想
defined, xiii, xix, xxii, 4,6,7,91,179,171,182,184,194,206,被定义; as directed activity, 99,101,108-110,129-130,133-135,178,185,199,213,思想作为指导之下的活动; history of, 87-88,90,92,121-122,124-126,136,203,220,思想史;office of, xviii, 90,117,210,227,231,233,235-237,239,241,250,思想的职能;as pure, 67,112,113,120,思想作为纯粹的;*See also* Reflective thinking,参见 Reflective thinking
Time, 151,时间; relationships involving, 102,107,116,206,230,231,包含时间的关系;role of, 76,78,81,189,217,时间的作用;theories of, 113-115,117,120,关于时间的理论
Tools:工具
development of, 8,10,176,工具的发展; function of, 119,123,132,217,221-223,工具的功能;knowledge as, 149,150,知识作为工具;reality of, 193,工具的实在性;of science, 68,70-73,99-

译校者后记

本卷的主体是《确定性的寻求——关于知行关系的研究》一书，其基础是杜威于1929年在爱丁堡大学所作的系列演讲。在道德推论、非形式逻辑和论辩理论领域有卓越成就的美国哲学家斯蒂芬·图尔明(1922—2009)撰写了本卷导言。在其中，他详细地介绍了吉福德讲座的情况，重点突出了杜威这个系列讲演在其哲学思想发展中的地位，并且高度评价了杜威的整个知识观和哲学观在近现代西方哲学中的地位。图尔明在导言中讨论了杜威的知行观乃至整个认识论与现代科学的呼应、对近代哲学传统的批判、对以维特根斯坦和海德格尔为主要代表的20世纪西方哲学之走向的预示，等等。这些都值得读者在阅读本卷时作为重要的参考。

这里需要补充的是：《确定性的寻求》的意义不像图尔明似乎认定的那样，仅仅局限于认识论和逻辑学领域。作为实用主义的主要代表，杜威确实非常强调实践、行动和实验的作用；但在他那里，实践作为认识自然过程中内在环节的意义固然重要，而作为架通认识和评价这两个领域的中介环节的意义可能更加重要。杜威认为，哲学的中心问题不是别的，而是由自然科学所产生的关于事物本性的信仰和我们关于价值的信仰之间存在着什么关系。在笔者看来，正是对哲学的这种理解，而不仅仅如图尔明所说的吉福德董事会对“自然神学”一词的宽泛理解，使杜威的讲演与“吉福德自然神学讲座”的要求有重要的契合。也可能正是因为这种观点，德国哲学家尤根·哈贝马斯(Juergen Habermas)在20世纪末为《确定性的寻求》德译本出版而撰写的一篇文章中，不仅把此书与20世纪20年代德语世界出版的一批极其重要的哲学著作进行比较，称其为在美国出现的“一本层次相当的著作”；不仅像理查德·罗蒂那样，把杜威与维特根斯坦和海德格尔相提并论（图尔明显然也同意这样的评价），而且强调杜威与20世纪其他西方哲学家相比所具有的独特价值。哈贝马斯赞扬杜威不仅重视风险意识，而且抵制悲观主义；赞扬他“并不把深刻的东西与肤浅的东西对立起来，把非凡的东西与平凡的东西对立起来，把‘成其所是’与惯常之事对立起来，或者把神圣的东西与琐屑的东西对立起来”。

杜威曾经在中国讲学两年，他和他所传播的美国实用主义哲学在中国20世纪思想界留下的印迹不算太淡。但据笔者所知，《确定性的寻求》这本书在中国并没有引起多少关注。比如，胡适1930年在苏州演讲的“科学与人生观”这个题目，应该与杜威的《确定性的寻求》的主题相当有关，但尽管后者在美国前一年至少印了三版，却看不出胡适对“科学与人生观”的讨论与杜威在该书中的讨论有任何关系。

《确定性的寻求》一书的中译本，迟至1966年1月才由上海人民出版社作为《资产阶级哲学资料选辑》第九辑而“内部出版”；直到2004年，由上海人民出版社公开出版。中译本的译者傅统先（1910—1985）先生，曾在美国哥伦比亚大学获得博士学位。他在新中国成立前，任圣约翰大学教育系主任兼哲学教授；新中国成立后，在山东师范学院任教授。他撰写和翻译了大量哲学和教育学方面的学术著作。承蒙傅统先先生家人和上海人民出版社的慷慨应允，我们把傅译本收入中文版《杜威全集》之中，并作了一些技术上的加工，比如将索引部分与正文一一核对并补充边码，将文中的斜体字在中文版中标为楷体，人名、书名第一次出现时加注英文，以及在译文的个别地方作了文字的梳理工作。此外，书中的“文本研究资料”部分由华东师范大学哲学系教师王寅丽翻译整理。

在这里，本人要向傅统先家人、王寅丽老师和协助笔者对译本进行技术加工的编辑们表示诚挚的感谢。

童世骏

2014年国庆节

图书在版编目(CIP)数据

杜威全集.晚期著作:1925～1953.第 4 卷:1929/(美)杜威(Dewey,J.)著;傅统先译;童世骏译校.—上海:华东师范大学出版社,2013.3
ISBN 978-7-5675-0407-3

Ⅰ.①杜… Ⅱ.①杜…②傅…③童… Ⅲ.①杜威,J.(1859～1952)—全集 Ⅳ.①B712.51-52

中国版本图书馆 CIP 数据核字(2013)第 043718 号

国家社科基金重大项目资助(项目批准号:12&ZD123)

杜威全集·晚期著作(1925—1953)
第四卷(1929)

著　　者　[美]约翰·杜威
译　　者　傅统先
译　　校　童世骏
策划编辑　朱杰人
项目编辑　王　焰　朱华华
审读编辑　曹利群
责任校对　时东明
装帧设计　高　山

出版发行　华东师范大学出版社
社　　址　上海市中山北路 3663 号　邮编 200062
网　　址　www.ecnupress.com.cn
电　　话　021-60821666　行政传真 021-62572105
客服电话　021-62865537　门市(邮购)电话 021-62869887
地　　址　上海市中山北路 3663 号华东师范大学校内先锋路口
网　　店　http://hdsdcbs.tmall.com

印 刷 者　上海中华商务联合印刷有限公司
开　　本　787×1092　16 开
印　　张　18.75
字　　数　310 千字
版　　次　2015 年 1 月第 1 版
印　　次　2015 年 1 月第 1 次
印　　数　1—2100
书　　号　ISBN 978-7-5675-0407-3/B·760
定　　价　68.00 元

出 版 人　王　焰

(如发现本版图书有印订质量问题,请寄回本社客服中心调换或电话 021-62865537 联系)